21世纪经济管理新形态教材·工商管理系列

管理统计学

李晓宁 ◎ 主编

清华大学出版社
北 京

内 容 简 介

本书系统介绍了管理统计学的基本知识和应用。全书共 10 章，分别为：绪论、统计调查与统计整理、综合指标、动态数列、统计指数、概率基础与抽样分布、抽样推断、方差分析、相关分析与回归分析、统计决策。

本书淡化相关公式的数理推导，深入浅出，难易适度，列举了大量经济管理应用案例。本书突出课程思政和新形态特色，各章以思政案例导入，通过拓展阅读将统计学理论与管理实践有机结合。另外为师生提供大量的即练即测题、思考题、计算操作题、案例分析题，并提供参考答案，以满足高校工商管理类本科生、研究生、MBA 学员以及相关从业人员在数量分析方面的学习需求。

本书封面贴有清华大学出版社防伪标签，无标签者不得销售。

版权所有，侵权必究。举报：010-62782989，beiqinquan@tup.tsinghua.edu.cn。

图书在版编目（CIP）数据

管理统计学 / 李晓宁主编 . —北京：清华大学出版社，2022.1（2024.8 重印）
21 世纪经济管理新形态教材 . 工商管理系列
ISBN 978-7-302-58787-3

Ⅰ.①管… Ⅱ.①李… Ⅲ.①经济统计学－高等学校－教材 Ⅳ.① F222

中国版本图书馆 CIP 数据核字 (2021) 第 156428 号

责任编辑：高晓蔚
封面设计：汉风唐韵
责任校对：宋玉莲
责任印制：丛怀宇

出版发行：清华大学出版社
网　　址：https://www.tup.com.cn，https://www.wqxuetang.com
地　　址：北京清华大学学研大厦 A 座　　　　邮　编：100084
社 总 机：010-83470000　　　　　　　　　　　邮　购：010-62786544
投稿与读者服务：010-62776969，c-service@tup.tsinghua.edu.cn
质 量 反 馈：010-62772015，zhiliang@tup.tsinghua.edu.cn
印 装 者：三河市天利华印刷装订有限公司
经　　销：全国新华书店
开　　本：185mm×260mm　　　印　张：18　　　字　数：352 千字
版　　次：2022 年 1 月第 1 版　　印　次：2024 年 8 月第 3 次印刷
定　　价：49.00 元

产品编号：089528-01

前 言

党的二十大擘画了全面建设社会主义现代化国家、以中国式现代化全面推进中华民族伟大复兴的宏伟蓝图，明确提出了新时代新征程中国共产党的使命任务。任务越繁重，形势越复杂，越需要发挥统计职能作用。新征程上，推进统计现代化事业将面临许多未知的、极富挑战性的领域和难题。

众所周知，统计学是一门搜集、整理和分析统计数据，研究总体现象数量特征的方法论方面的应用学科，也是普通高等院校经济、管理类专业本科生的一门重要专业基础课。随着社会经济的发展，越来越多的企业和组织需要运用统计知识来进行管理和决策。于是，管理统计学应运而生并迅速成长起来，逐渐成为一门具有巨大发展潜力的学科。管理统计学是以经济管理理论为基础，以一般统计学方法为工具，研究社会和经济管理问题的应用学科。对于经济管理类各个专业的学生而言，管理统计学的理论和知识、所体现的思维方式及应用统计方法解决问题的能力，都是他们创新能力构成中必不可少的一部分。

本教材共有 10 章内容，分别包括：绪论、统计调查与统计整理、综合指标、动态数列、统计指数、概率基础与抽样分布、抽样推断、方差分析、相关分析与回归分析、统计决策。这些内容的讲授对于完善学生的知识结构、提高学生解决问题的能力有明显的作用。

考虑到有些经济管理类专业学生"文理兼收"的状况和不同层次特点的需要，本教材特意淡化相关公式的数理推导，尽量做到深入浅出、难易适度、易于理解，对典型例题都进行了详细的解释。同时，对相关课程之间的必要衔接进行了补充和铺垫，而且每章均配有经典案例以拓宽学生视野，加深学生对统计学理论的理解，提高学生的学习兴趣。另外，本教材还提供了比较丰富的课后练习题，以帮助学生加强对相关内容的理解，培养学生的统计应用能力。

本教材属于新形态、课程思政教材，各章均以"思政案例导入"开篇，在课程内容上突出管理特色，并以大量的经济管理应用案例为基础，通过拓展阅读将统计学理论与管理实践有机结合，所以既有系统的统计学知识，又有超强的实践指导训练，能够很好地满足高校工商管理类本科生、研究生、MBA学员以及相关从业人员在数量分析方面的需求。

本书由从事统计学教学近20年的李晓宁教授担任主编，并且组织成立《管理统计学》教材编写组，负责教材大纲的拟定、教材体例的设计，以及第1～3章和第10章的编写与全书的校对、统稿工作。教材编写组其他成员及分工如下：张曼负责第4章和第5章的编写及部分校对工作；蒋园园负责第6章和第7章的编写及部分校对工作；武朋辉负责第8章和第9章的编写及部分校对工作。在本教材的编写过程中，我们参考借鉴了许多同行的优秀成果，在此深表谢意！

本教材在重印过程中，适当增加了有关党的二十大精神的内容，以更好地体现统计学的现代使命。由于编者水平有限，书中难免存在疏漏或错误，恳请同行和读者多提宝贵意见，以便我们进一步修改和完善。

编　者

2024年8月

目 录

第 1 章　绪论 ··· 1
　1.1　统计概述 ·· 2
　1.2　统计学的基本内容及应用 ·· 5
　1.3　管理统计学的基本概念 ··· 9
　1.4　常用的统计分析软件 ··· 13

第 2 章　统计调查与统计整理 ·· 18
　2.1　统计数据的计量尺度与类型 ·· 20
　2.2　统计调查方案设计 ·· 24
　2.3　统计调查的组织形式 ··· 30
　2.4　统计整理 ··· 33
　2.5　统计图表 ··· 43

第 3 章　综合指标 ·· 52
　3.1　总量指标 ··· 54
　3.2　相对指标 ··· 56
　3.3　平均指标 ··· 62
　3.4　标志变异指标 ··· 74
　3.5　偏态与峰度 ·· 79

第 4 章　动态数列 ·· 86
　4.1　动态数列概述 ··· 88

  4.2 动态数列的水平分析指标 ·············· 91
  4.3 动态数列的速度分析指标 ·············· 99
  4.4 动态数列的影响因素分析 ·············· 104

第 5 章 统计指数 ·············· **121**
  5.1 统计指数的概念和分类 ·············· 123
  5.2 综合指数 ·············· 125
  5.3 平均指数 ·············· 132
  5.4 统计指数体系及因素分析 ·············· 136
  5.5 几种常见的统计指数 ·············· 139

第 6 章 概率基础与抽样分布 ·············· **150**
  6.1 随机事件与概率分布 ·············· 152
  6.2 常见离散型随机变量的概率分布 ·············· 157
  6.3 正态分布 ·············· 160
  6.4 统计量的抽样分布 ·············· 164

第 7 章 抽样推断 ·············· **175**
  7.1 抽样推断的概念与要求 ·············· 177
  7.2 抽样方案设计与抽样方法 ·············· 178
  7.3 抽样误差与抽样平均误差 ·············· 182
  7.4 参数估计 ·············· 187
  7.5 假设检验 ·············· 196

第 8 章 方差分析 ·············· **207**
  8.1 方差分析的基本概念 ·············· 208
  8.2 方差分析的基本思想 ·············· 212
  8.3 单因素方差分析 ·············· 213
  8.4 双因素方差分析 ·············· 218

第 9 章 相关分析与回归分析 ·············· **230**
  9.1 相关分析 ·············· 231
  9.2 一元线性回归分析 ·············· 235
  9.3 多元线性回归分析 ·············· 240

第 10 章　统计决策 ·· 248

10.1　统计决策概述 ··· 250
10.2　确定型决策 ·· 253
10.3　风险型决策 ·· 258
10.4　非确定型决策 ··· 264

参考文献 ··· 270

附表 ··· 271

附录 ··· 277

第1章 绪 论

学习目标

- ◆ 深入理解统计和统计活动的基本含义及其职能；
- ◆ 理解统计学的两大体系、三大学派；
- ◆ 深入理解统计学的基本概念；
- ◆ 了解常用的统计软件。

重点与难点

- ◆ 理解管理统计学的研究方法；
- ◆ 理解总体和总体单位，标志和指标，样本和抽样，参数，统计量和变量这几组概念的联系与区别。

【思政案例导入】

锚定中国式现代化 奋力推进统计现代化

党的二十大擘画了全面建成社会主义现代化强国、以中国式现代化全面推进中华民族伟大复兴的宏伟蓝图，吹响了奋进新征程的时代号角。统计工作是党中央治国理政的重要依据，在推进中国式现代化进程中发挥着重要作用。

聚焦首要任务，服务经济社会高质量发展。习近平总书记强调，高质量发展是全面建设社会主义现代化国家的首要任务。高质量发展是开启全面建设社会主义现代化国家新征程、实现第二个百年奋斗目标的根本路径。我们要立足新阶段新要求，完整、准确、全面贯彻新发展理念，充分发挥统计在经济社会高质量发展中的重要综合性基础性作用，努力推动实现更高质量、更有效率、更加公平、更可持续、更为安全的发展。

我们要进一步做好高质量发展综合绩效评价工作，全面客观反映我国高质量发展成效，准确揭示各地区高质量发展短板弱项，更加有效发挥统计监测评价作用，推动各地区高质量发展步入"快车道"。要不断健全推动高质量发展统计体系，紧紧围绕创新、协调、绿色、开放、共享新发展理念，进一步完善统计指标体系、统计标准体系、统计监测制度体系、统计调查实施体系和统计分析评价体系，更好反映质的有效提升和量的合理增长。要扎实做好第五次全国经济普查等各项普查调查，客观反映供给侧结构性改革新进展以及经济结构优化升级、绿色低碳发展、数字经济发展等新进程，真实展现我国经济发展质量变革、效率变革、动力变革情况。

把握国之大者，服务国家重大战略部署。 党的十八大以来，以习近平同志为核心的党中央总揽全局、科学决策，提出分两步走建成社会主义现代化强国的战略安排，做出了构建高水平社会主义市场经济体制、建设现代化产业体系、实施创新驱动发展战略、全面推进乡村振兴、促进区域协调发展等一系列重大战略部署，为新时代更好坚持和发展中国特色社会主义把舵领航、指引方向。

我们要紧紧围绕党和国家中心工作，着力深化科技创新、乡村振兴、碳排放统计核算、现代产业等统计重点领域改革，客观全面反映国家重大战略部署落实情况和实际效果。要更好履行统计监测评价职能，结合政策要求、区域特点、数据规律，积极探索对各地区各部门贯彻落实国家重大战略部署情况开展统计监测的有效方式和可行途径。要强化区域重大战略和区域协调发展战略统计监测，更好反映区域发展平衡性增强、相对差距缩小状况。

总之，要加快构建与全面建设社会主义现代化国家相适应的现代化统计调查体系，不断把统计现代化事业推向前进。

资料来源：顾鑫，张玉. 锚定中国式现代化　奋力推进统计现代化事业 [J]. 中国统计，2023，(05): 29-31.

党的二十大为新时代统计工作指明了根本方向、提供了根本遵循，我们要全面学习、全面把握、全面落实党的二十大精神，着眼"全面建成社会主义现代化强国、以中国式现代化全面推进中华民族伟大复兴"这一中心任务和根本大局，为书写全面建成社会主义现代化强国的统计篇章贡献力量。本章将总括性介绍统计学的一些基本知识，包括统计概述、统计学的发展与学科分类、研究方法以及管理统计的应用，另外还重点阐述了管理统计学的基本概念和常用的统计分析软件。

通过上述案例，可以看出统计的信息职能、咨询职能、监督职能在脱贫攻坚各环节中发挥了重要作用。本章将介绍统计学的一些基本知识，包括统计概述、统计学的发展与学科分类、研究方法以及管理统计的应用，另外还重点阐述了管理统计学的基本概念和常用的统计分析软件。

1.1 统计概述

1.1.1 统计的含义

在现代社会，人们对"统计"一词并不陌生，因为它已成为现实生活中的一个常用词。当你看电视、听广播、阅读报纸时都会耳闻目睹到有关统计数据的报道或说明，如球类比赛结果、高考录取线等。准确地说，统计是一种对客观现象数量方面进行调查研究的活动，是搜集、整理、分析、推断和判别等认识活动的总称。

在现实生活中，统计有三层含义，即统计工作、统计资料和统计学。

（1）统计工作即统计实践，是统计活动的具体过程，是指利用各种科学的方法，对社会经济以及自然现象的总体数量进行搜集、整理和分析过程的总称。

（2）统计资料即统计信息，是统计工作的成果，是指通过统计工作所取得的各种数字资料以及与之相关的其他资料的总称。统计资料通常有统计公报、统计年鉴、统计报告等多种形式，它集中、全面、综合地反映了国民经济和社会发展的现象和过程，是进行宏观经济调控和企业微观决策的重要依据，是社会公众了解国情、国力和社会经济发展状况的信息主体。

（3）统计学即统计理论，是一门研究大量社会现象总体数量方面的方法论科学，其目的是探索数据内在的数量性规律，以达到对客观事物的科学认识。

统计的三层含义既相互独立，又存在密切联系。首先，统计工作与统计资料是过程与成果的关系。统计工作是人们的统计实践，是主观反映客观的认识过程；统计资料是统计工作的结果，两者是"劳动"与"产品"的关系。其次，统计学和统计工作之间存在着理论与实践的辩证关系，即统计学来源于统计工作，是统计工作经验的总结和概括，而统计学所阐述的理论和方法又是指导统计工作的原则和方法。

1.1.2 统计的产生与发展

统计的实践活动已有近五千年的历史，它是随着人类社会经济活动的进步而产生和发展起来的。最早的管理统计活动可追溯到原始社会末期，由于没有文字，为了统计可供分配的食物或劳动成果，就出现了"结绳记事"和"刻石记数"。如《周易正义》中所写："事大，大结其绳；事小，小结其绳；结之多少，随物众寡。"我国早在公元前2000多年的夏朝，就有人口和土地的数字记载。古希腊、罗马时代也已开始了人口和居民财产的统计工作。汉语中的"统计"，是指对某一现象有关数据的搜集、整理、计算和分析，有合计、总计的意思。较早的记载是明朝胡应麟《少室山房笔丛·经籍会通一》中所写："古今书籍，统计一代，前后之藏，往往无过十万；统计一朝，公私之蓄，往往不能十万。"

在奴隶社会和封建社会，由于经济十分落后，统计发展比较缓慢，统计仅局限于君主征收赋税、徭役和国家管理的需要。例如，据《商君书》记载："强国知十三数，欲强国，不知国十三数，地虽利，民虽众，国愈弱至削。"随着社会分工日益精细与发达，统计逐步发展到工业、农业、贸易、银行、保险、交通、邮电等众多领域，并且出现了专业的统计机构和研究组织，统计日益成为管理国民经济、组织和指挥社会生产的重要手段。

现代社会中，统计工作经过不断实践和提高，发挥着重要的社会职能。电子计算机技术的应用为统计活动的现代化进程插上了翅膀，特别是当我们进入大数据、云计算、物联网时代后，统计的重要性更加凸显。正如英国作家、社会评论家 H. G. 威尔斯所说："统计思维总有一天会像读与写一样，成为一个有效率公民的必备能力。"

总之，统计是适应社会政治经济的发展和国家管理的需要而产生的，统计的发展与社会生产力的发展紧密相关。

1.1.3 统计的基本职能

统计的基本职能包括信息职能、咨询职能和监督职能。

拓展阅读

（1）统计的信息职能是指统计具有信息服务的功能，即统计通过系统地收集、整理和分析得到统计资料，在此基础上经过反复提炼筛选，得到大量有价值的统计信息，从而为社会提供服务。例如，在2020年新冠肺炎疫情期间，逐日公布的新增确诊病例、累计确诊病例、累计死亡人数和累计治愈人数等数据，就是统计信息职能的体现。

（2）统计的咨询职能是指利用丰富的统计信息，运用科学方法进行综合分析与判断，为宏观和微观决策、科学管理等提供咨询建议和对策方案。例如，清华大学统计学研究中心为社会提供诸如 $PM_{2.5}$ 浓度模拟值的拟合分析等一系列统计咨询服务。

（3）统计的监督职能是指通过信息反馈来检验决策方案是否科学、可行，并对决策过程中出现的偏差提出矫正意见，促使社会经济运行不偏离正常的轨道。例如，通过CPI、PPI以及基尼系数等统计指标，对总体经济运行及居民收入差距情况进行统计监督。

统计的信息职能、咨询职能和监督职能是相互联系、相辅相成的。信息职能是统计最基本的职能，它是统计的咨询职能和监督职能实现的前提，而咨询职能是信息职能的延续与深化，监督职能的最终实现又促进了信息职能和咨询职能。这三种统计职能构成了一个有机整体，故又称之为统计整体功能。

1.1.4 统计的工作过程

按统计工作阶段来划分，一次完整的统计工作过程可以分为统计调查、统计整理和统计分析三个阶段。

（1）统计调查就是按照一定的目的，通过科学的调查方法，搜集社会经济现象的实际资料的活动，包括统计调查方案的设计等。统计调查是统计工作的起点，也是统计整理和统计分析的基础。

（2）统计整理是指对调查得来的大量统计资料加工整理、汇总、列表的过程。统计整理是中间环节，起着承前启后的作用。

（3）统计分析是指将加工整理好的统计资料加以分析研究，采用统计分析方法，计算各种分析指标来揭示社会经济过程的本质及其发展变化的规律。统计分析是对前两个阶段的总结，也是对事物由感性认识上升到理性认识的阶段。

统计工作过程的三个阶段并不是孤立、截然分开的，它们是一个紧密联系的整体，各个环节之间往往是交叉进行的。

1.2 统计学的基本内容及应用

1.2.1 统计学的产生与发展

人类长期的统计实践积累了丰富的统计经验，为统计学的建立奠定了坚实的基础。统计学最初产生于17世纪中叶，至今已有300多年历史。在统计学的产生和发展过程中，由于统计学家所处的历史环境不同，对统计实践的理解不同，所总结出来的经验和概括出来的理论也不同，所以产生了不同的统计学派，大致可以分为"三大学派"与"两大体系"。

1. 政治算术学派

政治算术学派产生于17世纪的英国，以威廉·配第（William Petty）为主要代表人物。1676年，威廉·配第在《政治算术》一书中第一次大量运用实际统计资料，对英国、法国、荷兰等的国情国力进行了系统的数量对比分析，指出了英国社会经济发展的方向和道路。这种用数量对比的方法来分析问题的思想奠定了政治算术学派的基础，也被看作统计学的真正起源。该学派的另一知名人物是

拓展阅读

统计学家思想方法之《政治算术》

约翰·格朗特（John Graunt），他对英国伦敦市人口的出生率和死亡率进行分类计算，编制了世界上第一张死亡率统计表。但遗憾的是，政治算术学派始终没有把对社会客观现象的数量研究方法称为"统计学"，所以它是一个"有实无名"的学派。

2. 国势学派

国势学派产生于18世纪的德国，以格特弗里德·阿亨瓦尔（Gottfried Achenwall）为主要代表人物。他在大学里开设"国势学"课程，并且出版代表作《近代欧洲各国国势学概论》，比较全面地记述了欧洲各国的基本情况，如人口、领土、政治结构、议会、军队、财政、经济等，但他很少对事物进行数量方面的观察，以定性论述为主，缺乏数量分析的结论和方法，这与英国的政治算术学派思想大不相同。由于国势学派首先将"国势学"命名为"统计学"，而且一直沿用至今，所以说这一学派是"有名无实"的学派。

3. 数理统计学派

数理统计学派发源于19世纪的比利时，主要代表人物为阿道夫·凯特勒（Adolphe

Quetelet)。他的代表作是《社会物理学》,他把原本属于数学的概率论引入统计学的研究方法中,从而开辟了统计学的新领域。概率论等数学方法的应用,使统计学的研究内容得到了极大的丰富。他最先运用大数定律作为分析社会经济现象的一种工具,提出社会现象的发展并非偶然,而是有其内在的规律性,同时他和他的学生们还开创了推断统计的先河,所以凯特勒被欧美统计学家称为"近代统计学之父"。

政治算术学派和国势学派都属于社会统计学体系,数理统计学派则属于数理统计学体系,两大统计学体系在许多问题上存在分歧。社会统计学体系专门研究社会现象,而数理统计学体系则既研究社会现象也研究自然现象,这就产生了关于统计学研究领域的争论。

几百年来,社会统计学逐渐由原来的实质性学科向方法论学科转变,而数理统计学中的部分内容则逐渐向社会统计学靠拢。这两大统计学体系互相影响、互相渗透,推动了统计学的发展,逐步形成了现代统计学的丰富内容。因此,统计学既是一门方法论学科,也是一门实质性学科。

1.2.2 统计学的分科

1. 描述统计学和推断统计学

根据统计学所研究的内容,可将统计学分为描述统计学和推断统计学。

(1)描述统计学是指收集和整理数据资料,用统计指标描述事物的数量表现以及基本特征和性质,使人们从数量上认识事物和掌握事物的发展变化规律。描述统计学是对统计数据进行处理的第一个阶段,它一般是用直观的图形、汇总的表格和概括性的数字(如平均指标)表示变量的分布特征,并为进一步的统计推断提供依据。

(2)推断统计学是指采用抽取样本的方法,从总体中收集样本的数据资料,加以整理加工,然后依据样本资料信息,运用数理统计的方法来估计和推断总体的特征和性质,使人们由部分样本信息达到对总体信息的推断,从而认识事物和掌握事物的数量规律。例如,审计人员根据100张发票的抽样结果,对所有的55 000张发票中有错误的发票数量进行估计推断。

描述统计是整个统计学的基础,也是统计研究工作的第一步。推断统计是现代统计学的核心和统计研究工作的关键环节,推断统计对描述统计有很强的依赖性。因为如果没有描述统计搜集可靠的数据并提供有效的样本信息,即使再高明的统计学家利用最科学的推断方法也难以得出准确的结论。因此,从描述统计学发展到推断统计学,既反映了统计学发展的巨大成就,也是统计学发展成熟的重要标志。

2. 理论统计学和应用统计学

根据统计学研究方法及应用范围的不同,可将统计学分为理论统计学和应用统计学。

(1)理论统计学是研究统计学的基本原理和基本方法,研究如何将数学原理和计算机技术应用于统计学,并发展出新的统计学方法和技术。理论统计学是统计方法的理论基础，没有理论统计学的发展，统计学不可能拥有今天这样完整的科学知识体系，所以理论统计学推动和完善了统计学学科。但在统计研究领域，从事理论统计学研究的人只占少数，大部分人则是从事应用统计学的研究。

（2）应用统计学是研究如何应用统计学方法来解决实际问题。由于统计学是一门收集和分析数据的科学，在自然科学及社会科学领域中都需要通过数据分析来解决实际问题，因而统计方法的应用几乎扩展到了所有的科学研究领域。例如，统计方法在管理领域的应用形成了管理统计学，在社会领域的应用形成了社会统计学，在人口领域的应用形成了人口统计学等等。

总之，理论统计学是以方法论为中心建立统计方法体系，而应用统计学是以问题为中心应用统计方法解决实际问题。在统计学科的发展历史上，理论统计学和应用统计学是相互促进、共同提高的。理论统计学的研究方法为应用统计学的数量分析提供了方法，提高了应用统计学的定量分析水平和科学性；而应用统计学对统计方法的应用又会拓展理论统计学的研究领域，为理论统计学的研究提供新的研究课题。

1.2.3　统计学的研究方法

1. 大量观察法

大量观察法是指对所研究现象的全部或足够数量的单位进行观察分析的方法，或指对大量性质相同的社会经济现象中每个单位的特征进行观察、登记并综合分析，用以反映现象总体的数量特征。

统计方法画像

拓展阅读

大量观察法通过对事物总体中足够多的个体进行观察并加以综合分析，使个体事物差异互相抵消，反映出事物总体的本质特征和一般规律。例如，抛硬币时每抛一次正面朝上或反面朝上是不确定的，但当我们抛了多次硬币时，可以发现硬币正面朝上与反面朝上的可能性各为 50%。

大量观察法实际上不是指一种具体方法，而是一种统计思想，它强调观察的个体要充分多或者足够多。只有通过大量观察法才能消除偶然、次要因素的影响，以反映主要、共同起作用的因素所呈现的规律性，达成对现象总体数量方面规律的认识。

2. 统计分组法

统计分组法是指按照现象的特点和统计研究的任务，根据社会经济现象中有关单位质的差别，将其划分为不同类型或不同性质的组来进行数量汇总或分析的方法。例如，按照学生统计学考试成绩将全班 50 名学生分为五组，从低分向高分排列：第一组 60 分以下；第二组 60～70 分；第三组 71～80 分；第四组 81～90 分；第五组 91～100 分。通过统计分组，可以突显组与组之间的差异，并将组内各单位之间的差异抽象化，以反映现象的不同类型、总体的内部结构和现象之间的相互依存关系。

3. 综合分析法

综合分析法是指运用各种经过科学分类汇总的综合指标和分析方法，如时间序列分析、指数分析、相关回归分析等，反映现象在一定时间、地点、条件下的规模、水平、对比关系、集中趋势、差异程度、依存关系、发展趋势和变化规律等。通常使用的具有描述功能的综合指标有：总量指标、相对指标、平均指标、变异指标、偏态与峰度、动态数列和统计指数等。

综合分析法建立在大量观察法的基础上，分组法为综合指标法的运用创造了前提。这一方法既可以在统计整理阶段运用，也可以在统计分析阶段应用。

4. 归纳推理法

归纳推理法是指根据个别单位的特征信息，概括反映现象总体的一般特征的推理方法。例如，调查万分之一的城市居民户的收入水平，推断出城市全部居民户的收入水平；调查千分之一农田的产量，推断出上万亩农田的产量等。归纳推理法是从点到面、从个别到整体、从特殊到一般的统计处理方法。

1.2.4 统计学在管理中的应用——管理统计学

1. 管理统计学的重要地位

统计学是一门收集和分析数据的科学，在社会科学和自然科学领域中，都需要通过数据分析来解决实际问题，所以统计方法的应用几乎扩展到了所有的科学研究领域。此外，统计学作为一门工具性或方法论学科，能够和其他学科交叉结合，形成新的统计学分支，如管理统计学、社会经济统计学、人口统计学、卫生统计学等。

在现代社会中，人类社会生活的各个方面几乎都离不开管理统计学。随着社会和经济管理活动的发展，管理统计学已经发展成为统计中最重要的组成部分之一。管理统计学是指采用一般的统计学方法来研究社会和经济管理问题的应用学科，它是一种对社会经济管理问题数量方面进行的调查研究活动，是搜集、整理、分析、推断和判别反映社会经济管理问题数量规律的总称。由此可见，管理统计学源于一般的统计理论与方法，但是它又具有自己独特的研究对象和目标。

准确地说，管理统计学就是采用一般的统计学方法来研究社会经济管理问题的应用学科。运用统计学方法研究社会经济管理问题的先例在19世纪初就已经存在，但管理统计思想的形成却在20世纪初。

据记载，1917年美国国防部运用统计学方法解决了急用军需品的规格和尺寸设计问题。通过抽样调查，他们发现军人的军衣和军鞋尺寸的分布都类似于正态分布，根据这样的分布规律设计的军衣和军鞋，其规格符合大部分军人的需要。从此，运用统计学方法解决管理问题开始引起人们的重视。1924年，美国贝尔电话实验室研究人员沃特·休哈特（Walter Shewhart）将统计方法应用于产品质量管理，发明了质量控制图，有效地解决了产品生产过程中的质量控制问题。随后,质量控制图逐渐推广应用到服务业、行政管理以及人事管理等方面,管理统计学的应用范围逐渐扩大。

2. 管理统计学的应用

古语说得好:"知己知彼,百战不殆。"企业为了生存发展,除了要了解自身的经营情况之外,还需要掌握竞争对手以及市场等方面的情况,收集许多数据,并且将这些数据转化为对企业有用的信息,为企业科学决策提供有效的依据。管理统计在企业管理中所扮演的角色就是将原始数据转化为有价值信息的工具,所以企业离不开科学有效的管理统计。

随着大数据的发展,数据驱动管理决策的重要性愈发凸显,管理统计学的应用也就愈加广泛,举例如下:

(1) 企业发展战略。发展战略是一个企业的发展方向,一方面,制定发展战略需要及时了解和把握整个宏观经济的状况和发展变化趋势,了解市场的变化;另一方面,还要对企业进行合理的市场定位,把握其自身的劣势和优势。所有这些都离不开统计,需要统计提供可靠的数据,利用统计方法对数据进行科学的分析与预测等。

(2) 产品质量管理。质量是企业的生命,是企业持续发展的基础,质量管理离不开统计的应用。例如,在一些知名的跨国公司,"6σ原则"已经成为统计学在生产领域的一项重要应用;又如,各种质量控制图被广泛应用于质量控制管理环节。

(3) 市场研究。企业要在激烈的市场竞争中取得优势,首先要了解市场。而了解市场必须要通过广泛的市场调查取得所需的各种信息,并对这些信息进行科学的分析以便作为生产和营销的依据,而这些都需要统计的支持。

(4) 财务分析。上市公司的财务数据是股民投资选择的重要参考依据,投资咨询公司主要是根据上市公司提供的财务和统计数据进行分析,为股民提供投资参考;企业自身的投资也离不开对财务数据的分析,其中要用到大量统计方法。

(5) 经济预测。企业要对未来的市场状况进行预测,经济学家也常常对宏观经济进行预测。在进行预测时,要使用各种统计信息和统计方法。例如,经济学家预测通货膨胀,要利用生产价格指数、失业率、生产能力等相关统计数据,然后通过统计模型进行预测。

(6) 人力资源管理。利用统计方法对企业员工的年龄、性别、受教育程度、工资等进行分析,并将其作为企业制订工资计划、奖惩制度的依据。

1.3 管理统计学的基本概念

1.3.1 总体与总体单位

总体,也称为统计总体,是指客观存在的在同一性质基础上结合起来的许多个别事物的整体。总体单位就是组成总体的每一个个体。例如,要调查某市居民人均用水量,该市所有居民户的集合是总体,每户居民为总体单位。

总体的构成必须同时具备三个条件，即同质性、变异性和大量性，这也是总体的三个特点。

第一，同质性。同质性是指构成总体的所有单位在某一方面必须具有共同的属性。例如，工业企业总体必须是由进行工业生产经营的基本单位组成的集合；研究某校学生出勤状况时，总体就是全校所有在册学生。

第二，变异性。变异性是指构成总体的各单位在具有某一共同性质的基础上，在其他质或量的方面还存在差异。例如，我国的私营企业总体除了具备是私营企业这个共同点之外，在注册资本、投资规模、职工人数、净利润等方面会存在差异。变异性是统计存在的前提，如果总体单位无差异便不需要进行统计调查研究了。

第三，大量性。大量性是指总体必须包含足够多的单位数量。由于统计研究对象是大量现象数量方面的规律，这就要求总体不是由个别或少量单位构成，而是由足够多的单位构成。只有对大量单位进行观察研究，才能综合计算出反映总体一般数量特征的综合指标，也才能反映统计总体的变化趋势和数量规律。

总体按其包含的范围大小可以分为有限总体和无限总体。一个总体中包含的单位数量是可数的，称为有限总体。例如，全国人口数、在校学生人数等。一个总体包含的单位数量是不可数的，即为无限总体。例如，海洋里的鱼、某种大量连续生产的小件产品等。对有限总体可以进行全面调查，也可以进行非全面调查，但对无限总体只能抽取一部分单位进行非全面调查。

总体和总体单位是相对而言的，随着研究目的和任务的不同，同一个研究对象可以作为总体，也可以作为总体单位。例如，要了解全国工业企业员工的工资收入情况，那么全部工业企业是总体，各个工业企业是总体单位。如果要了解某个工业企业员工的工资收入情况，则该工业企业成了总体，每个企业员工就是总体单位了。

1.3.2 标志与指标

标志是指总体单位所具有的属性或特征，它是说明总体单位属性或特征的名称。例如，在工业生产调查中，说明每一个工业企业特征的标志有所有制性质、职工人数、固定资产数量、产量、利润额等。

标志的具体表现称为标志值。例如，在人口调查中，性别这个标志具体表现可以为"男"或"女"，年龄这个标志可以表现为"15岁""56岁""88岁"等。这里的"男""女""15岁""56岁"等都是标志值。

标志按其反映特征的性质分为数量标志和质量标志。数量标志表明总体单位数量方面的特征，如工龄、年龄、工资等。质量标志又称为品质标志，它表明总体单位属性方面的特征，不能用数值表示，只能用文字说明，如性别、籍贯、文化程度、民族和政治面貌等。

标志按表现情况不同可分为不变标志和可变标志。当一个标志在各个总体单位的具体表现都相同时，这个标志就是不变标志。例如，在男职工总体中，性别就是不变标志。当一个标志在总体各单位的具体表现不同时，这个标志就是可变标志。例如，在男职工总体中，每个男职工的年龄、文化程度、工龄就是可变标志。

指标即统计指标，是综合反映总体数量特征的概念和数值。一个完整的统计指标包括指标名称和指标数值两个部分。例如，2018 年我国国内生产总值为 90.03 万亿元，这就是指标，它包括指标名称"国内生产总值"和指标数值"90.03 万亿元"两个部分。

统计指标按其反映总体的特征不同，可分为数量指标和质量指标。数量指标是指反映现象的总规模、总水平的统计指标，一般用绝对数表示。例如，人口总数、企业总数、工资总额等。质量指标是反映总体一般水平或相对水平的统计指标，一般用相对数或平均数表示。例如，劳动生产率、职工平均工资、人口密度等。

拓展阅读

统计指标
——统计的灵魂

标志和指标既有区别又有联系。

（1）两者的区别是：第一，指标是说明总体特征的，而标志则是说明总体单位特征的；第二，指标都能用数值表示，而标志中的质量标志不能用数值表示，只能用文字表示。

（2）两者的联系是：第一，许多指标数值是从总体单位的数量标志值汇总而来，这既可指总体各单位标志量的总和，也可指总体单位数的总和。例如，某地区工业增加值是由该地区每个工业企业的增加值汇总形成的。第二，指标与标志存在着总体和总体单位之间的变换关系。当研究目的发生变化时，如果原来的统计总体变成了总体单位，则相应的统计指标也就变成了数量标志了；反之，亦然。

单个统计指标只能反映总体某一个数量特征，说明现象某一方面的情况。要全面认识总体，必须建立指标体系。指标体系是一个由一系列相互联系的统计指标组成的整体。例如，工业总产值 = 劳动生产率 × 员工人数；商品销售额 = 商品价格 × 商品销售量。指标体系可以完整反映社会经济现象和过程，说明经济现象之间的因果关系、依存关系及平衡关系等。

1.3.3 样本与抽样

统计研究的目的是确定总体的数量特征，但是多数情况下总体单位数量众多，不可能对每个总体单位都进行调查。此时，研究样本就要比研究总体容易得多，而且还节省成本。样本就是从总体中抽取的一小部分单位，构成样本的单位数目称为样本容量。

从总体中抽取样本的过程称为抽样。抽样的最终目的就是通过样本的数量特征来推断总体的数量特征，这样既可以节省对总体调查所需要的人力、物力、财力和时间，又可以认识总体的数量特征。例如，一家上市公司正在接受审计，审计人员没有必要对该公司 2019 年度内的所有的 63 000 张发票全部进行审查，只需要随机抽取 200 张发票的样本即可，审计人员通过对这 200 张样本发票计算的差错率，可对全部的 63 000 张发票的差错率进行推断。

一般来说，样本具有三个基本特征：特定性、随机性和代表性。特定性是指构成某一样本的每一个单位都必须取自某一个特定的统计总体，该总体之外的其他总体单位是不允许进入样本的。随机性就是样本单位的选取是按照一定的概率来选取的，而某一个样本单位的产生又是完全随机的。代表性是指样本要包含总体的所有特征信息，因而能够推断总体的某些特征。

1.3.4 参数与统计量

根据总体数据计算的指标称为参数，它可以反映总体的数量特征。由于总体数据往往不知道，所以参数是一个未知常数，需要通过样本数据进行推断。一个总体常常有多个参数，以便从各个不同角度反映总体基本情况和特征。通常，最主要的两个参数是表示总体分布集中趋势的总体均值与表示总体分散趋势的总体标准差。总体参数通常用希腊字母来表示。例如，总体均值用 μ 来表示，总体标准差用 σ 表示，总体比例用 P 来表示等。

根据样本数据计算的指标称为样本统计量。由于样本的选取是随机的，所以样本统计量随样本不同而变化，是随机变量。通常人们所关心的样本统计量有：样本均值、样本标准差和样本比例等。样本统计量通常用英文字母来表示。例如，样本平均数用 $\overline{X}$ 来表示，样本标准差用 S 来表示，样本比例用 p 来表示。

样本统计量一方面表示了样本本身的分布状况和特征，另一方面也是总体参数的估计量。通常，我们总是用样本均值来估计总体均值，用样本标准差来估计总体标准差，用样本比例来估计总体比例。例如，研究某一地区 5 000 户居民的人均可支配收入，则该地区 5 000 户居民收入的平均数为总体参数，可从该地区随机抽取 100 户居民作为样本，计算这 100 户居民收入的平均数作为样本统计量。

1.3.5 变量

统计中把说明现象某种特征的概念称为变量，变量的具体表现称为变量值。例如，某公司职工的月工资有 3 000 元、3 500 元、4 000 元、4 500 元等几个标准，这里"月工资"是变量，而"3 000、3 500、4 000、4 500"等这些数值就是变量值。统计变量可以分为以下几种类型：

（1）分类变量是说明事物所属类别的一种变量，其变量数值是分类数据。如"省份"就是分类变量，其变量值为"山西""陕西""河南"或"海南"等。

（2）顺序变量是说明事物顺序类别的一种变量，其变量数值是顺序数据。如"茶叶等级"就是顺序变量，其变量值表现为"特级品""一级品""二级品"或"次品"等。

（3）数值型变量是说明事物数字特征的一种变量，其变量数值就是数值型数据。如"产品产量""职工工资""考试成绩"等。数值型变量按其取值是否连续可分为离散变量和连续变量。只能取整数的变量称为离散变量，如职工人数、机器台数等。在整数之间可插入小数的变量称为连续变量，如体重、身高、利润额等。

数值型变量按其所受影响因素的不同，又可以分为确定性变量和随机性变量等。由确定性因素影响所形成的变量称为确定性变量。确定性因素使变量按一定的方向呈上升或下降趋势。比如，在一定程度上农作物收获量的增加与施肥量之间呈正相关，所以农作物收获量可看作是确定性变量。确定性变量是进行趋势预测的前提。由随机性因素影响所形成的变量称为随机变量。比如，产品质量检验时，在所控制的质量数据范围内，由于受偶然因素（电压、温度等）等影响，产品的质量数据也不是绝对相同的，它们与质量标准之间有一定的误差，是一个随机变量。随机变量是进行抽样推断的前提。

1.4 常用的统计分析软件

1.4.1 EXCEL 软件

Microsoft Excel 是美国微软公司的办公软件 Microsoft Office 的组件之一，是由 Microsoft 为 Windows 和 Apple Macintosh 操作系统的电脑编写和运行的一款电子表格软件。Excel 是微软办公套装软件的一个重要组成部分，它不仅提供基础的数据处理功能，也提供了丰富的统计图表、函数和专业的分析工具，用于支持一般的数据统计和分析需求，广泛地应用于管理、经济、金融等众多领域。

Excel 具有四大特征：19 个数据分析工具（data analysis tools）、80 个统计功能（statistical function）、智能制表（chart wizard）和趋势线（trend line）。Excel 的优势在于：可在电子表格中导入、组织和浏览大量数据集；轻松创建和使用数据透视表视图；可对几乎所有数据进行高效建模和分析。

1.4.2 SPSS 软件

SPSS 的全称为 Statistics Program for Social Sciences，即社会科学管理统计软件。它是世界上最早采用图形菜单驱动界面的统计软件，它最突出的特点就是操作界面极为友好，输出结果美观漂亮。它将几乎所有的功能都以统一、规范的界面展现出来，使用 Windows 的窗口方式展示各种管理和分析数据方法的功能，对话框展示出各种功能选择项。用户只要掌握一定的 Windows 操作技能，了解统计分析原理，就可以使用该软件为特定的工作服务。

SPSS 采用类似 Excel 表格的方式输入与管理数据，数据接口较为通用，能方便地从其他数据库中读入数据。它的特点包括：第一，操作简便，界面非常友好，除了数据录入及部分命令程序等少数输入工作需要键盘键入外，大多数操作可通过鼠标拖曳，点击"菜单""按钮""对话框"来完成。第二，编程方便，只要了解统计分析的原理，无须通晓统计方法的各种算法，即可得到需要的统计分析数据。第三，功能强大，具有完整的数据输入、编辑、统计分析、报表、图形制作等功能。第四，全面的数据接口，能够读取及输出各种格式的文件，比如，dBASE、FoxBASE、FoxPRO 产生的 *.dbf 文件，文本编辑器软件生成的 ASC 数据文件等。

SPSS 统计功能主要包括样本数据的描述和预处理、参数及非参数等假设检验、方差分析、列联表分析、相关分析、回归分析、聚类分析、因子分析、时间序列分析、可靠性分析等。

1.4.3　SAS 软件

SAS（Statistical Analysis System）是美国使用最为广泛的三大著名统计分析软件之一，是目前国际上最为流行的一种大型统计分析系统，被誉为统计分析的标准软件。SAS 集数据存取、管理、分析和展现于一体，为不同的应用领域提供了卓越的数据处理功能。它的主要优势如下：

第一，功能强大，统计方法完整先进。SAS 提供了从基本统计数据的计算到各种试验设计的方差分析、相关回归分析以及多变量分析的多种统计分析过程，几乎囊括了所有最新统计方法，其分析技术先进可靠，分析方法的实现通过过程调用完成，许多过程同时提供了多种算法和选项。

第二，使用简便，操作灵活。SAS 以一个通用的数据（DATA）步产生数据集，以不同的过程调用完成各种统计分析。其编程语句简洁、短小，结果输出的统计术语规范易懂，并且能自动修正一些小错误，对运行时出现的错误，它会尽可能地给出错误原因及改正方法。

SAS 的统计功能包括：样本平均数、标准差、峰度等描述性统计量的计算，标准化分数、变量值线性组合等计分程序，类别数据的处理，变异数分析，多变量分析，鉴别分析，集群分析，等等。SAS 是用于决策支持的大型集成信息系统，统计分析是它的重要组成部分和核心功能。

1.4.4　Minitab

Minitab 软件是现代质量管理统计的领先者，它以无可比拟的强大功能和简易的可视化操作深受广大质量专家和统计学者的青睐，其功能涵盖了基本统计分析、非参数分析、试验分析、质量控制和可靠性分析等领域。此外，它还具有很强的表格和图形处理功能。

1.4.5　R 软件

R 软件是一套完整的数据处理、计算和制图软件系统，其功能包括：数据存储和处理系统；数组运算工具（其向量、矩阵运算方面功能尤其强大）；完整连贯的统计分析工具；

优秀的统计制图功能；简便而强大的编程语言，可操纵数据的输入和输出，可实现分支、循环、用户自定义等功能。

与其说 R 是一种统计软件，还不如说 R 是一种数学计算的环境，因为 R 并不是仅仅提供若干统计程序，使用者只需指定数据库和若干参数便可进行统计分析。R 软件不仅可以提供一些集成的统计工具，而且可以提供各种数学计算、统计计算的函数，从而让使用者能灵活方便地进行数据分析，甚至创造出符合需要的新的统计计算方法。

本章小结

1. 统计有三层含义，即统计工作、统计资料和统计学，这三个方面既有相对独立性，又有密切的联系。统计的基本职能是信息职能、咨询职能和监督职能。

2. 统计学的产生与发展可以概括为两大体系、三大学派。其中，政治算术学派和国势学派都属于社会经济统计学体系，而数理统计学派则属于数理统计学体系。

3. 按统计工作阶段来分，一次完整的统计工作过程可以分为统计调查、统计整理和统计分析三个阶段。根据统计学所研究的内容，又可分为描述统计学和推断统计学。

4. 统计学的主要研究方法有：大量观察法、统计分组法、综合指标法和归纳推理法。统计学是一门应用非常广泛的工具性学科。管理统计学就是采用一般的统计学方法来研究社会和经济管理问题的应用学科。

5. 管理统计学中的基本概念包括：总体和总体单位、标志和指标、样本和抽样、参数和统计量以及变量。

6. 常用的统计分析软件有：Excel、SPSS、Minitab、SAS 和 R 软件。

即练即测

练习题

一、思考题

1. "统计"一词有几种含义？它们之间的关系如何？
2. 统计的基本职能有哪些？
3. 统计的工作过程包括哪些阶段？
4. 什么是描述统计学和推断统计学？
5. 统计学的主要研究方法有哪些？
6. 总体与总体单位之间有何区别与联系？
7. 统计指标和标志有何区别和联系？
8. 样本的基本特征有哪些？
9. 请举出几个管理统计学应用的例子。

二、案例分析题

从里约奥运女排获胜看统计

北京时间2016年8月21日上午,在里约奥运会女排决赛中,中国女排以3∶1战胜塞尔维亚,这是继2004年拿到雅典奥运会冠军后,时隔12年再次获得奥运会冠军。这一喜讯振奋人心,举国上下无不为这一战果而欢腾。无数的辛苦训练得到了回报,一切付出都是值得的。队员的努力拼搏固然十分重要,但专业的数据统计分析也发挥了很大作用。

目前,NBA或意甲、英超等重大赛事都配备了专业的数据分析团队辅助比赛。此次中国女排夺冠也使专业体育比赛类数据分析被大众所熟知。2010年,国家排球队从意大利引进一款专业的排球数据分析软件"Data Volleyball",通过临场的数据分析给出最佳对应策略,以及如何调整攻击防守模式。数据分析结果可以输出技术统计数据,也可以制作技术录像。

数据分析的数据源是至关重要的,每场比赛数据都要逐一记录。每场排球比赛中,现场输入技术数据至少有1 000多条,包括每个队员的发球集、二传传球位置分析、重点球员在不同战术中扣球和吊球的习惯线路;详细记录每一分的来历,用于备赛和协助现场指挥;还有我方和对手方每一名队员的扣球路线、扣球区域概率、助攻区位、调整攻区位等。不仅要分析现场数据,还要结合以前的比赛录像,把对手方球员其他场次的比赛也纳入数据统计。

数据准备齐全,合适的统计分析方法也十分重要。目前,排球运动方面的分析主要有:排球轨迹获取和智能分析、排球扣球动作生物力学分析、运动员弹跳力和下肢运动关联分析、跳发球技术和移动步法数据分析、运动员体能衰减数据分析、得失分影响因子分析、运动员之间的关联关系分析、运动员和后备队员功能特征基本指标等。最终综合历史数据和现场数据,选取合适的方法,依靠Data Volleyball软件生成分析图表和视频供教练决策参考。

在赛场上通过数据分析,教练人员对于对手方的各种扣球线路数据都了如指掌,进而可以根据这个数据来安排换人,改变下一局的轮次打法。因此,观众经常会看到这样的情况,前面几局经常输球,逐步实现逆转,最后完全摸透对方每个队员的扣球规律,出现彻底逆转。2016年巴西奥运会,中国女排也是走的这个路线,在女子排球决赛中第一局比分呈弱势,形势极其不利,后来针对性地参考对手情况,及时调整战术和场上队员,最终得以3∶1击败塞尔维亚,时隔12年再次夺冠,成为第三支"奥运三冠"的女排队伍。

由此可见,数据分析可以"最快"地发现真相,追求决策同步与即时性,数据的价值被越来越多的行业认可和接受。

（案例节选来源：董婵. 从里约奥运女排获胜看统计 [J]. 中国统计，2017（01）：40-41.）

根据上述案例内容，思考以下问题：

1. 为何要在体育项目中引入数据分析？
2. 统计在里约奥运女排获胜中发挥了哪些职能？

学习目标

◆ 深入了解统计数据的类型、统计调查的组织形式、统计资料整理的步骤；
◆ 掌握统计分组的概念和方法、分布数列的编制和分析处理方法；
◆ 掌握常用统计图表的编制方式。

重点与难点

◆ 统计调查的组织形式、数据数列的编制方法；
◆ 统计分组方法及变量数列的编制。

【思政案例导入】

打赢第七次全国人口普查攻坚战

2020年11月1日开始，第七次全国人口普查进入正式登记阶段。这是中国特色社会主义进入新时代，全面建成小康社会进入决战决胜阶段，"两个一百年"奋斗目标历史交汇期，人口发展进入重要转折期所开展的一次重大国情国力调查。这次普查将全面查清我国人口数量、结构和分布，准确把握人口变化趋势性特征，为科学制定"十四五"时期国民经济和社会发展规划，推动高质量发展，完善人口发展战略和政策体系提供重要的人口信息支撑。

国务院发布《关于开展第七次全国人口普查的通知》以来，各地区、各部门按照国务院人口普查领导小组的统一部署，努力克服新冠肺炎疫情影响，积极推进普查的各项准备工作。目前，各级普查机构组建完成，普查经费物资落实到位，全国综合试点、普查区划绘图、户口整顿、普查指导员和普查员选聘培训等重点工作圆满结束，摸底工作正在紧锣密鼓进行中，这些都为普查正式登记打下了坚实基础。围绕提高数据质量这一中心任务，这次普查采取了很多新方法和新技术。首先，全面采取电子化采集方式，由普查人员使用智能手机或PAD登记普查对象信息并联网实时上报，数据直接上传至国家统计局数据中心，有效杜绝了中间环节可能受到的人为干扰。同时，为了方便大家申报普查信息，尽量减少对普查对象的打扰，首次提供普查对象自主填报方式，允许大家使用移动终端扫描二维码自行申报个人和家庭信息。其次，这次普查首次采集公民身份号码，为普查登记信息与部门行政记录以及大数据的核查比对提供了基础。

目前，全国已选聘约700万名普查指导员和普查员，经过严格培训并考核合格后正式上岗。从2020年10月11日摸底开始，他们将佩戴统一颁发的证件，走入4亿户家庭，查清14亿人口的基本情况。为确保普查对象不重不漏，摸底期间，普查人员要逐门逐户进行实地勘察，摸清每个区域住房的数量和具体位置，也要进入住户家中进行普查告知，询问登记方式，了解户内人员的大致情况，指导和帮助住户进行自主填报。从2020年11月1日开始进入普查的正式登记阶段，普查员要进入每个家庭，逐人逐项登记普查信息，这期间还将随机抽取10%的住户填报普查长表，调查更为详细的人口结构信息，整个登记工作持续到12月10日结束。

为做好疫情防控常态化条件下的人口普查，我们制定了防控新冠肺炎疫情的普查应急预案，针对不同风险等级地区采取不同的普查登记方式。现场登记期间，要求普查员工作时应身体健康、体温正常，入户时要根据当地防控要求佩戴口罩，及时进行消毒等，切实做好入户登记的防护工作。

各级普查机构和普查人员将始终坚持依法普查、科学普查。严格遵守统计法和《全国人口普查条例》，建立健全普查数据质量追溯问责机制，严肃查处各类普查造假、弄虚作假行为。严格按照普查方案要求，认真组织现场登记，准确采集每一条信息，确保普查源头数据真实可信。

资料来源：李晓超.打赢第七次全国人口普查攻坚战[J].中国统计，2020（10）：1.

由上述案例可以看出，第七次人口普查工作是一次重大国情国力调查，所以要求调查数据客观真实、全面准确，这也是人口普查工作的生命线。本章主要介绍统计数据的计量尺度与类型、统计调查方案设计、统计调查组织形式、统计整理以及统计图表。

2.1 统计数据的计量尺度与类型

2.1.1 统计数据的计量尺度

统计研究的是现象总体数量方面的规律，这种数量方面的规律是通过具体的统计数据体现出来的。所谓统计数据，是指按一定标准对客观现象进行计量的结果，它是进行统计研究的基础。没有统计数据，统计研究就成了无源之水、无本之木。

在收集统计数据之前，首先需要确定针对调查对象的计量或测度方法。调查对象不同，所采用的计量尺度也不同，调查所得的统计数据自然就不同。根据现象本身的特点，统计数据的计量尺度有定类、定序、定距和定比四种。

1. 定类尺度

定类尺度是根据现象本身的自然类别特征，依据质量标志对其进行分类或分组计量。比如，按照性别特征将人口总体分为男性和女性两类；企业职工按籍贯分为若干个地区；在校大学生根据所学专业，分为法学、管理学、经济学、新闻学等专业类别。俗话说"物以类聚"，任何一个复杂的现象都可以进行定性分类，区分为多种不同的类别。

定类尺度是最粗略、计量层次最低的计量尺度，各类别之间是平等或平行的关系，不存在优劣大小之分。为了便于日常管理或计算机处理，通常将某一类别用某种特定的符号或字符表示，而这些符号或字符之间不具有任何数学运算关系。比如，在超市的商品管理上将日用品用 1 表示，食品用 2 表示，办公用品用 3 表示，服装用 4 表示等。这种符号或者数字表示仅仅是为了管理的方便，并不表示直接的量化结果，也无大小优劣之别，更不能进行任何数学计算。

在对客观现象进行定类尺度的计量时，一定要遵循事物本身的属性，分类必须遵循穷尽和互斥原则，不重不漏，也就是每一个个体都能够并且只能归入某一个类别中。对定类尺度的数据进行统计分析时，我们只能计算出每一类别中的个体个数及频数，或计算出每一类别的个体个数占全部总数的比重及频率，通过频数或频率来反映总体的分布特征。比如，某个班级有 50 人，男生 35 人，占全班总人数的 70%；女生 15 人，占全班总人数的 30%。这里，35 和 15 分别是男生、女生的频数，70% 和 30% 分别是男生、女生占全班总数的频率。

2. 定序尺度

定序尺度是对事物本身具有的等级或顺序差别的测度。这种计量尺度既能区分事物之间不同的类别，又能对不同的类别进行优劣排序。比如，按照受教育程度将人口总体可以分为文盲、小学、中学、大学及大学以上；按质量等级可将产品分为特级品、一级品、二级品、三级品、次品等。

定序尺度比定类尺度更精确一些，它不仅能区分出事物的类别，还能比较出各类别之间的优劣，并对不同类别进行排序。与定类尺度一样，为了便于日常管理或计算机处理，通常将某一类别用某种特定的符号或字符表示，而这些符号或字符之间不具有任何数学运算关系，只具有逻辑上的顺序关系。例如，关于居民对公共服务的满意程度，可以分为非常满意、满意、一般、不满意、非常不满意五类，我们可以分别用数字1、2、3、4、5代表。

对于定序尺度计量的数据，虽然能够进行优劣排序，但仍然不能进行任何数学运算。对定序尺度计量的数据进行统计分析时，除了可以计算出频数或频率，还可以计算累计频数和累计频率。

3. 定距尺度

定距尺度是以某种自然单位来衡量调查对象属性或数字特性的方法。它比定类尺度和定序尺度更进了一步，在计量上更加精确，不仅能对事物进行分类、排序，而且能测度出每一类别的具体数据，并能说明各类别之间的差距程度。

定距尺度是对事物类别或次序之间间距的测度，它通常使用自然单位或度量衡单位作为计量尺度。如用摄氏度或华氏度度量温度，用百分制度量考试成绩等。定距尺度计量的结果表现为具体的数值，并可以进行加减数值运算。比如，两名学生的统计学考试成绩分别为80分和90分，那么两者的成绩相差10分。对定类尺度和定序尺度的统计分析方法，同样适合于定距尺度。

值得注意的是，在定距尺度中测度值"0"是有意义的，并非表示"没有"的意思。如温度是0℃的地区，不能说该地区没有温度；数学考试成绩为零的学生，不能说他没有成绩，更不能说他没有学到数学知识。对定距尺度而言，它只能进行数学中的加减运算，不能进行乘除运算。

拓展阅读
绝对差的意义

4. 定比尺度

定比尺度也称比率尺度，是一种对事物之间比值的测度或度量。定比尺度计量的结果也表现为确切的数值，它除了具有前面三种计量尺度的所有特性外，还具有一个独特的特性，就是可以计算两个测度值之间的比值，进行乘法或除法运算。比如，甲乙两人的工资收入分别是4 000元和6 000元，那么乙的工资收入是甲的1.5倍；如果甲地的粮食亩产量是500千克，乙地的粮食亩产量是800千克，那么甲地的粮食亩产量是乙地的62.5%。

在定比尺度中，测度值"0"表示没有或不存在。如工资收入为0，表示没有收入；粮食亩产量为0时，表示没有产量产出。这是定比尺度与定距尺度最大的区别，定比尺度的测度值可以进行任何一种数学运算，也是最高级别的计量尺度。

上述四种计量尺度，从定类尺度依次到定比尺度，对事物度量的层次是由低级到高级，由粗略到精细逐步递进的，如表2-1所示。高层次的计量尺度包含了低层次计量尺度的所有特征。对于高层次计量尺度所得到的结果可以很方便地转化为低层次的计量结果；相反，则不允许。因此，在统计调查中，一般应当采用适合于度量对象特性的、层次最高的计量尺度。

表 2-1 四种计量尺度的比较

度量能力	定类尺度	定序尺度	定距尺度	定比尺度
分类（=，≠）	✓	✓	✓	✓
排序（<，>）		✓	✓	✓
间距（+，-）			✓	✓
比值（×，÷）				✓

注："✓"表示尺度所具有的特性。

2.1.2 统计数据的类型

1. 按计量尺度划分

根据统计数据的四种计量尺度，可以将统计数据分为定类数据、定序数据、定距数据和定比数据四种类型。

（1）定类数据是对客观事物进行分类计量的结果，仅表现为不同类别，观察结果也称为分类数据。

（2）定序数据是对客观事物进行分类排序计量的结果，不仅表现为不同的类别，还可以对不同的类别进行优劣排序，观察结果称为排序数据。

（3）定距数据是对客观事物进行定距计量的结果，表现为具体的数值，可以进行加减运算，但这些计量值是有间隙的，并且为整数，所以定距数据又称为计数型数据或离散型数据。

（4）定比数据是对客观事物进行定比计量的结果，也表现为具体的数值，可进行加减乘除运算，但定比尺度计量的数据是连续型数据，可以细分至任何需要的精确程度，所以定比数据又称为计量型数据。

其中，定类数据和定序数据主要说明事物的品质特征，是根据质量标志对客观现象进行分类计量的结果，属于品质数据或定性数据；定距数据和定比数据主要说明事物的数量特征，属于数值数据或定量数据。

2. 按收集方法划分

按照统计数据收集的方法，可将数据分为观测数据和实验数据。

（1）观测数据是指在没有对现象进行人为控制的条件下，通过调查或观测而收集的数据。有关社会经济现象的统计数据基本上都是观测数据，因为社会经济现象几乎都是不可人为控制的。

（2）实验数据是指在实验中通过控制影响实验对象的重要因素而收集到的数据。比如，对一种新药进行临床实验而得到其疗效的数据；对一种新的农作物在控制温度等条件下进行种植而获得的数据。医学、卫生以及自然科学领域的大多数数据都是实验数据。

3. 按时间状况划分

按照被描述现象与时间的关系，可将数据分为横截面数据、时间序列数据与面板数据。

（1）横截面数据是在相同或近似相同的时间点上对研究对象收集到的数据。这类数据通常在不同的空间上获得，用于描述现象在某一时刻的变化情况。比如，2019 年中国各省、自治区、直辖市的地区生产总值数据就是横截面数据。

（2）时间序列数据是指对研究对象在不同时间上收集到的数据。这类数据是按时间顺序收集到的，用于描述现象随时间变化的情况。比如，2010—2019 年陕西省的地区生产总值数据就是时间序列数据。

（3）面板数据是横截面数据与时间序列数据的综合，是横截面上个体在不同时间上的重复观测数据。比如，2010—2019 年中国各省、自治区、直辖市的地区生产总值数据就是面板数据。

4. 按数据来源划分

按照数据来源的不同，可以将统计数据分为原始数据和次级数据。

（1）原始数据是指直接向调查对象收集的、尚待加工整理、只反映个体特征的数据，或通过实验采集的原始记录数据。原始数据也称为一手数据，是统计数据收集的主体。

（2）次级数据也称为加工数据或者二手数据，是指已经经过加工整理、能反映总体数量特征的各种非原始数据。次级数据又包括直接根据原始数据整理而来的汇总数据，以及根据各种数据进行推算而来的推算数据。如果次级数据能满足有关分析和研究需要，就不必去收集原始数据，以免造成浪费。次级数据的来源，包括各种统计年鉴、有关期刊和网站等。

2.1.3 统计数据的质量

统计数据质量的好坏，直接影响统计研究是否能达到目的。因此，所收集到的统计数据，一般要满足以下几个方面的要求。

1. 准确性

准确性是指调查资料必须如实地反映客观现象的实际情况。保证统计调查资料的准确性不仅是一个技术问题，而且还涉及坚持统计制度和纪律、坚持实事求是和如实反映情况等原则问题。统计调查的准确性要求被调查者依照《中华人民共和国统计法》和国家的各项制度规定，实事求是地报送统计资料，不允许虚报、瞒报、拒报和伪造篡改。

拓展阅读
让数据说真话

统计机构和人员必须如实提供统计资料，同时也要保证其依法独立行使统计调查、统计报告、统计监督的职权不受侵害，以确保党和国家掌握国民经济和社会发展的真实情况，充分发挥统计的服务和监督职能。

2. 及时性

及时性是指各报告单位要快速完成各项调查的上报任务,从时间上满足各部门对统计资料的要求。一项统计任务的完成,是许多单位共同努力奋斗的结果。任何一个报告单位不能按规定的时间提供资料,都会影响全面的综合工作,甚至贻误整个统计工作的开展。因此,保证统计调查的及时性,要求各报告单位增强时间观念,认真遵守统计制度,按时准确提供统计资料。

3. 完整性

统计资料的完整性包括两个方面的含义:一是调查单位的完整性,二是调查项目的完整性。调查单位的完整性是指按规定需要报送统计资料的单位都必须及时地上报统计资料,不能有遗漏和重复;调查项目的完整性是指每个调查单位都必须按照统计调查的内容,一项不漏地报送统计资料。只有这样,才能使统计资料全面准确地反映现象的实际情况。

2.2 统计调查方案设计

2.2.1 统计调查的意义和原则

统计调查是统计工作过程的第一个阶段。它是按照统计研究目的和要求,运用科学的方法,有组织地向社会实际搜集统计资料的活动过程。统计调查阶段的工作之所以很重要,原因如下。

(1) 统计调查是人们认识社会的基本方式。统计是认识社会的有力武器,而统计调查是正确认识社会的基本方式。由于人们的认识是由社会存在决定的,离开社会实践和调查,人们很难得到正确的结论。例如,在市场经济中能发展壮大的企业,必须要不断了解市场与竞争对手的情况。只有通过统计调查才能使企业既能"知己",即了解企业自身运行机制方面存在的问题,又能"知彼",即清楚企业在业内所处的地位和环境,这样才能不断修正自己的经营策略,在市场竞争中立于不败之地。

(2) 统计调查是统计工作的基础环节。一切的统计整理和统计分析都是在资料搜集的基础上建立起来的。统计工作的各个环节是紧密衔接、相互依存的。如果统计调查搞得不好,搜集到的数据不准确或残缺不全,则根据这种数据进行整理和分析的结果,必定不能如实反映客观事物的真相,甚至还会得出相反的结论。因此,统计调查在整个统计研究中有着十分重要的地位。

统计调查必须遵守实事求是的基本原则。实事求是原则是统计调查工作的生命线。为此,就要求统计调查所搜集的数据资料必须准确、及时和完整,这是对统计调查实事求是原则的具体体现。

2.2.2 统计调查的分类

1. 按调查对象范围分

按调查对象范围分，可将统计调查分为全面调查和非全面调查。

（1）全面调查就是对调查对象所包括的全部单位无一例外地进行调查登记。例如，某校对新入学的新生进行全面的心理状况调查，企业组织职工进行健康状况普查等。全面调查能够掌握比较系统、完整的统计资料，能够了解总体的全貌，但是需要花费较多的人力、物力、财力和时间，操作比较困难。全面调查主要包括全面统计报表和普查。

（2）非全面调查则是对调查对象中的部分单位进行调查。例如，选择部分在校中学生调查他们的眼睛近视情况；抽查一部分职工的家庭收支情况。非全面调查的调查单位较少，可以用较少的时间和人力调查较多的内容，并推算和反映总体情况，收到事半功倍之效，但其缺点是掌握的材料不够齐全。非全面调查主要包括非全面统计报表、抽样调查、重点调查、典型调查。

2. 按调查的组织形式分

所谓统计调查的组织形式，是指采取什么样的方式组织调查工作以取得统计资料。我国统计调查的组织形式分为统计报表制度和专门调查。

（1）统计报表制度是按一定的表式和要求，自上而下地统一布置，自下而上地逐级定期提供基本统计资料的调查方式。

（2）专门调查是为了某一特定的研究目的和要求而专门组织实施的调查方式，如普查、典型调查和抽样调查等。

3. 按调查是否连续来分

按调查对象数据的登记时间是否连续，可分为经常性调查和一次性调查。

（1）经常性调查是随着调查对象的不断变化而连续不断地进行调查登记，以了解事物在一定时期内发生、发展的全过程。例如，企业销售收入、销售成本的调查等。

（2）一次性调查是间隔很长一段时间（通常是一年以上）对调查现象进行调查登记，用以了解事物在一定时点上的状态，如人口普查、经济普查等。应该注意的是，一次性调查并非只调查一次，而是每隔很长一段时间再进行调查。

4. 按调查数据搜集的方法分

按数据搜集的方法不同，统计调查可分为直接观察法、报告法、采访法和问卷法等。

（1）直接观察法是由调查人员亲自到现场对调查对象进行观察、点数和计量的方法，如对商品库存的盘点、对农产品产量的实割实测等。

（2）报告法是由被调查单位依据原始资料数据，按规定填写调查表并按时上报的一种调查方法。我国现行的统计报表制度就属于这种方法。有些专门调查也会采用报告法，如工业普查资料的搜集。

（3）采访法亦称访问法，是指由调查人员根据调查提纲或调查问卷向被调查者提出问题，根据被调查者的答复以取得统计资料的调查方法。例如，企业就产品的价格、款式和质量对消费者进行调查询问就是应用采访法。采访法又可分为个别采访法和集体采访法。个别采访法也称个人深度访问，一般是指对某方面的专家、知名人士等进行的专题性访问。集体采访法是采用开座谈会的方式，邀请熟悉调查内容的人进行集体座谈。电话调查是采访法的一种特殊形式，比派员采访要节省人力、财力和时间，成本较低，但往往不易获得对方的合作，而且不便询问比较复杂的问题。

（4）问卷法是将事先设计好的调查问卷刊登在报刊上或发送给被调查者，通过征询来获取数据资料的方法。市场调查中常用的专家调查法就属于问卷法。

上述各种分类并非相互排斥，而是相互联系和相互交叉的。例如，普查既是一种专门调查，又是一次性调查，也是全面调查。在实际应用时，应根据调查的要求和统计数据的特点加以选择，通常也可把几种方法结合起来运用。

2.2.3 统计调查方案的主要内容

统计调查是一项复杂而又细致的工作，特别是规模较大的统计调查需要投入大量的人力、物力和财力，整个调查过程就是一项系统工程。因此，为了使统计调查能够实现调查目的，在组织实施调查之前，必须事先设计一个周密的统计调查方案。统计调查方案主要包括以下基本内容。

1. 明确统计调查的目的

制定一个统计调查方案，首先需要明确统计调查的目的。所谓统计调查的目的，就是统计研究所要解决的问题，即为什么要进行调查。统计调查目的决定了调查对象、调查内容和调查方法等。有了明确的目的，才能做到有的放矢。如果调查目的不明确，就无法确定向谁调查、调查什么、用什么方法进行调查。例如，2020年第七次全国人口普查是在中国特色社会主义进入新时代开展的重大国情国力调查，其目的是全面查清我国人口数量、结构、分布、城乡住房等方面的情况，为完善人口发展战略和政策体系，促进人口长期均衡发展，科学制定国民经济和社会发展规划，推动经济高质量发展，开启全面建设社会主义现代化国家新征程，向第二个百年奋斗目标迈进，提供科学准确的统计信息支持。

拓展阅读

2. 确定调查对象、调查单位和报告单位

调查对象是根据调查目的和任务确定的所要调查事物的全体，即统计总体。调查单位是调查项目的具体承担者，即总体单位。确定调查对象就是确定调查范围，确定调查单位则是明确具体向谁调查。报告单位也称填报单位，是向上报告调查内容、提交统计数据的单位。报告单位一般是在经济上、行政上具有一定独立性的单位。

报告单位与调查单位是两个不同的概念，调查单位可以是个人、企事业单位，也可以是物，两者可能一致，也可能不一致。比如，当搜集国有及国有控股企业生产情况的资料时，每一家国有及国有控股企业是调查单位，也是填报单位；当搜集国有及国有控股企业中高精尖设备使用情况的资料时，国有及国有控股企业中每一台高精尖设备是调查单位，填报单位则是每一家国有及国有控股企业。

3. 确定调查项目和调查表

调查项目是根据调查的目的和任务，确定调查中所要登记的调查单位的特征，它由一系列标志构成。确定调查项目时要注意以下几点：一是调查项目应契合调查目的，力求少而精；二是考虑调查项目是否能够得到确切的答案，凡是得不到答案，或者得不到满意答案的项目应舍弃；三是应该有严密的逻辑结构，以便于相互核对和检查登记结果是否正确；四是如果是定期的或者经常性的调查，还应注意历次调查项目的连续性和可比性，便于进行动态对比。

把若干个调查项目按照一定的顺序排列在表格上，即形成调查表。调查表不仅能够有条理地填写需要收集的数据，而且便于以后对数据进行整理。调查表有单一表和一览表两种。单一表是一个调查单位填写一份，可以容纳较多的调查内容。一览表是把多个调查单位的内容登记在一份表上，适用于调查内容不多的情况。在某些统计调查，如民意调查和市场调查中，调查项目主要以调查问卷的形式出现。调查问卷通常以书面文字或表格的形式了解被调查者的意见，是一种特殊形式的调查表。问卷的主体部分由一系列问题及备选答案组成。

4. 确定调查的组织形式和方法

调查的组织形式主要包括统计报表、普查、抽样调查、重点调查、典型调查。调查方法是指搜集调查对象原始资料的具体方法，包括直接观察法、报告法、采访法和问卷法等。统计调查采用何种方式与方法，应当根据统计调查的任务与特点，并结合各种调查方式与方法的优缺点来考虑，在权衡利弊之后做出取舍，最终在调查方案中加以明确的规定。当然，在一次调查中可以同时采取多种调查方式与方法。

5. 确定调查时间和调查期限

调查时间是指调查资料所属的时点或者时期。从资料的性质来看，有的资料反映现象在某一时点的状态，统计调查必须规定统一的时点。例如，我国第七次人口普查的标准时间定为 2020 年 11 月 1 日零时。有的资料反映现象在一段时期内发展过程的结果，统计调查则要明确资料所属时期，即所登记的资料是该时期内第一天到最后一天的累计数字。例如，第四次全国经济普查，对于产量、产值、销售量、工资总额等指标都是从 2018 年 1 月 1 日到 12 月 31 日的全年累计数字。

调查期限是指调查工作进行的起讫时间（从开始到结束的时间），包括搜集资料和报送资料的整个工作所需的时间。例如，我国第七次人口普查规定 2020 年 11 月 1 日零时为普查登记的标准时点，要求 2020 年 12 月 10 日以前完成普查登记，则调查时间为 11 月 1 日零时，调查期限为 40 天。为了保证资料的及时性，必须尽可能缩短调查期限。

6. 制订调查的组织实施计划

调查的组织实施计划是从组织上保证调查工作顺利开展的重要依据，内容包括调查的组织机构、参加调查的单位和人员、调查员的培训、调查步骤、资料报送程序、调查的地点、调查的文件准备和费用预算等。对于规模较大而又缺乏经验的统计调查，在正式调查之前，需要进行试点调查，此时还要明确规定试点调查的各种细节。

2.2.4 调查问卷设计

进行调查研究时，首先应围绕调查主题，组织调查人员进行问卷的初步设计，经过预测试和反复修改后定稿，然后发放调查问卷、回收调查问卷并进行数据整理和录入，最后运用统计方法进行数据分析并得出结论。一份调查问卷设计质量的高低会直接影响调查结果的好坏，所以我们有必要阐述调查问卷设计的一些相关问题。

1. 调查问卷的结构

一份完整的调查问卷一般由导言、指导语、问题和答案、编码、结束语五个部分组成。

（1）导言。导言一般放在问卷的开头或作为问卷的封面信，主要是向被调查者说明调查者的身份、调查的主要内容、调查的目的和意义等，力求引起被调查者的重视与兴趣，鼓励被调查者积极参与调查，取得他们的支持与合作。导言措辞应诚恳、亲切，并对被调查者表示真诚的感谢。

（2）指导语。指导语用来向被调查者说明填写问卷的具体方法，如填表的方式、要求及注意事项等。为了减轻被调查者的负担，一般指导语的设计都比较简单。有的指导语会集中出现在导言后面或者问题的前面，有些比较复杂的调查问卷需要特殊说明，则会将指导语分散在问题中。凡是问卷中有可能使回答者不清楚的地方，都应予以明确的指导。

（3）问题和答案。问题和答案是问卷的核心部分，包括所要了解的各个问题及相对应的备选答案。问题可分为限定回答式和非限定回答式。限定回答式问题是指对同一问题给出几种固定的答案或方案供回答者选择。非限定回答式问题就是给出一个问题，让回答者自由作答。当某个问题可以用具体指标衡量时，可采用限定回答式；当对某个问题不甚清楚，也没有具体衡量指标时，则采用非限定回答式。

（4）编码。编码是将问卷中的调查项目编译成数字的工作过程，主要是针对限定式问题的答案而设计的。将问卷的答案选项设计成数字，被调查的回答也就转换为数字，以便于计算机处理和统计分析。

（5）结束语。结束语是在问卷的末尾，用来对被调查者的合作表示感谢，或用以征询被调查者对问卷设计和问卷调查的意见和感受，这样有利于研究人员工作的改进。

2. 调查问卷问题的设计

调查问卷设计的基本要求是主题明确、形式简明、文字通俗、容易理解、便于回答。提出的问题有非限定式问题和限定式问题。非限定式问题由于不需要列出答案，所以其格式很简单,在设计时只需提出问题,然后在该问题下留出一定的空白即可。限定式问题的格式则不同,它需要列出问题和答案两部分,在设计时,其主要格式有以下几种。

(1)填空式,即在问题后面画一条横线,让回答者填写。它一般适合于被调查者容易回答的问题,或只需要填写数字。例如,"您的姓名:_____"。

(2)二项式或是否式,即问题可供选择的答案只有两个,被调查者只能选择其中一个答案。例如,"您的性别:男(   ) 女(   )"。

(3)多项式,即可供选择的答案在两个以上,根据问卷的要求回答,回答者或者只能选择其中一个,或者可以选择其中多个答案。例如,"您的职业:工人(   ) 农民(   ) 教师(   ) 军人(   ) 其他(   )"。

(4)矩阵式,即把两个或者两个以上的问题集中起来,用一个矩阵来表示,如表2-2所示。

表2-2 矩阵式提问

问题	满意	无所谓	不满意
1.您对本市的物价管理			
2.您对本市的交通情况			
3.您对本市的环境绿化			

(5)直线式。主观态度方面的问题常常不容易回答,对于这种问题可以用直线式,让被访者在直线的任何一点上做出回答,如图2-1所示。

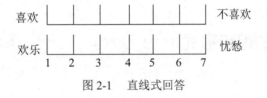

图2-1 直线式回答

(6)序列式,即有些问题是需要被调查者对所给出的全部答案做出回应,并区分出重要程度,对这一类问题可采用序列式。例如,"您认为我国最需解决的问题是(   )(限填一个):①工业;②农业;③土地;④科技;⑤教育;⑥生态环境;⑦人口;⑧其他"。

3. 调查问卷设计的要求

(1)所列问题不能超出回答者的能力。问卷问题应该言简意赅,用词要让所有受访者都能理解。要根据不同的对象使用其熟悉的大众化语言,尤其是对受教育水平低的人,避免用冷僻、深奥和过于抽象的语句。例如,向普通居民提"加强国际合作有什么意义?""我国物价指数编制方法是否可行?"等问题,就有可能超出被调查者的能力范围。

(2)避免带有诱导性和暗示性的问题。在问卷用语中,诱导性问题和暗示性问题是产生偏见的主要来源。诱导性问题是指已经暗示了某个答案的问题,暗示性问题是指充满感情的或社会期望性的提问。例如,"××牌啤酒泡沫丰富、口味清纯,您的印象如何?"

就带有明显的暗示性。在问题中应避免出现"多数人认为""某权威机构认为""某名人认为"等用语。

（3）尽量避免社会禁忌和敏感性问题。例如，不能问"您家有多少存款？""您离过婚吗？"等。如果确实需要了解一些敏感性问题，就要用一些特殊的技巧方法来处理。一是释疑法，即在问题前面加上一段消除疑虑的文字，并承诺绝对保密。二是假定法，即用一个假定性条件句作为问题的前提。例如："假定允许公职人员自由流动，您是否也想试一试？"三是转移法，即把本应由被调查者自己根据实际情况回答的问题转移为根据他人情况来回答。例如："对于学校的早读规定，有的同学认为合理，有的同学认为不合理，您同意哪种看法？"四是模糊法，即用一个答案适当模糊的问题来代替追求精确答案的问题。例如："您每个月的收入属于下面哪一档？3 000 元以下，3 000～5 000 元，5 000～8 000 元，8 000 元以上。"

（4）问题的排列顺序要恰当。把被调查者熟悉的问题放在前面，把被调查者比较生疏的问题放在后面；把容易回答的问题放在前面，把较难回答的问题放在后面；把能引起被调查者兴趣的问题放在前面，把容易引起他们紧张或产生顾虑的问题放在后面等。

（5）文字应尽可能地简明扼要。无论是设计问题还是设计答案，所用语言都要简单，问题的陈述应尽可能简短。

（6）限定式问题中的答案要具有穷尽性（即答案包括了所有可能的情况）和互斥性（即答案之间不能相互重叠或相互包含）。

2.3 统计调查的组织形式

2.3.1 普查

普查是为了某种特定目的而专门组织的一次性的全面调查，如人口普查、工业普查和经济普查等。普查主要有两个特点：第一，普查是一次性调查，它主要用来调查属于一定时点上的社会经济现象的总量；第二，普查是专门组织的全面调查，其主要用途是来全面、系统地掌握重要国情国力方面的统计资料。

普查的主要作用在于它能搜集到那些不易用经常调查所搜集到的全面准确的统计资料。我国现有的国家普查项目主要有：

（1）人口普查每 10 年进行一次，逢"0"年份进行；

（2）农业普查每 10 年进行一次，逢"6"年份进行；

（3）第三产业普查、工业普查和基本单位普查合并，再加上建筑业普查，统称为全国经济普查，每 10 年进行两次，分别是在逢"3"和逢"8"的年份实施，这为国家编制下一个五年计划打下基础；

（4）全国污染源普查始于 2006 年，时隔 10 年于 2016 年进行了第二次全国污染源普查。

组织普查的基本原则有以下四点：第一，必须统一规定调查资料所属的标准时点，使所有的普查资料都反映这一时点上的状况，避免重复和遗漏，如 2020 年人口普查的标准时间是 11 月 1 日零时。第二，正确选择普查时期。普查时期就是普查登记在什么时期进行。一般根据国家的需要，选择在被调查现象变动最小的时期或普查工作最方便的时期。第三，要规定统一的调查项目和指标。调查项目一经确定，不能改变或增减，以便于前后期数据资料的对比分析。第四，进行普查前应先进行试点工作。

拓展阅读
第七次全国人口普查
吉林省入户登记纪实

2.3.2 统计报表制度

统计报表制度是按照国家统一规定的表格形式、统一的报送程序和报送时间，自下而上提供统计资料的一种调查方式。

统计报表的类型多样，按报送范围不同可分为全面统计报表和非全面统计报表。全面统计报表要求调查对象中的每一个单位都要填报。非全面统计报表只要求调查对象中的一部分单位填报。我国大多数统计报表要求调查对象全部单位填报，具有统一性、全面性、周期性和可靠性等特点。目前，我国的统计报表是由国家统计报表、业务部门统计报表和地方统计报表组成；按报送周期又可分为月度、季度等定期统计报表。

统计报表制度的优点在于：第一，各级部门可以利用统计报表资料，对生产经营活动进行科学管理。由于采用层层上报的方式，各级部门都可以得到管辖范围内的统计资料，从而了解本部门、本地区经济和社会发展情况。第二，统计报表的调查项目相对稳定，又是定期进行，有利于形成时间序列资料，保证了数据的历史可比性。第三，统计报表所反映的基础资料是编制经济和社会发展规划、检查计划执行情况的基本依据，统计报表为我国宏观经济管理提供了及时准确的信息。统计报表制度的主要缺点是耗用了大量的人力、物力和财力。

2.3.3 抽样调查

抽样调查是按照随机原则从被研究总体中抽选一部分调查单位作为样本进行调查，并计算样本统计量，而后用以推算总体参数数值的一种调查方法。抽样调查以推断总体为目的，能够对推断结果的可靠性进行数学上的说明。

抽样调查数据之所以能用来代表和推断总体，主要是因为抽样调查本身具有其他非全面调查所不具备的特点，主要表现在：第一，按照随机原则从总体中抽取样本，提高了样本的代表性；第二，利用样本指标可以推断总体指标的数值；第三，抽样误差可以计算并事先加以控制。

抽样调查的应用范围主要有：一是不可能进行全面调查而又要了解其全面情况的现象。例如，无限总体的调查、产品使用寿命的调查、破坏性实验等只能采取抽样调查。二是可以进行全面调查但不必要时。有些总体虽然可以进行全面调查，但花费的人力、物力、财力都较大，进行抽样调查可节省费用。

抽样调查具有明显的优点：①时效性强。抽样调查可以在较短的时间内取得调查所需的数据资料，适合时间性要求较强的调查项目。②准确性高。与普查相比，一方面抽样调查的调查范围大大缩小，在计算机录入等过程中很大程度上减少了登记性误差；另一方面由于按照随机原则抽取样本，抽样误差可以计算并事先加以控制。③应用范围广。抽样调查既可用于专题研究的调查，也可用于一般的经常性调查，尤其是对于那些破坏性实验和无限总体来说，抽样调查是尤为适用的。④经济性。抽样调查由于是抽取部分单位进行的调查，因而花费的人力、物力和财力均大大减少，特别是面对总体范围很大、单位数较多的复杂总体时，抽样调查是较为经济合理的调查方式。

2.3.4 重点调查

重点调查是有意识地选择一部分重点单位进行的调查，其目的是了解总体的基本情况。重点单位是指单位数目虽然不多，但就调查的标志值来说，它们在总体中却占了绝大部分比重，因而对其进行调查就能够反映现象的基本情况。例如，我国钢铁企业有数百家，每家企业的钢铁产量差别较大，其中首都钢铁厂、鞍山钢铁厂、宝山钢铁厂、太原钢铁厂、武汉钢铁厂、包头钢铁厂、攀枝花钢铁厂等大型钢铁企业，虽然在企业数量上只占少数，但这七家钢铁企业的产量总和在全国钢铁总产量中所占比重却是相当大的，只要对这些钢铁企业进行重点调查，就可以了解全国钢铁生产的基本情况。

重点调查适用于现象总量在各单位之间的分布极不均衡、客观上存在重点单位的场合。重点调查的优点在于调查单位少，可以调查较多的项目和指标，取得资料比较及时，即用较少的人力和时间能取得较好的效果；缺点是只能了解总体的基本情况，不能了解总体的详细情况。但必须指出，由于重点单位与一般单位的差别较大，通常不能由重点调查的结果来推算整个调查总体的指标。

2.3.5 典型调查

典型调查是有意识地选择若干有代表性的典型单位所进行的调查。典型单位是指那些最充分、最集中地体现总体某些共性的单位。典型调查有两种形式：一是"解剖麻雀式"的典型调查，即选择一个或几个典型单位，深入细致地了解情况，总结经验教训，研究新生事物。它侧重于对总体的定性认识，适用于总体内各单位差别不太大的情况。二是"划类选典式"的典型调查，即先对总体进行分组，然后在各组中有意识地选择一定数量的典型单位进行调查，并可粗略地估计总体指标。这种方式适用于总体内部差异明显的情况。

典型调查的特点是：第一，调查单位少，能深入实际并收集详细的第一手数字资料。第二，由于典型单位是有意识选择的，对其进行调查就能取得代表性较高的资料。第三，典型调查机动灵活，可节省人力、物力，提高调查的时效性。

总之，典型调查是有意识地选择若干代表性单位，这在很大程度上会受主观认识的影响，容易造成误差。因此，在选择典型调查时要尽量与其他方法结合起来使用。在统计工作中，必须根据具体的调查目的和调查对象的特点和性质结合运用不同的调查方法。对统计调查的不同组织形式进行比较，结果如表 2-3 所示。

表 2-3　统计调查的组织形式

各种调查方式	调查范围	调查时间	组织形式
普查	全面调查	一时	专门调查
统计报表制度	全面或非全面调查	经常	报表制度
抽样调查	非全面调查	经常或一时	专门调查
重点调查	非全面调查	经常或一时	报表制度或专门调查
典型调查	非全面调查	经常或一时	专门调查

2.4　统计整理

2.4.1　统计整理的意义及步骤

1. 统计整理的意义

统计整理是统计工作的第二个阶段。它是根据统计研究的任务，对统计调查阶段所搜集到的大量原始资料进行加工汇总，或对经过加工的次级资料进行再加工，使其系统化、条理化、科学化，从而形成可供统计分析用的综合资料的统计工作过程。对原始数据的整理一般是分类和汇总性的整理，对次级资料的整理主要是再分组。

统计调查所收集的原始资料是反映个体特征的、分散的、零碎的资料，不能反映总体的数量特征。统计整理就是对调查来的数据资料去伪存真、去粗取精、科学分类和浓缩简化的过程。统计整理是统计工作的中间环节，是从对现象个体观察（感性认识）上升到对现象总体数量特征认识（理性认识）的过渡阶段，为统计分析提供了基础，在统计工作中起着承前启后的作用。统计整理的工作质量直接影响统计分析结果的准确性，所以必须十分重视统计整理工作。

2. 统计整理的基本步骤

统计整理是一项细致复杂的工作，其基本步骤如下。

（1）对原始资料进行审核和检查。通过审核和检查，保证原始资料的准确性、完整性和及时性。审查方法有：第一，逻辑审查法，即从逻辑上审查调查项目或数据之间有无矛盾，是否合乎理论逻辑；第二，计算审查法，即检查搜集到的数据资料的计算方法和口径是否正确，有联系的数据之间能否相互验证，合计数与各项数据之间是否平衡等。

（2）对原始资料进行分组。统计调查收集到的原始资料是零星分散、数量庞大的，毫无规律可言。为了对资料进行分析，必须根据统计研究的目的和任务的需要，按照一定的标准将原始资料进行分组。统计分组是统计整理的基础。

（3）对分组资料进行综合汇总。对分组资料进行综合汇总是为了计算各种指标以反映总体的综合数量特征。通过分组可以计算出数据资料分布在各组的个数（频数）和各组次数占总次数的百分比（频率），还可以计算各组数据中的最大值、最小值、平均值、极差等。统计汇总是统计整理的主要内容。

（4）编制统计表或绘制统计图。将统计汇总后所得的结果采用恰当的统计表格或统计图简明扼要地表达出来，从而反映现象在数量方面的综合特征。

2.4.2　统计分组

1. 统计分组的概念和作用

统计分组就是根据统计研究的需要，将统计总体按照一定的标志分为若干个组成部分的一种统计方法。统计分组具有"分与合"双重意义，其对总体而言是"分"，对各个单位而言又是"合"。目的就是把同质总体中具有不同性质的单位分开，把性质相同的单位合在一起，保持各组内统计资料的一致性及组与组之间资料的差异性。

统计分组在统计整理和统计分析中起着非常关键的作用。分组的好坏直接关系到能否整理出准确、客观的统计资料，也关系到统计分析能否得出正确的结论。从某种意义上讲，没有统计分组，就没有科学的统计整理与统计分析。

统计分组有三个方面的基本作用：

拓展阅读
数说"垃圾分类"那些事

（1）划分现象的类型，是指将社会经济现象总体按照一定的分组标志区分为性质不同的组成部分，分别进行研究，以反映社会经济现象总体的数量特征。这种分组也称为类型分组。例如，将国民经济按产业分为第一产业、第二产业和第三产业三种类型；将农业划分为农、林、牧、渔四大类型。可见，将同质总体划分为性质不同的各个组成部分，可以区分现象之间质的差别。

（2）揭示现象内部结构。通过统计分组，可以计算各组数值在总体中所占的比重或各组数值之间的比例关系，反映出总体的内部结构状况，表明部分与总体、部分与部分之间的关系，从而认识现象的发展过程和发展规律。这种分组也称为结构分组。例如，国民经济中消费和积累的比例、人口的年龄结构比例等。

（3）分析现象之间的依存关系。用统计分组法确定现象之间的依存关系，通常把那些表现为事物发展变化原因的因素称为影响因素，而把表现事物发展结果的因素称为结果因素。这种分组也称为依存分组。研究现象之间依存关系的统计方法很多，如相关和回归分析法、指数因素分析法、分组分析法等。统计分组法是最基本的方法。如表2-4所示，其反映了某地区部分商店商品流通费用率随商品销售额的增大而降低，这是一种反向依存关系。

表2-4　某地区部分商店商品流通费用率

商店按商品销售额分组 / 万元	商品流通费用率 /%
100 以下	9.8
100 ～ 300	8.7
300 ～ 500	7.5
500 ～ 700	6.5
700 ～ 900	5.8
900 以上	5.4

2. 统计分组的原则

统计分组必须遵循穷尽和互斥两条原则。穷尽原则就是总体中的每一个单位都有组可归，无一遗漏。互斥原则就是在特定的分组标志下，总体中的任何一个单位只能归属于某一组，而不能同时归属于几个组。

统计分组的关键是选择分组标志和划分组限。分组标志就是将总体划分为不同类型的组的标准或依据。正确选择分组标志，必须考虑到以下三点：

（1）根据研究问题的目的来选择。任何一个总体单位都有许多标志，究竟选择什么样的标志对总体各单位进行分组，要依据统计研究的目的和任务来决定。例如，如果目的是了解工业企业生产计划完成情况，就采用计划完成程度指标作为分组标志；如果目的是了解工业企业盈亏情况，就以利润盈亏指标作为分组标志。

（2）要选择最能反映被研究对象本质特征的标志作为分组标志。进行统计分组时，需要从众多的标志中选择最能反映现象本质特征的标志作为分组标志。例如，要体现改革开放以来我国居民家庭生活水平提高的情况，可供选择的分组标志有居民家庭收入总额、居民家庭人均收入额等，当然这里最适宜的分组标志是居民家庭人均收入额。

（3）要结合现象所处的具体历史条件或经济条件来选择。经济现象是不断发展变化的，在不同的历史条件和经济条件下，选择的分组标志也应该不同，要根据具体情况的变化选择适当的分组标志。

划分分组界限就是要在分组标志的变异范围内，划定各相邻组间的性质界限和数量界限。任何事物的标志都包含着许多变异，都可以任意划定界限，但如果划分不当，就会混淆组间的性质差别。

3. 统计分组的方法

（1）简单分组、复合分组和分组体系。简单分组又称单一分组，就是对被研究现象总体只按一个标志进行的分组。简单分组只能反映现象在某一标志特征方面的差异情况。例如，对人口总体按性别可分为男、女两组，如表 2-5 所示。

表 2-5　简单分组示意表

按性别分组	学生人数 / 人	比重 /%
男	30	60
女	20	40
合计	50	100

复合分组就是对同一总体选择两个或两个以上标志层叠起来进行的分组。例如，对某大学教职工总体先按职称进行分组，再按性别进行分组，如表 2-6 所示。复合分组比简单分组能够更全面、更深入地分析问题，但是复合分组的标志不宜选得过多，否则分组标志越多，分的组数越多，每组中的单位数就会越少。因此，只有在总体单位数比较多的情况下，采用复合分组才有意义。

表 2-6　复合分组示意表

按职称分组	按性别分组		
	男性	女性	合计
教授	78	65	143
副教授	169	225	394
讲师	143	156	299
助教	109	96	205
其他教师	77	82	159
合计	576	624	1 200

社会经济现象是复杂的，必须从多个方面进行观察和分析以获得对事物全貌的认识。因此，通常需要采取分组体系来进行研究。分组体系，就是采用一系列相互联系、相互补充的标志对现象进行多种方式分组，这些分组结合起来构成分组体系。

分组体系有平行分组体系和复合分组体系。对同一个总体选择两个或两个以上的标志分别进行简单分组，就形成了平行分组体系。这些平行分组体系中各个分组标志之间没有交叉，只是简单分组的平行组合。例如，对企业按经济类型分组，分为国有企业、集体企业和其他类型企业；对企业按规模大小分组，分为大型企业、中型企业和小型企业。这两种分组之间是平行的。我们把复合分组中若干个标志层叠排列构成的体系，称为复合分组体系。例如，首先对企业按经济类型分组，分为国有企业、集体企业和其他类型企业；再按企业规模大小进行分组，分为国有大型企业、国有中型企业、国有小型企业、集体大型企业、集体中型企业、集体小型企业、其他大型企业、其他中型企业和其他小型企业等类别。

（2）品质标志分组和数量标志分组。按分组标志的不同，统计分组有品质标志分组和数量标志分组两种类型。

品质标志分组就是选择反映事物属性差异的品质标志作为分组标志，并在品质标志的变异范围内划分各组界限，将总体划分为若干性质不同而又有联系的几个部分。例如，对人口总体按民族分组，企业职工按职称分组等。品质标志分组比较简单，对品质标志分组的结果进行数量分析时，只需要统计出各组的频数和频率，无法进行其他方面的数量分析。

数量标志分组就是选择反映事物数量差异的数量标志作为分组标志，并在数量标志的变动范围内划分各组界限，将总体划分为若干性质不同而又有联系的组成部分。例如，对人口总体按年龄分组，企业职工按收入分组等。

2.4.3 分配数列

分配数列，也称为次数分布或分布数列，是指在统计分组的基础上，将总体的所有单位按组归类整理，并按一定顺序排列，形成总体中各个单位在各组间的分布。分布在各组的个体单位数叫次数，又称频数；各组次数与总次数之比叫比率，又称频率。

分配数列按标志的类型可分为品质分配数列和变量分配数列。品质分配数列是将现象按品质标志分组而形成的分配数列，简称品质数列。品质数列的特征是标志的各种表现以文字形式表述，它由各组名称和次数或频率组成，如表 2-7 所示。

表 2-7 某班学生的性别构成情况

按性别分组	学生人数 /人	比重 /%
男	30	60
女	20	40
合计	50	100

各组名称　　次数或频数　　比率或频率

变量分配数列是将现象按数量标志分组而形成的分配数列，简称变量数列。变量数列可以反映总体中各组间的数量差异和结构状况。变量数列由两个基本要素构成：一是标志的不同取值，通常用 X 表示，它反映现象的变化种类或范围；二是次数或频率，通常用 f 表示，表明总体单位在各组分布的情况。

变量数列按每个组的变量取值形式不同，可分为单项数列和组距数列两种。单项数列是总体按单项式分组而形成的变量数列，每个变量值就是一个组，按顺序排列，在组数不多和组值变动幅度不大时采用，如表 2-8 所示。

表 2-8 某班 40 名学生的年龄分布情况

按年龄分组 X / 岁	学生人数 f / 人	比重 /%
16	4	10
17	12	30
18	18	45
19	5	12.5
20	1	2.5
合计	40	100

组距数列是按一定的变化范围或距离进行分组的变量数列，每个组由若干个变量值形成的区间来表示。它可在变量个数较多、变动幅度较大时采用，如表 2-9 所示。

表 2-9 某班 40 名学生的统计学考试成绩分布情况

按成绩分组 X / 分	学生人数 f / 人	比重 /%
50～60	2	5
60～70	12	30
70～80	16	40
80～90	7	17.5
90～100	3	7.5
合计	40	100

一般来说，单项数列适用于离散型变量的分组；组距数列既适用于连续型变量的分组，也适用于离散型变量的分组。

2.4.4 组距数列的编制

品质数列的编制比较容易，只需按一定的品质标志分组，计算各组中总体单位数的频数或频率，进行适当排列即可。按离散型变量编制单项数列也比较容易，只需将不同的变量值从小到大依次排列，计算出各变量值重复出现的次数并对应列出，其结果就是单项数列。组距数列的编制比较复杂，下面重点介绍组距数列编制的基本步骤。

1. 原始数据的整理

将原始数据按数值大小顺序排列，求出最大值与最小值之差，即得到全距 R。

例 2-1：某车间 30 名工人每周加工某种零件的件数如下：

106，84，110，91，109，91，111，107，121，105，99，94，119，88，118，97，103，106，95，106，85，106，101，105，96，105，107，128，111，101

将上述数据按由小到大顺序排列如下：

84，85，88，91，91，94，95，96，97，99，101，101，103，105，105，105，106，106，106，106，107，107，109，110，111，111，118，119，121，128

经初步整理，大致可以看出变量的分布趋势。变量值的最大值为 128，最小值为 84，则全距 R = 最大值 - 最小值 =128-84 = 44。

2. 确定组距和组数

在组距数列中,各组变量区间的最大值称为上限,最小值称为下限。上限与下限之差就是组距,所划分的区间数则称为组数。组距的大小与组数的多少成反比。组距过大、过小或组数过多、过少都不能真实地反映总体分布特征,所以组距大小与组数多少要以体现组间差异与反映总体分布特征为原则。下面简单介绍一下等距数列与异距数列。

(1) 等距数列。在组距数列中,如果各组的组距相等则称为等距数列。用全距除以组数来确定组距,即 $d=R/n$,其中,d 为等组距,n 为组数,R 为全距。一般情况下,组数在 5~15 组比较合理,而且为计算方便,组距宜取 5 或 10 的整数倍。一般来说,当变量分布比较均匀时可采用等距数列,因为等距数列简单明了,便于计算分析,也便于绘制直方图。

在例 2-1 中,假如 $n=5$,则 $d=8.8$,这时取 $d=10$ 进行等距分组,则编制的分配数列如表 2-10 所示。

表 2-10 某车间 30 名工人周加工零件数

按周加工零件数 X / 件	工人数 f / 人	比重 /%
80~90	3	10
90~100	7	23.33
100~110	13	43.33
110~120	5	16.67
120~130	2	6.67
合计	30	100

(2) 异距数列。如果各组的组距不相等则称为异距数列。当变量分布很不均匀,或者变量分布具有某种自然规律时,应当采用异距数列,以便客观反映总体分布特征。异距数列主要在以下场合应用:①当社会经济现象的分布存在明显的偏斜状况,变量不适合等距分组;②有些社会经济现象的标志变异范围较大,其变量若按一定比例关系变化发展的话,可按等比间隔分组编制异距数列。

在异距数列中,各组次数或频率不能直接比较,必须要消除各组组距不同所造成的影响,计算次数密度或频率密度,将不等组距的次数换算成标准组距次数才能进行比较。次数密度与频率密度的计算公式如下:

$$次数密度=\frac{各组频数}{各组组距}$$

$$频率密度=\frac{各组频率}{各组组距}$$

计算出各组次数密度之后,然后用数列中最小组组距乘上各组次数密度,就得到了标准组距次数。

例 2-2:某公司员工年龄分布是异距数列,标准组距次数的计算如表 2-11 所示。

表 2-11 某公司员工年龄分布情况

员工按年龄分组/岁	组距	人数/人	次数密度	标准组距人数
15～20	5	25	5	25
20～25	5	41	8.2	41
25～30	5	63	12.6	63
30～35	5	79	15.8	79
35～45	10	94	9.4	47
45～50	5	18	3.6	18
合计	—	320	—	—

3. 确定组限和组中值

（1）组限。在组距数列中，必须划分各组的数量界限，即组限。组限是指每组两端表示各组数量界限的变量值，各组的最小值为下限，最大值为上限。组距的上限、下限都齐全的组叫闭口组，有上限缺下限或有下限缺上限的叫开口组。

确定组限要遵循一个基本原则，即按这样的组限分组后，标志值在各组的变化能反映事物质的变化，也就是使同质的单位落在同一组内。具体来说，组限的确定要注意以下几个方面：

①最小组的下限应低于或等于最小变量值，最大组的上限应高于或等于最大变量值。

②连续型变量的各组组限必须重叠，即相邻两组的上限与下限通常以同一个数值来表示，但习惯上把达到上限值的变量值计入下一组内，这称为"上组限不在内"原则。

③离散型变量的相邻两组的上限与下限通常是以两个不同整数值来表示，故相邻两组的上下限可以不重合。例如，企业按员工数分组可以分为以下各组：100人以下，101～300人，301～500人，501～1000人，1001人以上，这是一般的表示方法。当然，也可以按"上组限不在内"的原则写为重叠式组限，如上例可写成：100人以下，100～300人，300～500人，500～1000人，1000人以上。

（2）组中值。组中值是各组变量值一般水平的代表数值，是各组上限与下限的简单算术平均数。由于组距数列是按变量值变化的一段区间来分组，它掩盖了组内实际变量值的分布情况。为了反映各组变量值的一般水平，统计中往往用组中值来代表。组中值的计算公式如下：

$$组中值 = \frac{上限 + 下限}{2}$$

用组中值作为一组变量值一般水平的代表值，隐含了一个必要的假定条件，即各组变量值在组内呈均匀分布或对称分布。如果变量值的分布不符合这个假定，则组中值作为这组变量值的代表值就有一定的误差。

对于开口组组中值的确定，一般以其相邻组的组距的一半来调整，计算公式如下：

$$缺上限的开口组组中值 = 下限 + \frac{邻组组距}{2}$$

$$\text{缺下限的开口组组中值} = \text{上限} - \frac{\text{邻组组距}}{2}$$

例 2-3：按完成净产值（万元）分组如下：10 以下，10～20，20～30，30～40，40～70，70 以上，总共有 6 组。计算第 1、2、6 组的组中值。

$$\text{首组组中值} = 10-10/2 = 5$$
$$\text{第二组组中值} = (10+20)/2 = 15$$
$$\text{末组组中值} = 70+30/2 = 85$$

4. 归类汇总并计算各组频数

归类汇总就是依据各个总体单位的具体指标值，将其划归到某一具体组中。在归类汇总时，要遵循"不重复，不遗漏"的原则。归类汇总后，便可计算各组的频数，即各组总体单位个数的累加数。各组频数之和应等于总频数，各组频率之和应等于 1 或 100%。

2.4.5 累计次数分布

总体中各单位数在各组间的分布，称为次数分布。研究次数分布的规律，可以发现大量现象的统计规律性。将变量数列各组的次数和比率逐组相加累计而成累计次数分布，它表明总体在某一标志值的某一水平上下总共包含的总体次数和比率。累计次数有以下两种计算方法：

1. 向上累计

向上累计又称以下累计，或称较小制累计，是将各组次数和比率由变量值低的组向变量值高的组逐组累计。组距数列中的向上累计，表明各组上限以下总共所包含的总体次数和比率的多少。

2. 向下累计

向下累计又称以上累计，或称较大制累计，是将各组次数和比率由变量值高的组向变量值低的组逐组累计。组距数列中的向下累计，表明各组下限以上总共所包含的总体次数和比率的多少。

例 2-4：某班学生统计学考试成绩的累计次数分布，如表 2-12 所示。

表 2-12 某班 40 名学生的统计学考试成绩累计次数分布表

按成绩分组	次数		向上累计		向下累计	
	人数/人	比率/%	人数/人	比率/%	人数/人	比率/%
50～60	2	5.0	2	5.0	40	100.0
60～70	12	30.0	14	35.0	38	95.0
70～80	16	40.0	30	75.0	26	65.0
80～90	7	17.5	37	92.5	10	25.0
90～100	3	7.5	40	100.0	3	7.5
合计	40	100	—	—	—	—

累计次数的特点是：同一数值的向上累计和向下累计次数之和等于总次数，而累计比率之和等于 1（或 100%）。例如，表 2-12 中资料表明：80 分以下累计 30 人，比率为 75%；80 分以上累计 10 人，比率为 25%；两个累计人数之和为总体的 40 人，两个累计比率之和等于 100%。

2.4.6 次数分布的主要类型

常见的次数分布类型主要有三种：钟形分布、U 形分布和 J 形分布。

1. 钟形分布

钟形分布的特征是"两头小，中间大"，即靠近中间的变量值出现的次数多，靠近两端的变量值出现的次数少。这是一种最常见的分布形式，如人的身高、农作物产量等都呈钟形分布。

钟形分布包括对称分布和偏态分布。如图 2-2 所示，钟形分布是以变量的平均值为对称轴，左右两侧对称，两侧变量值分布的次数随着与其平均值距离的增大而逐渐减少。正态分布是最重要的对称分布，社会经济现象中大部分变量分布都呈现正态分布或接近正态分布。

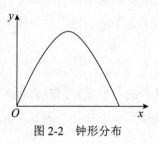

图 2-2 钟形分布

偏态分布是中间变量值分布的次数最多，两侧变量值分布的次数逐渐减少，但两侧减少的速度快慢不同，致使分布曲线向某一方向偏斜。偏态分布根据尾巴拖向哪一方又可以分为右偏（或称正偏）分布和左偏（或称负偏）分布，如图 2-3 所示。

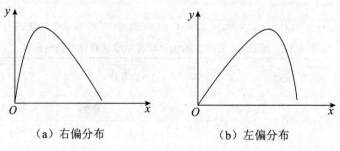

（a）右偏分布　　　　　　　　（b）左偏分布

图 2-3 偏态分布

2. U 形分布

U 形分布又称为倒钟形分布，与钟形分布正好相反，特征是"两头大，中间小"。例如，人口按年龄分组的死亡率就呈 U 形分布，这是由于人口总体中幼儿和老年人死亡人数较多，而中年人死亡人数较少，如图 2-4 所示。

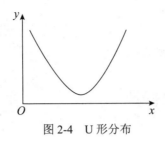

图 2-4　U 形分布

3. J 形分布

J 形分布特征是"一边小，一边大"。如果随着变量值增大，次数也增多，这种分布称为正 J 形分布，如图 2-5（a）所示；如果随着变量值增大，次数减少，这种分布称为反 J 形分布，如图 2-5（b）所示。

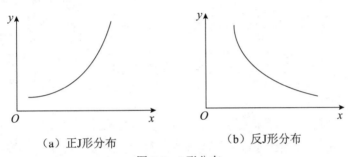

（a）正 J 形分布　　　　　　　（b）反 J 形分布

图 2-5　J 形分布

2.5　统计图表

2.5.1　统计图

统计图就是数据的图形表示，它是利用统计资料绘制成的几何图形和具体形状。用统计图来显示分布数列，会更形象直观地表示出数量变化的特征和规律。常用的统计图有条形图、直方图、圆形图、线形图和茎叶图等几种。

拓展阅读

拿破仑远征与
统计图形

1. 条形图与柱形图

条形图是用宽度相同的直条的高低或长短来表示各分类频数的图形。条形图主要用于展示定类数据，条形图的横轴是类型轴，不是刻度轴。条形图可以横置或纵置，纵置时也称为柱形图，如图 2-6 所示。根据表现资料的内容不同，可分为单式条形图、复式条形图和结构条形图。

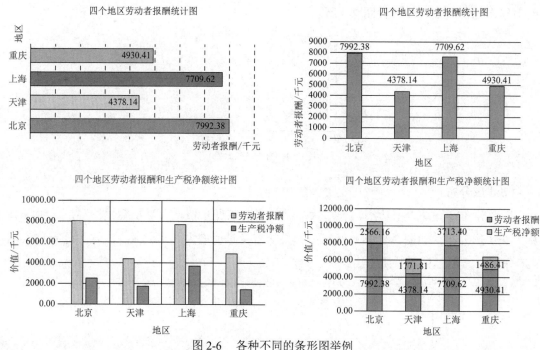

图 2-6 各种不同的条形图举例

2. 直方图与折线图

直方图用一系列的长方形来表示分布于某区间内各组频数的图形。在直方图中，横轴表示统计分组，纵轴表示频数或频率，或者表示次数密度或频率密度。等距数列绘制直方图时，纵轴可以使用频数或频率，也可以使用次数密度或频率密度；异距数列绘制直方图时，纵轴只能使用频数密度或频率密度。

在直方图的基础上，将各组直方形顶边线的中点（即由组中值与频数或频率确定的坐标点）用直线连接起来，就形成了折线图，如图 2-7 所示。

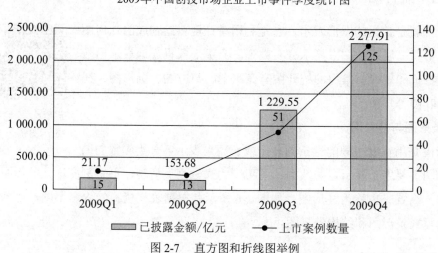

图 2-7 直方图和折线图举例

3. 圆形图与环形图

圆形图又称饼形图，通常是以圆形面积或以圆内各扇形面积的大小来表示统计指标数值大小的图形。它主要用于分析结构性问题，即总体中各部分所占的百分比用圆内的各个扇形面积来表示，如图 2-8 所示。

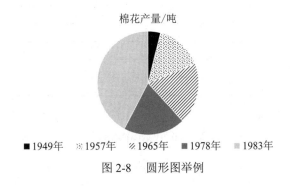

图 2-8　圆形图举例

反映多个总体的结构可以绘制环形图。环形图中间有一个"空洞"，每一个环是一个总体数据，总体中的每一部分数据用环中的一段表示，如图 2-9 所示。环形图有利于我们比较不同总体的结构差异。

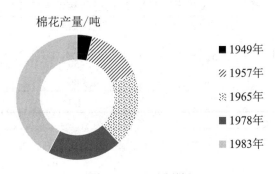

图 2-9　环形图举例

4. 线形图

线形图又称曲线图，是以线条的连续升降来表示统计数值大小及变动趋势的图形，如图 2-10 所示。线形图既可以用于显示时间序列数据的特征，反映现象随时间变化的过程，也可以反映两个有因果关系事物的依存程度和变化趋势。

2.5.2　统计表

统计表是统计用数字来说话的一种最常用的形式，就是把调查得来的数字资料，经过汇总整理后，将其按一定顺序填列到一定的表格内，这个表格就是统计表。统计表具有容量大、方便计算的优点。

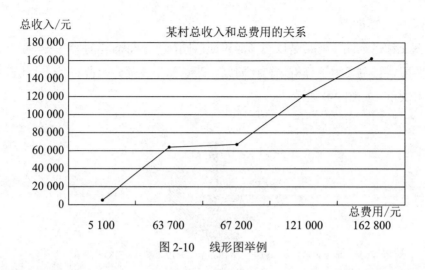

图 2-10　线形图举例

1. 统计表的构成

从内容上看，统计表由主词和宾词两部分组成。主词是统计表所要说明的总体及其分组；宾词是用来说明总体的统计指标。通常情况下，表的主词排列在表的左方，列于横栏；表的宾词排列在表的右方，列于纵栏。统计表的构成如表 2-13 所示。

表 2-13　2020 年 5 月某公司各企业劳动生产率

企业按规模分组	总产值 / 万元	职工人数 / 人	劳动生产率 /（万元 / 人）
大型企业	400	40	10
中型企业	250	50	5
小型企业	180	60	3
合计	830	150	5.53

　　　主词栏　　　　　　　　　　　宾词栏

宾词指标的设计对统计表的繁简有很重要的影响。宾词指标有两种设计方式：一种是简单设计，将宾词指标进行平行配置，一一排列，如表 2-14 所示；另一种是复合设计，把各个指标结合起来进行层叠配置，分层排列，如表 2-15 所示。

表 2-14　2019 年年末某地区工业企业的员工性别和工龄

企业按经济类型分组	企业数	员工总数	性别		工龄			
			男	女	3 年以下	3～5 年	5～10 年	10 年以上
（甲）	（1）	（2）	（3）	（4）	（5）	（6）	（7）	（8）
国有经济								
非国有经济								
合计								

表 2-15　2019 年年末某地区工业企业的员工性别和工龄

企业按经济类型分组	企业数	员工总数		工龄							
				3 年以下		3～5 年		5～10 年		10 年以上	
		男	女	男	女	男	女	男	女	男	女
（甲）	（1）	（2）	（3）	（4）	（5）	（6）	（7）	（8）	（9）	（10）	（11）
国有经济											
非国有经济											
合　计											

从构成要素上看，统计表包括总标题、分标题（横行标题、纵栏标题）和数字资料三个部分，如表 2-16 所示。总标题是表的名称，它表明统计表所要反映的统计资料内容，通常放在统计表上端中间位置。横行标题是统计表中各横行的名称，它表明统计总体及各组成部分，是统计表所要说明的对象，一般放在表的左方。纵栏标题是统计表中各纵栏的名称，它表明总体数量特征的指标名称，一般放在统计表的上部。数字资料是统计表格中的数字，每一个数字都是由横行标题与纵栏标题所限定的。必要时可以在表的下方加上表外附加，注明资料来源。

表 2-16　2019 年我国国内生产总值

项　目	国内生产总值	
	产值 / 亿元	比重 /%
第一产业	70 467	7.1
第二产业	386 165	39.0
第三产业	534 233	53.9
合　计	990 865	100

资料来源：中国政府网。

2. 统计表的种类

统计表按主词是否分组及分组标志的多少，可以分为简单表、分组表、复合表和列联表四种类型。

（1）简单表是指表的主词未经任何分组的统计表，如表 2-17 所示。简单表的主词一般按时间顺序排列，或按总体各单位名称排列。

表 2-17　2019 年某公司所属两企业的汽车产量

企业	汽车产量 / 万辆
甲企业	50
乙企业	70
合　计	120

（2）分组表是指主词按一个标志进行分组所形成的统计表，如表 2-16 所示。分组表可以反映现象的不同特点，也可以用来反映总体的内部结构。

（3）复合表是指表的主词按照两个或者两个以上标志进行层叠分组所形成的统计表，如表 2-18 所示。复合表能更深刻、更详细地反映客观现象。

表 2-18　2019 年某地区工业企业增加值和员工人数

工业企业分组		增加值 / 万元	员工人数 / 人
内资企业	大型	9 750	13 800
	中型	8 600	45 000
	小型	4 200	10 050
外商投资企业	大型	7 300	7 500
	中型	5 200	10 400
	小型	4 400	4 500

（4）列联表又称交叉表，是将两个以上的变量进行交叉分类的统计表，如表 2-19 所示。列联表的价值在于提供了两个变量间的依存关系，可用于汇总定类数据和检验两个变量之间的关系。

表 2-19　某高校 360 名学生的性别与月平均通信费　　　　　　　　　　　　　　人

性别	月平均通信费						合计
	50 元以下	50～60 元	60～70 元	70～80 元	80～90 元	90 元以上	
男	16	56	60	24	10	6	172
女	14	63	68	18	16	9	188
合计	30	99	128	42	26	15	360

3. 统计表的编制原则

（1）统计表的标题（包括总标题和分标题）应十分简明地概括所要反映的内容。总标题一般需要表明统计数据的时间（when）、地点（where）以及何种数据（what），即标题内容应该满足"3W"要求。

（2）表中的主词各行和宾词各栏，一般应按先局部后整体的原则排列，即先排列各个项目，后列总计。当没有必要列出所有项目时，可以先列总计，而后列出其中一部分重要项目。若统计表各纵栏需要合计时，一般应将合计列在最后一列；若各横行需要合计时，可将合计列在最后一行。

（3）表中必须注明数字资料的计量单位。如果各横行有不同的计量单位，可专设计量单位一栏；纵栏中的计量单位可写在纵栏标题的下面；如果各纵栏计量单位一致，可将其标在表的右上方。

（4）表中数字应该填写整齐，上下位置要对齐。当数字为零或数值太小而忽略不计时，要写上零；当缺乏某项数字资料时，用符号"……"表示；当不应有数字时，用符号"—"表示。若有相同数字应全部填列，不得写上"同上"等字样。

（5）统计表的表式一般是开口式的，即表的左右两端不画纵线，表的上下通常用粗线封口。对于栏数较多的统计表，通常加以编号。主词栏和计量单位栏用甲、乙、丙等文字标明；宾词各栏用（1）、（2）、（3）等标明。表中各栏如有计算上的逻辑关系，可同时标明。比如，（3）=（2）/（1），即第（3）栏是由第（2）栏的数据除以第（1）栏数据得到的。

（6）必要时，统计表应加以注解，连同数字的资料来源等一般都写在表的下端，作为表外附加。

本章小结

1. 根据不同调查对象的不同属性，统计数据的计量尺度有定类尺度、定序尺度、定距尺度和定比尺度四种类型。统计数据的质量必须同时满足准确性、及时性和完整性三方面的要求。

2. 统计调查是统计工作过程的第一个阶段。统计调查必须遵守实事求是的基本原则。统计调查的组织形式主要有：普查、统计报表制度、抽样调查、重点调查和典型调查。

3. 统计整理是统计工作的第二个阶段。统计分组在统计整理和统计分析中起着非常关键的作用。统计分组的关键在于选择分组标志和划分各组界限。分组标志有品质标志和数量标志两种。

4. 分配数列是指在统计分组的基础上，将总体的所有单位按组归类整理，并按一定顺序排列，形成总体中各个单位在各组间的分布。按数量标志分组形成的分配数列，称为变量数列。

5. 编制组距数列的步骤如下：原始数据的整理、确定组数和组距、确定组限和组中值、归类汇总并计算各组频数。组距数列又分为等距数列和异距数列两种。在绘制异距数列的直方图时需要消除组距差异的影响。按连续型变量分组时，习惯上采取"上组限不在内"的原则。累计次数分布分为向上累计和向下累计两种。

6. 常用的统计图有条形图、直方图、圆形图、线性图等。

练习题

一、思考题

1. 统计数据的计量尺度有哪几种？不同的计量尺度各有什么特点？
2. 统计数据有哪些类型？
3. 统计调查方案的设计包括哪些内容？
4. 什么是普查？普查的特点和作用有哪些？

5. 抽样调查、重点调查和典型调查之间有什么区别与联系？

6. 什么是统计分组？统计分组的作用有哪些？

7. 什么是分组标志？如何选择分组标志？

8. 什么是向上累计？什么是向下累计？

二、计算操作题

1. 某生产车间 50 名工人日加工零件数如下（单位：个）。

117 112 134 125 118 119 120 135 140 122 131 109 133
114 145 128 116 117 134 137 142 146 150 105 108 110
126 135 132 145 142 114 118 127 125 123 144 148 106
139 137 133 128 129 114 115 120 141 147 107

要求：

（1）编制频数分布数列和频率分布数列；

（2）编制向上、向下累计频数分布数列和累计频率分布数列；

（3）绘制直方图、曲线图（可利用 Excel）；

（4）说明工人日加工零件数的分布特征。

2. 中国游戏市场 2008—2014 年的销售收入数据见下表。

亿元

年份	2008	2009	2010	2011	2012	2013	2014
销售收入	185.6	262.8	333.0	446.1	602.8	831.7	1 144.8

要求：

（1）绘制中国游戏市场销售收入数据的折线图；

（2）根据绘制的折线图对此组数据进行分析。

三、案例分析题

唐代的"户口"统计

在古代汉字里，"户口"一词要分开解释，计家为户，计人为口。一户人多，说明家丁兴旺。人口在古代是最重要的资源，所以历朝历代对人口都格外重视，唐代作为历史上曾盛极一时的王朝，自然也不例外。然而，摸清楚人口状况是一项意义重大却也分外困难的工作。试想今天的人口普查，我们有科学的统计、发达的科技、便捷的交通，尚且需全国之力。在古代落后的经济社会条件下，他们如何进行这项浩大的工程呢？

唐代的户口不仅要统计一家一户的人丁状况，还要统计所拥有的田地。现在国家进行人口普查十年一次，而唐代前期由于战争等原因，人口变动频繁，是每三年一次，由下而上进行。先要由民户自陈家口、田地，这叫做"手实"。它的最大特点是由民户自行申报填写，而且要对其真实性负法律责任。它的尾部都有一段类似于我们今天的承诺书，承诺如若不实，甘愿受罚。

民户的手实填完以后，要交到里正那里。依照唐代村里的组织，以四户为邻，五邻为保；百户为里，五里为乡，每里设里正一人。里正的职责是对手实的真实性进行审核，把需要修改或增加的内容加注到上面，另外还要把这百户左右的手实按照一定顺序进行首尾粘贴成卷。经过初步审核后，再往上送到县司手里，进行进一步审核，在这过程中，由县司进行团貌。

团貌相当于我们今天的照相。在唐代没有摄像的设备和技术，只能用文字来描摹人，把人的主要体貌特征记录在案。进行团貌，一是防止作伪，二是利于追捕。在古代交通不便的条件下，民户亲自到县衙进行团貌，也必定是一项费时费力的事情。县司将各乡上报的材料进行汇总加工后，形成县一级的户籍。州司将县一级的户籍再次汇总，形成州一级的户籍，最后上报到尚书户部，由户部向最高的统治者汇报。

唐代前期进行户口统计，很重要一个原因是要据此"授田"。经过隋末的战乱，土地荒芜，人口凋零，国家迫切需要恢复生产。唐代的统治者采用"均田制"，把土地分配到户，以纳入户籍的为准，这部分叫作良民。除此之外，还有一部分百姓是没有户籍的，叫作贱民，包括给官府服役的，如工户、乐户，依附于豪门贵族的奴婢等。贱民属于私人财产，可以自由买卖，自然不会分到田地。另外，女性一般不授田，男性也只有18岁以上的每人授田100亩，其中80亩为"口分田"，另外20亩为"永业田"。

[案例节选来源：张文明. 漫谈唐代的"户口"统计 [J]. 中国统计，2015（11）：28.]

根据上述案例内容，思考以下问题：

1. 唐代的户口统计与现代的人口普查有什么区别？
2. 唐代的户口统计与现代统计调查的要求相符吗？有哪些共同之处？

学习目标

◆ 理解总量指标的概念、种类和常用的国民经济总量指标；
◆ 理解和熟练掌握常用相对指标、平均指标、标志变异指标、偏态和峰度的含义和计算方法。

重点与难点

◆ 掌握六种相对指标的含义、计算方法及应用；
◆ 掌握五种平均指标的含义、计算方法及应用；
◆ 掌握五种标志变异指标的含义、计算方法及应用；
◆ 掌握偏态和峰度的含义、计算方法及应用。

【思政案例导入】

有关粮食的话题

世界上有很多节日，粮食也有自己的节日。节日，通常是喜庆、欢快的日子，但粮食节日的起源，却令人心酸。1972年，由于连年气候异常和自然灾害，世界粮食连年歉收，个别大国还趁机抢购和囤积粮食，进一步加剧了世界性粮食危机。在此背景下，联合国粮农组织于1973年召开首届粮食大会，敦促各国政府和人民，努力多生产粮食，更合理地分配食物，团结起来同饥饿做斗争。

美国心理学家马斯洛在《人类激励理论》中，曾将人的需求划分为五个层级。即生理需求、安全需求、情感和归属需求、尊重需求、自我实现需求。马斯洛五层次需求理论认为，虽然人的五层次需求有时会重叠，但饱腹永远是第一需求，生理需求是其他四个层次需求的基础。全球仍有众多饱受饥饿之苦的民众。1979年11月，联合国粮农组织大会确定：1981年10月16日（联合国粮农组织创建纪念日）为首个"世界粮食日"，此后每年的这一天都为"世界粮食日"，以此唤起各国政府对粮食和农业生产问题的重视，努力解决吃饭问题，"努力实现零饥饿"。

每年"世界粮食日"，各国都会关注粮食、农业、农村发展问题，更加关注粮食生产与环境问题，以及粮食供给与食品安全等民生问题。各届"世界粮食日"，也会围绕着粮食问题开展主题宣传活动。

据世界卫生组织《世界粮食安全和营养状况》数据：2019年，世界各国共约有6.9亿人处于饥饿状态；2020年，由于受疫情影响，全世界可能会新增0.83亿~1.32亿处于饥饿状态的人。此外，全球约有20多亿人处于隐性饥饿中。隐性饥饿，是指体内缺钙、缺铁、缺锌，以及各种维生素缺乏症。而在这20多亿隐性饥饿人群中，5岁及以下儿童和60岁及以上老人居多。

通常，一天人均直接或间接消耗粮食约为1公斤。我国2008年粮食总产量首次达到1万亿斤，人均粮食占有量约为380公斤，同期，世界各国人均粮食占有量也约为380公斤；2013年，我国粮食总产量首超1.2万亿斤；2020年，我国粮食总产量约为1.3万亿斤，人均粮食占有量约为462公斤，同期，世界各国人均粮食占有量约在400公斤以上。虽然我国人均粮食占有量超过了世界平均数，但我国粮食产需仍处于"紧平衡"状态，仍存在结构性短缺问题。

俗话说："大河有水小河满，大河无水小河干。""丰年想灾年，年年都平安。"是的，天育物有时，地生财有限。世界是一个地球村，关注粮食、珍惜粮食，饭碗里装满粮食，是每一个粮食生产者的责任，也是每一个食粮人的义务。

资料来源：宫春子. 无言的粮食[J]. 中国统计，2021（02）：21-22.

在上述案例中，全球处于饥饿状态的人数、我国粮食总产量以及人均粮食占有量等都属于综合指标，体现了粮食对人类生存发展的重要性。本章主要介绍总量指标、相对指标、平均指标、标志变异指标、偏态和峰度等综合指标。综合指标是指概括和分析现象总体的数量特征和数量关系的方法，也叫综合指标法，简称综合指标。

3.1 总量指标

3.1.1 总量指标的概念和作用

总量指标是反映社会经济现象在一定时间、地点、条件下的总规模或总水平的统计指标，也称绝对指标或绝对数。例如，2019 年我国国内生产总值为 990 865 亿元。总量指标是对现象最基本的描述，是相对指标和平均指标的计算基础。

总量指标数值大小与总体范围的大小密切相关，同一时间不同总体范围的同一总量指标的数值相加得到更大的总量指标。例如，将各个地区的地区生产总值相加得到全国的国内生产总值。另外，总量指标还可以表现为不同空间（国家、地区、企业等）或不同时间总量指标之差。例如，2019 年我国货物贸易进出口总额为 31.54 万亿元，其中出口 17.23 万亿元，进口 14.31 万亿元，进出口差额（出口减进口）2.92 万亿元，这些指标都是总量指标。

拓展阅读

汶川地震中的统计数据

总量指标在社会经济统计中具有重要的作用。首先，总量指标是认识社会经济现象的起点，它可以反映国情国力和企事业单位人、财、物的基本状况。其次，总量指标是进行经济管理的主要依据。无论是宏观经济调控，还是微观企业管理，都不能凭空运作，必须从客观实际出发，将总量指标作为制定政策、编制计划和进行管理的重要依据。最后，总量指标是计算相对指标和平均指标的基础，其他指标都是总量指标的派生指标。

3.1.2 总量指标的种类

（1）按反映的内容不同，总量指标分为总体单位总量和总体标志总量。总体单位总量表示的是一个总体内所包含的总体单位总数，即总体本身的规模大小。例如，人口数、企业总数等。总体标志总量是总体各单位某种数量标志值的总和，是说明总体特征的总数量。例如，总产量、工资总额等。

一个总量指标究竟是属于总体单位总量还是总体标志总量，应根据研究目的的不同和研究对象的变化而定。例如，当研究某地所有的学校时，学校作为总体，在校学生人数是总体标志总量；当研究某地所有的学生时，学生作为总体，在校学生人数是总体单位总量。

（2）按反映的时间状况不同，总量指标分为时期指标和时点指标。时期指标是反映现象在某一时期发展过程的总量指标。例如，一定时期的商品销售额、总产值、固定资产投资额等。时点指标是反映现象在某一时刻（瞬间）上状况的总量指标。例如，人口数、企业数、商品库存量等。

时期指标和时点指标各有不同的特点：

①时期指标的数值是连续计数的，它的每一个数值是表示现象在一段时间内发生的总量。例如，某企业 2 月份的总产值是该企业 2 月份每天产值的加总。时点指标的数值是间断计数的，它的每一个数值是表示现象发展到一定时点上所处的水平。例如，2019 年年末某城市人口数是指 2019 年 12 月 31 日该城市的人口数。

②时期指标具有累加性，即各期数值相加可以说明现象在较长时期内发生的总量。例如，企业一年的总产值是各月产值之和。时点指标不具有累加性，即各时点指标数值相加是没有意义的，如各月末商品库存量之和并不等于年末商品库存量。

③时期指标数值的大小受时期长短的制约，如企业一年的总产值必然大于一月的总产值；而时点指标数值的大小与时点的间隔长短无直接关系，如年末职工人数不一定比某一月末职工人数多。

（3）按计量单位不同，总量指标分为实物单位指标、价值单位指标和劳动单位指标。

①实物单位指标又称实物量指标，是根据事物的属性和特点，采用不同的实物计量单位，以直接体现事物的使用价值或现象具体内容的绝对量指标。实物单位包括自然单位、度量衡单位、标准实物单位、双重单位和复合单位。

自然单位是离散型数值的计量单位，是人们长期以来习惯使用所形成的。例如，人口以"人"为单位，汽车以"辆"为单位，牲畜以"头"为单位等。度量衡单位是连续型数值的计量单位，需要用一定的计量器具或仪表来反映。例如，长度以"米"为单位，粮食产量以"吨"为单位，容量以"升"为单位等。标准实物单位是将用途相同，但规格和含量不同的物品数量按某一标准折算而采用的计量单位。例如，能源按发热量折合为吨标准煤，各种粮食以水稻为标准进行折算等。复合单位是两个单位以乘积形式构成的单位。例如，货物周转量用"吨公里"来表示，发电量以"千瓦时"表示等。

②价值单位指标又称价值量指标，是指以货币单位计量的总量指标。其中，价值单位是用货币来计量的单位，也称为货币单位，如人民币、美元、欧元等。价值量指标具有很强的综合性能，用于表明经济活动的总成果、总规模，可用于经济效益的考核和评价等。但是价值量指标不能直接反映出使用价值和具体内容，且易受到价格波动的影响。

③劳动单位指标又称劳动量指标，是以劳动时间来表示的总量指标。劳动量指标主要用于编制和检查基层单位的生产作业计划，也为实行劳动定额管理提供依据，如工时、台时、工日等。

3.1.3 总量指标的计算方法

总量指标的计算方法有两种：一是直接计算法；二是推算与估算法。

1. 直接计算法

直接计算法是通过对研究对象的直接技术测量汇总而得到的，这是总量指标最主要的计算方法。

2. 推算与估算法

推算与估算法是当研究对象不能或不必直接计量时，采用推算或估算来得到总量指标。推算与估算法具体来说有以下五种细分方法：

（1）平衡关系估算法是指利用现象之间的平衡关系来估算某一未知总量指标的方法。例如：产品月末库存量 = 月初库存量 + 本月新入库产品量 - 本月出库产品量。

（2）因素关系估算法是指利用现象的内部影响因素来推算某一总量指标的方法。例如，总产量 = 职工人数 × 劳动生产率，所以利用职工人数与劳动生产率相乘就可以计算总产量指标。

（3）比例关系估算法是指当估算某一地区、某一时期或某种指标时，可利用相类似的另一地区或不同时期等的同类指标的比例关系来计算的方法。例如，2019 年甲地区生产总产值为 25 793 亿元，乙地区生产总值为甲地区的 1.8 倍，则乙地区生产总值为 46 427.4 亿元。

（4）预计推算法是指一种根据过去和现在的情况来推测未来的某项指标数值的方法。例如，某企业 1 月份产值为 1 000 万元，若其他条件不变，第一季度产值约为 3 000 万元左右。

（5）插值估算法是指一种差值补全的方法。在统计分析时，我们常常遇到一个数列缺少某一项或几项资料，这时就可以利用差值来估算这些缺项。例如，利用平均发展速度补全时间数列的缺项，利用定性分析得到某一指标等。

3.2 相对指标

3.2.1 相对指标的概念和作用

相对指标又称相对数，它是两个有联系的指标数值对比的结果，用以反映现象总体内部结构、比例、速度等，是最常用的对比分析法。用来对比的两个指标，既可以是绝对数，也可以是平均数和相对数。

相对指标的主要作用如下：

拓展阅读

统计上的"伴侣"——
话说绝对数与相对数

（1）相对指标能表明社会经济现象之间的比例关系。总量指标只反映现象总的规模和水平，而相对指标可以反映现象总体内在的结构特征和数量关系。例如，计算人均国民生产总值可以表明经济实力的相对发展水平；计算发展速度可以解释现象发展变化的快慢。

（2）相对指标能使一些不能直接对比的事物找出共同比较的基础。例如，因企业规模不同，不能直接比较各企业的总产值和总产量，但可以比较企业劳动生产率、资金利润率等相对指标，以反映企业的经营效果。

(3)相对指标便于记忆,易于保密。在社会经济发展中,有些总量指标不便于公布于众,可以用发展速度、增长速度等相对指标来代替。

相对指标的表现形式有两种:一种是有名数,另一种是无名数。有名数是将对比的分子指标和分母指标的计量单位结合使用,以表明事物的密度、普遍程度和强度等。例如,人口密度用"人/平方公里"表示,人均国内生产总值用"元/人"等。无名数是一种抽象化的、无量纲的数值,一般分为系数、倍数、成数、百分数、千分数等。

需要注意的是,在实际工作中经常用到百分点或千分点,它是以百分数或千分数表示的两个相对数的差值。例如,2019年我国服务业增加值 534 233 亿元,比上年增长 6.9%,增速比第二产业高出 1.2 个百分点。

3.2.2 相对指标的种类和计算

1. 计划完成相对数

计划完成相对数是指在某一时期内的实际完成数值与计划任务数值对比的结果,用于检查、监督计划的执行情况,通常以百分数表示,又称计划完成百分比,其计算公式如下:

$$计划完成相对数 = \frac{实际完成数}{计划任务数} \times 100\%$$

$$超额(未)完成计划数 = 计划完成相对数 - 100\%$$

实际工作中,由于计划任务数可表现为总量指标、相对指标和平均指标等多种形式,所以计算计划完成相对数的方法也不尽相同,有以下三种形式:

(1)计划数为总量指标。当计划数为总量指标时,可用于检查计划完成情况或长期计划执行情况,其计算公式如下:

$$计划完成相对数 = \frac{实际完成数}{计划任务数} \times 100\%$$

在检查中长期计划任务的完成情况时,根据计划指标的性质不同,具体计算方法又分为水平法和累计法。中长期计划一般指五年或五年以上的计划。

①水平法。水平法只规定了计划期末应达到的水平,适用于反映生产能力的经济指标,如对钢产量、社会商品零售额等计划完成情况的检查评价。具体计算公式如下:

$$计划完成相对数 = \frac{实际达到的期末水平}{计划规定的期末水平} \times 100\%$$

例 3-1:某企业在"十三五"规划期间规定,2020 年产品产量应达到 8 000 万台,实际产量达到 9 600 万台,则产量计划完成相对数如下:

$$产量计划完成相对数 = \frac{9\ 600}{8\ 000} \times 100\% = 120\%$$

用水平法检查计划完成情况时,只要有连续一年时间(或连续 12 个月,无论是否在一个年度内)的实际水平达到了计划期末的水平就算完成了计划,则余下的时间为提前完成计划的时间;或者按下列公式计算提前完成计划的时间:

提前完成计划的时间=(计划期内总的月份数-实际完成任务的月份数)

$$+\frac{超额完成计划数}{日平均计划数}$$

例 3-2:某省"十二五"规划规定 2011 年至 2015 年水泥产量达到 1 000 万吨,从 2014 年 8 月到 2015 年 7 月水泥实际产量为 1050 吨,请问提前完成计划的时间是多少?

根据上式,可得出:

$$提前完成计划时间=(60-55)+\frac{1\ 050-1\ 000}{1\ 000/365}=5个月+18.25天=5个月零18天$$

②累计法。累计法规定了计划期各年累计完成的总量,如固定资产投资额、新增生产能力等,其计算公式如下:

$$计划完成相对数=\frac{计划期实际累计完成数}{计划期规定的累计数}\times100\%$$

例 3-3:某地区"十三五"规划规定,基本建设投资总额为 6 000 亿元,计划期末实际累计投资总额为 6 200 亿元,则投资计划完成相对数如下:

$$计划完成相对数=\frac{6\ 200}{6\ 000}\times100\%=103.33\%$$

累计法要计算提前完成计划的时间,可以从期初往后连续考察,只要实际累计完成数达到计划规定的累计任务数就算完成计划,所余时间就为提前完成计划的时间。

另外,对于计划执行进度的考察,主要看时间进度与计划完成度是否匹配。如时间过半,完成任务未过半,若两者之间有差距应尽早组织人力、物力,确保按时完成计划。

(2)计划数为平均指标。当计划数为平均指标时,其计算公式如下:

$$计划完成相对数=\frac{实际完成的平均数}{计划规定的平均数}\times100\%$$

例 3-4:某企业计划要求劳动生产率达到 5 000 元/人,实际劳动生产率达到 6 000 元/人,则劳动生产率计划完成相对数如下:

$$劳动生产率计划完成相对数=\frac{6\ 000}{5\ 000}\times100\%=120\%$$

计算表明,该企业超额 20% 完成计划。

(3)计划数为相对指标。当计划数为相对指标时,其计算公式如下:

$$计划完成相对数=\frac{100\%+实际提高率(-实际降低率)}{100\%+计划提高率(-计划降低率)}\times100\%$$

若计划任务数是按提高率或降低率来规定的，则计算计划完成相对数时，分子和分母应包含基数（100%或1），不能直接用提高率或降低率来计算。

例 3-5：某企业 2019 年计划产值比 2018 年增长 10%，实际产值比 2018 年增长 15%，则产值计划完成相对数如下：

$$产值计划完成相对数 = \frac{100\% + 15\%}{100\% + 10\%} \times 100\% = 104.55\%$$

计算表明，该企业超额 4.55% 完成产值计划。

例 3-6：某企业 2019 年计划单位成本比 2018 年降低 5%，实际单位成本比 2018 年降低 3%，则单位成本计划完成相对数如下：

$$单位成本计划完成相对数 = \frac{100\% - 3\%}{100\% - 5\%} \times 100\% = 102.11\%$$

计算表明，该企业的单位成本实际比计划低 2.11%，未完成计划。

一般来说，在计算出计划完成指标以后，还需要根据指标性质对计算结果做出合理解释。对于产值型正指标来说，计划完成相对数大于 100% 为超额完成了计划；对于成本型逆指标来说，计划完成相对数低于 100% 为超额完成计划；计划完成相对数等于 100%，则表示刚好完成了计划。

2. 结构相对数

结构相对数就是利用分组法将总体区分为不同性质（即差异）的各部分，以部分数值与总体全部数值对比而得出比重或比率，来反映总体内部组成状况的综合指标。各组结构相对数之和等于 100%，其计算公式如下：

$$结构相对数 = \frac{总体部分数值}{总体全部数值} \times 100\%$$

结构相对数可以揭示现象的结构特征和分布状况，从而认识现象各部分在总体中所占的比重。例如，2020 年我国第七次人口普查数据表明，男性人口数占全国总人口数的比重为 51.24%，女性人口数占全国总人口数的比重为 48.76%。

3. 比例相对数

比例相对数是同一总体内不同组成部分的指标数值对比的结果，用来表明总体内部的比例关系，其计算公式如下：

$$比例相对数 = \frac{总体中某一部分数值}{总体中另一部分数值}$$

比例相对数一般用几比几或连比的形式表示。比如，我国第七次人口普查结果中，总人口性别比表示为 105.07：100（以女性人数为 100）；2018 年我国国内生产总值中三类产业的比例为 7：39.7：53.3。

4. 比较相对数

比较相对数又称类比相对数，是将两个同类指标进行静态对比得出的综合指标，表明同类现象在不同条件下（如在各国、各地、各企业）的数量对比关系。其计算公式如下：

$$比较相对数 = \frac{某条件下的某类指标数值}{另一条件下的同类指标数值} \times 100\%$$

例 3-7：某年有甲乙两企业同时生产一种性能相同的产品，甲企业工人劳动生产率为 53 000 元，乙企业为 48 000 元，则：

$$两企业劳动生产率比较相对数 = \frac{53\ 000}{48\ 000} \times 100\% = 110.42\%$$

计算表明，甲企业的劳动生产率是乙企业的 110.42%。

比较相对数一般用百分数或倍数表示。比较相对数的分子与分母现象所属统计指标的含义、口径、计算方法和计量单位都必须一致。计算比较相对数时，作为比较基数的分母可以取一般对象，这时分子和分母的位置可以互换；作为比较基数的分母也可以取典型化对象，此时分子和分母的位置不能互换。例如，将本企业产品的质量、成本、单耗等各项技术指标与国家规定的标准（行业先进水平、国外先进水平）进行比较时，则比较相对数的分母只能是国家规定的标准水平。

利用比较相对数，可以对事物发展在不同地区、不同部门、不同企业或不同个人之间进行比较分析，以反映现象之间的差别程度。另外，计算比较相对数时选择的比较标准是典型化单位时，则通过这个比较相对数还可以找出工作中的差距，从而为提高企业的生产水平和管理水平提供依据。

5. 强度相对数

强度相对数是两个性质不同但有一定联系的总量指标对比的结果，用来反映现象的强度、力度、密度和普遍程度的综合指标，其计算公式如下：

$$强度相对数 = \frac{某一总量指标数值}{另一有联系而性质不同的总量指标数值}$$

例 3-8：2018 年年末我国内地总人口为 139 538 万人，则人口密度计算如下：

$$人口密度 = \frac{139\ 538\ 万人}{960\ 万平方公里} = 145.35（人/平方公里）$$

强度相对数是两个有联系的不同事物的总量数值的对比，有些情况下分子与分母可以互换，这就产生了一部分强度相对数有正指标和逆指标之分。正指标是从正方向说明现象的密度，正指标数值越大反映出居民生活舒适度和保障水平越高，如每万人拥有的商业网点数、每万人拥有的医院床位数等。逆指标是从相反方向说明现象的密度，逆指标值越小说明居民生活水平越高，如恩格尔系数、就业者负担人数等。

例 3-9：某大学有在校生 35 000 人，学校图书馆的藏书有 400 万册，则

$$\text{在校生图书拥有量的正指标} = \frac{4\,000\,000}{35\,000} = 114.29\text{（册/人）}$$

$$\text{在校生图书拥有量的逆指标} = \frac{35\,000}{4\,000\,000} = 87.5\text{（人/万册）}$$

强度相对数有两种表示形式：一般是以双重计量单位表示的复名数，如人口密度的单位是"人／平方公里"，人均粮食产量的单位是"公斤／人"；另外一些强度相对数是用百分数或千分数表示。比如，流通费用率用百分数表示每百元销售额中的流通费用，人口死亡率用千分数表示每千人中的死亡人数，其实质仍是双重单位，只是因为分子与分母计量单位相同而被约分掉而已。

强度相对数与其他相对指标的区别在于它不是对同类现象指标的对比。虽然强度相对数也含有平均的意思，在表现形式上类似统计平均数，但二者是有区别的。平均数指标是指同一总体的总体标志总量与总体单位数总量之比，反映同质总体内各单位标志值的一般水平，而强度相对数是两个不同性质的总体总量之比，反映两个不同的总体总量之间的联系程度。

6. 动态相对数

动态相对数是同类指标在不同时期的对比，用来反映现象发展变化的程度，也称作发展速度，其计算公式如下：

$$\text{动态相对数} = \frac{\text{报告期水平}}{\text{基期水平}} \times 100\%$$

上式中，作为对比标准的时期称为基期，而用来与基期进行比较的时期为报告期，有时也称为计算期。动态相对数的计算结果用百分数或倍数表示。

例 3-10：2019 年我国国内生产总值（GDP）为 990 865 亿元，2015 年为 676 708 亿元，则：

$$\text{国内生产总值的动态相对数} = \frac{990\,865}{676\,708} \times 100\% = 146.42\%$$

有关动态相对数的内容在第四章动态数列的有关章节再详细讲解。

3.2.3 正确运用相对指标的原则

1. 正确选择对比基础

选择对比基础必须从现象的性质特点出发，结合研究问题的目的来确定。对比基础选择不当，就不能反映现象间的数量对比关系，甚至会扭曲现象之间的真实联系。

2. 要保证两个对比指标的可比性

可比性主要是指对比的两个指标（即分子与分母）在经济内容上要有内在联系，在总体范围、指标口径及计算方法上要一致或相适应。

3. 要把相对指标和总量指标结合起来运用

相对指标是一个抽象的比例,不能反映现象之间绝对数量的差异,有时候较小的相对数隐藏着较大的绝对数,或者相反。因此,为了正确地说明问题,达到深入分析研究的目的,进行对比分析时往往既需要反映相对程度的相对指标,又需要反映绝对数量水平的总量指标。

4. 要把多种相对指标结合起来运用

社会经济现象各方面的联系是错综复杂的,一个现象的发展变化往往由诸多因素引起,又影响着与之相联系的其他现象的变化。只有将多种相对指标结合应用,进行多方面的比较,才能深入全面地分析问题和认识问题。

3.3 平均指标

3.3.1 平均指标的概念和作用

1. 平均指标的概念及特点

平均指标也称为平均数,是指在同质总体中将各单位某一数量标志的差异抽象化,用以反映总体在具体条件下所达到的一般水平。简言之,平均指标是说明同质总体内某一数量标志在一定历史条件下一般水平的综合指标,是总体内各单位参差不齐的标志值的代表值。平均指标是对变量分布集中趋势的测定,可以反映总体内各单位分布的集中趋势。

平均指标有算术平均数、调和平均数、几何平均数、众数和中位数五种类型。其中,算术平均数、调和平均数和几何平均数指标合起来被称作数值平均数,它们是根据总体中全部单位的标志值计算分析得来的;而众数和中位数被称作位置平均数,它们是选择特殊位置上对应的单位标志值来表示总体的一般水平。

平均指标具有以下特点:

(1)只能针对同类现象计算平均指标。计算平均指标的各单位必须具有同质性,是属于同一个总体的,这是计算平均指标的前提。因为只有对本质相同的现象计算平均数,才能反映客观实际状况的一般水平。必须要注意不能把不同性质的单位混杂在一起计算平均数,这样就会掩盖事物的本质,得出错误的结论。

(2)平均指标将现象之间的数量差异抽象化。平均指标不考虑各变量之间的数量差异,即平均指标不同于总体各单位水平,却又反映所有这些单位的一般水平。

(3)平均指标反映总体变量值的集中趋势。对于大多数统计变量来说,总是接近中心值的变量值居多,远离中心值的变量值较少,使得变量分布呈现出向中心值靠拢或者聚集的态势,所以任何平均数都靠近分布的中间位置,而不会出现在分布的两端。总之,平均指标是标志值集中趋势的代表值,反映了总体变量的集中分布趋向。

2. 平均指标的作用

（1）平均指标可用于同类现象在不同空间条件下的对比。由于所处的空间、场合不同，同一现象在同一时间内的发展变化是有差异的，对这种差异的对比分析只能以平均指标为依据。利用平均指标比较同类现象在同一时间不同地区、不同单位的一般水平，可以评价各单位的工作质量和工作业绩。

（2）平均指标可用于同一总体指标在不同时间的对比。平均指标将总体各单位在不同时间上的数量标志差异抽象化，反映同一总体现象在不同时间上的发展变化的一般情况，解释现象的变动趋势和规律。

（3）平均指标可作为论断事物的一种数量标准或参考。平均指标代表总体变量的一般水平，可以利用样本的平均指标来推断和估算总体的平均指标，也可以利用样本平均数乘以单位总数来推算总体的标志总量。

（4）平均指标可用于分析现象之间的依存关系并进行数量上的估算。现象之间都具有一定的依存性，而依存关系的形式和程度是各不相同的，我们可以利用平均指标来分析现象之间的依存关系。

3.3.2 算术平均数

算术平均数是分析社会经济现象一般水平和典型特征的最基本指标，是统计中计算平均数最常用的方法。算术平均数的基本公式如下：

$$算术平均数 = \frac{总体标志总量}{总体单位总量}$$

在上面公式中，分子和分母在经济内容上有从属关系，即分子数值是各分母单位特征值的总和，两者在总体范围上是一致的。虽然强度相对数也是两个有联系的总量指标之比，但它的分子与分母并不存在各标志值与各单位的对应关系。根据所掌握的资料不同，算术平均数有简单算术平均数和加权算术平均数两种。

1. 简单算术平均数

根据未分组资料计算算术平均数，需要用简单算术平均，即先将各单位的标志值相加得出标志总量，然后再除以总次数。设总体中有 n 个个体，各个个体的标志值为 $X_1, X_2, \cdots, X_n$，若用 $\overline{X}$ 代表算术平均数，则其计算公式如下：

$$\overline{X} = \frac{\sum X}{n}$$

例 3-11：某生产小组有 5 名工人生产某种零件，日产量分别是 24、26、27、30、34，则平均每个工人日产零件数如下：

$$\overline{X} = \frac{\sum X}{n} = \frac{24+26+27+30+34}{5} = 28.2(件)$$

2. 加权算术平均数

根据分组数列资料计算算术平均数，需要用加权算术平均，即以各组变量值（或组中值）乘以相应的频数求出各组标志总量，加总各组标志总量得出总体标志总量，同时把各组次数相加得到总次数，然后再用总体标志总量除以总次数。若用 $X_1, X_2, \cdots X_n$ 表示各组的变量值（或组中值），用 $f_1, f_2, \cdots f_n$ 代表各组次数，则加权算术平均数计算公式如下：

$$\overline{X} = \frac{\sum Xf}{\sum f}$$

例 3-12：某生产企业有 50 名工人，他们每人每日加工的某种零件数编制成单项数列，如表 3-1 所示。

表 3-1　某企业 50 名工人生产情况

工人按日产零件数（X）	工人人数（f）	日产量（Xf）
24	1	24
26	4	104
27	6	162
28	9	252
30	12	360
34	9	306
38	7	266
40	2	80
合计	50	1 554

$$\overline{X} = \frac{\sum Xf}{\sum f} = \frac{1554}{50} = 31.08（件）$$

根据组距数列计算加权算术平均数的方法，与单项数列计算加权算术平均数的方法基本相同，只需以各组的组中值来代替各组的变量值即可。

例 3-13：某班级 40 名学生的身高情况如表 3-2 所示。

表 3-2　某班级 40 名学生的身高情况

按身高分组	组中值（X）	学生人数（f）	各组标志总量（Xf）
150cm 以下	145	3	435
150～160cm	155	8	1 240
160～170cm	165	16	2 640
170～180cm	175	9	1 575
180cm 以上	185	4	740
合计	—	40	6 630

$$\overline{X} = \frac{\sum Xf}{\sum f} = \frac{6630}{40} = 165.75（\text{cm}）$$

利用组中值计算算术平均数，是假定各组内的变量值是均匀分布的。实际上，变量值不一定是均匀分布的，因而计算结果可能会有一些偏差，确切地说，组距数列计算的算术平均数只是一个近似值。尤其是当组距数列存在开口组时，算术平均数的准确性会更差。

另外，从计算过程可以看出，学生的平均身高不仅受到各组身高大小 X 的影响，而且受到各组学生人数多少 f 的影响。次数多的组，变量值对平均数的影响大；次数少的组，变量值对平均数的影响小。也就是说，当标志值比较大的组的次数 f 多时，平均数就接近于大的一方；当标志值比较小的组的次数 f 多时，平均数接近于小的一方。

标志值次数多少 f 对平均数的影响起着权衡轻重的作用，所以在统计中，常把各组次数称为权数，把这个变量值乘以权数的过程叫作加权过程，这样计算出来的算术平均数叫作加权算术平均数。

需要指出的是，权数对平均数的影响作用，就其实质而言不取决于各组次数的大小，而取决于各组次数占总次数的比重大小，即哪一组次数所占的比重大，则哪一组标志值对平均数的影响就大。因此，当各组次数相等时，各组次数所占的比重相等，权数的作用就相等，这时加权算数平均数就成了简单算术平均数。因为当 $f_1 = f_2 = \cdots = f_n = A$ 时，

$$\bar{X} = \frac{\sum Xf}{\sum f} = \frac{A\sum X}{nA} = \frac{\sum X}{n}$$

由此可见，简单算术平均数实际上是加权算术平均数的一种特例。加权算术平均数与简单算术平均数的不同之处在于：加权算术平均数受变量值大小 X 与次数多少 f 两个因素的影响，而简单算术平均数只反映变量值大小 X 一个因素的影响。

变量数列的权数有两种形式：一种是以绝对数 f 表示，称为次数或频数；另一种是以相对数 $\frac{f}{\sum f}$ 表示，称为比率或者频率。针对同一总体资料，用这两种权数所计算的加权算术平均数完全相同。

3. 算术平均数的性质

为了更好地理解和运用平均数，有必要了解算术平均数的两条重要性质：

（1）各个变量值与算术平均数的离差之和等于零，即

$$\sum(X - \bar{X}) = 0 \text{ 或 } \sum(X - \bar{X})f = 0$$

（2）各个变量值与算术平均数的离差平方之和等于最小值，即

$$\sum(X - \bar{X})^2 = \min \text{ 或 } \sum(X - \bar{X})^2 f = \min$$

4. 算术平均数的特点与不足

算术平均数是反映集中化趋势代表性最好的指标，因而应用极为广泛，但是它有一个明显的不足，即容易受到变量值中极大值或极小值的影响。在实际应用时，常常先将变量

值中的极端值剔除后，再计算算术平均数，以提高算术平均数的代表性，这种处理方法称为"切尾均值"法，可以很好避免算术平均数的弊端。

3.3.3 调和平均数

调和平均数又称倒数平均数，它是各个变量值倒数的算术平均数的倒数。根据掌握的资料不同，在计算时可以分为简单调和平均数和加权调和平均数两种。

1. 简单调和平均数

简单调和平均数适用于未分组资料计算调和平均数，其计算公式如下：

$$\overline{X}_H = \frac{n}{\sum \frac{1}{X}}$$

上式中，$\overline{X}_H$ 为调和平均数，X 为各组的标志值，n 为标志值的项数。

例 3-14：有 3 种不同等级的同种蔬菜，其价格分别为一级品 3 元/千克，二级品 2 元/千克，三级品 1 元/千克。若 3 种不同等级蔬菜的购买金额均为 1 元，此时 3 种蔬菜的平均价格为多少？

$$\overline{X}_H = \frac{n}{\sum \frac{1}{X}} = \frac{1+1+1}{\frac{1}{3}+\frac{1}{2}+\frac{1}{1}} = 1.636 (元/千克)$$

2. 加权调和平均数

加权调和平均数适用于已分组资料。如果掌握各组的标志值和各组的标志总量，而不知道各组单位数时，应该用加权调和平均数的方法计算调和平均数。其计算公式如下：

$$\overline{X}_H = \frac{\sum m}{\sum \frac{m}{X}}$$

上式中，$\overline{X}_H$ 为调和平均数，X 为各组标志值，m 为各组的标志总量。

例 3-15：有 3 种不同等级的同种蔬菜，其价格分别为一级品 3 元/千克，二级品 2 元/千克，三级品 1 元/千克。若 3 种等级蔬菜的购买金额不等，一级品 1 元，二级品 2 元，三级品 3 元，此时 3 种蔬菜的平均价格为多少？

$$\overline{X}_H = \frac{\sum m}{\sum \frac{m}{X}} = \frac{1+2+3}{\frac{1}{3}+\frac{2}{2}+\frac{3}{1}} = 1.385 (元/千克)$$

加权调和平均数计算结果显示，与例 3-14 相比，蔬菜的平均价格降低了 0.251 元/千克。为什么蔬菜价格未变，平均价格却降低了呢？原因在于一级品、二级品、三级品购买的金额不等，三级品的价格最低且购买的金额最多，二级品的价格次高且购买的金额次多，一级品的价格最高且购买的金额最少,所以平均价格就偏向价格低的那一端了。显然,购买金额就起到了权数的作用。

3. 调和平均数的应用

在我们的现实生活中,直接用调和平均数的地方比较少见,一般是把它作为算术平均数的变形来使用。由于掌握的资料不能直接运用算术平均数公式,所以借用调和平均数计算平均数。从这个意义上来说,两者计算的结果是相同的,只是计算过程不同而已,即加权算术平均数与加权调和平均数之间具有以下数学关系式成立:

$$\overline{X} = \frac{\sum Xf}{\sum f} = \frac{\sum Xf}{\sum \frac{1}{X} Xf} = \frac{\sum m}{\sum \frac{m}{X}}$$

这里,m 是一种特定权数,它不是各组变量值出现的次数,而是各组的标志值总量,而且 $m = Xf$。

调和平均数一般应用在以下两种场合。

(1) 由平均数计算平均数时,需要应用调和平均数。

例 3-16:已知某商品在 3 个集市贸易市场上的平均价格及销售额资料如表 3-3 所示。

表 3-3 某商品在 3 个贸易市场上的平均销售价格计算表

市场	平均价格(X)	销售额(m)	销售额/平均价格 $\left(\dfrac{m}{X}\right)$
甲	1.00	3 000	3 000
乙	1.50	3 300	2 200
丙	1.40	3 500	2 500
合计	—	9 800	7 700

$$\overline{X}_H = \frac{\sum m}{\sum \dfrac{m}{X}} = \frac{3\,000 + 3\,300 + 3\,500}{\dfrac{3\,000}{1.0} + \dfrac{3\,300}{1.5} + \dfrac{3\,500}{1.4}} = \frac{9\,800}{7\,700} = 1.273 \text{(元/千克)}$$

(2) 由相对数计算平均数时,需要应用调和平均数。

例 3-17:某公司有 4 个工厂,已知其计划完成程度及实际产值资料如表 3-4 所示。

表 3-4 4 个工厂的平均计划完成程度计算表

工厂	计划完成程度(X)/%	实际产值(m)	实际产值/计划完成程度(即计划产值)$\left(\dfrac{m}{X}\right)$
甲	90	90	100
乙	100	200	200
丙	110	330	300
丁	120	480	400
合计	—	1 100	1 000

$$\bar{X}_H = \frac{\sum m}{\sum \frac{m}{X}} = \frac{90+200+330+480}{\frac{90}{90\%}+\frac{200}{100\%}+\frac{330}{110\%}+\frac{480}{120\%}} = \frac{1100}{1000} = 110\%$$

在什么情况下采用算术平均数或调和平均数的问题，需要根据所掌握的资料条件来判断。如果我们所掌握的权数资料是基本公式的分母项数值（如采购量、计划产值），则采用加权算术平均数形式；如果我们所掌握的权数资料是基本公式的分子项数值（比如采购金额、实际产值），则必须采用调和平均数形式。

4. 调和平均数的特点与不足

调和平均数作为一个数值平均数，它与算术平均数一样，易受所有标志值的影响；但较之于算术平均数，调和平均数受极端值的影响要小一些。需要指出的是，如果数列中有一个标志值等于零，则不能计算调和平均数。

3.3.4 几何平均数

几何平均数又称对数平均数，它是几个标志值连乘积的 n 次方根。它适用于计算现象的平均比率或平均速度，以反映现象比率的平均水平。例如，流水作业生产的产品平均合格率、复利法的平均利率等。几何平均数也有简单几何平均数和加权几何平均数之分。

1. 简单几何平均数

简单几何平均数是根据未分组资料计算的，其计算公式如下：

$$\bar{X}_G = \sqrt[n]{\prod X}$$

式中，$\bar{X}_G$ 代表几何平均数，X 代表标志值或变量值，n 代表标志值项数，$\prod$ 是连乘符号。

例 3-18：某机械厂五个流水作业车间的产品合格率分别为 96%、97%、95%、99% 和 98%，则五个车间合格率的平均数（即全厂的平均生产合格率）如下：

$$\bar{X}_G = \sqrt[n]{\prod X} = \sqrt[5]{96\% \times 97\% \times 95\% \times 99\% \times 98\%} = 96.99\%$$

2. 加权几何平均数

加权几何平均数是根据分组资料计算的，其计算公式如下：

$$\bar{X}_G = \sqrt[\sum f]{\prod X^f}$$

上式中，$\bar{X}_G$ 代表几何平均数，X 代表标志值或变量值，f 代表各组标志值项数，$\prod$ 是连乘符号。

例 3-19：某银行某项投资的年利率是按复利计算的，20 年的利率分别是：5 年为 6%，3 年为 7%，4 年为 8%，8 年为 9%，则

20 年的本利率为 $1.06^5 \times 1.07^3 \times 1.08^4 \times 1.09^8 = 4.44$

整个投资期内的平均年利率如下：

$$\overline{X}_G = \sum \sqrt[f]{\prod X^f} - 100\% = \sqrt[20]{4.44} - 100\% = 7.74\%$$

3. 几何平均数的特点与不足

几何平均数受极端值的影响，较算术平均数和调和平均数要小，故较稳健。几何平均数受所有变量值的影响，若数列中有一项为零或负数，则无法计算几何平均数。另外，几何平均数适用于反映特定现象的平均水平，即现象的总标志值不是各单位标志值的总和，而是各单位标志值的连乘积。

3.3.5 中位数

中位数是将总体各单位的标志值按大小顺序排列，处于数列中间位置的标志值。中位数将数列分为相等的两部分，一部分标志值小于中位数，另一部分标志值大于中位数。中位数的大小仅取决于它在变量数列中的位置，所以不受极端数值的影响。在许多不易计算算术平均数的场合，可用中位数代表总体的一般水平。

根据所掌握资料情况不同，中位数的计算分为两种情况，一种是根据未分组资料来确定，另一种是根据单项数列或组距数列来确定。

1. 由未分组资料确定中位数

首先对某个标志值按大小顺序资料加以排列，然后根据下列公式确定中位数的位置。

$$M_e = \begin{cases} X_{\frac{n+1}{2}}, & \text{当}n\text{为奇数时} \\ \dfrac{1}{2}\left(X_{\frac{n}{2}} + X_{\frac{n}{2}+1}\right), & \text{当}n\text{为偶数时} \end{cases}$$

上式中，M_e 表示中位数，n 代表总体单位数，X 代表数列中的标志值，其下标表示中位数的位次。如果 n 是奇数，则居于中间位置的那个单位数的标志值就是中位数；如果 n 是偶数，则居于中间位置的两项数值的算术平均数是中位数。

例 3-20：7 名体育竞技专家对某运动员协调性的评级依次为：B，A-，A，A，A，A+，A+，请问该运动员协调性评级的中位数是多少？

在本例中，因为 $n=7$，中位数的位置是 4，所以中位数 $M_e=A$。

例 3-21：在某城市中随机抽取 10 个家庭，调查得到每个家庭的人均月收入数据如下（单位：元），要求计算人均月收入的中位数。

3 500　3 000　4 200　5 000　7 800　6 900　5 700　7 500　8 500　6 600

对上述 10 个家庭的月收入数据进行排序，结果如下：

3 000　3 500　4 200　5 000　5 700　6 600　6 900　7 500　7 800　8 500

在本例中，因为 $n=10$，所以人均月收入的中位数如下：

$$M_e = \frac{1}{2}(X_5 + X_6) = \frac{5\,700 + 6\,600}{2} = 6\,150(元)$$

2. 由单项数列确定中位数

对于单项数列，首先确定中位数的位次为 $\frac{\sum f}{2}$，即累计频数的半值，然后观察累计次数达到的那个组的标志值就是中位数 M_e。也就是说，通过以下三个步骤确定单项数列的中位数。

（1）求中位数的位置 = $\frac{\sum f}{2}$（$\sum f$ 是总体单位数之和）；

（2）计算各组的累计次数（向上累计次数或向下累计次数）；

（3）根据中位数位置找出中位数 M_e。

例 3-22：某班同学按年龄分组资料如表 3-5 所示。

表 3-5　某班 50 名同学年龄中位数计算表

年龄分组/岁	学生人数/人	向上累计次数	向下累计次数
18	6	6	50
19	9	15	44
20	23	38	35
21	11	49	12
22	1	50	1
合计	50	—	—

年龄中位数的位置为 $\frac{\sum f}{2}=25$，说明中位数位于第 25 位同学所在的位置，无论从向上累计次数看，还是从向下累计次数看，中位数都在第三组，则年龄中位数 $M_e=20$（岁）。

3. 由组距数列确定中位数

对于组距数列，同样先根据中位数的位次 $\frac{\sum f}{2}$ 确定中位数所在组，然后根据上限公式或下限公式计算中位数 M_e 的近似值。

下限公式：

$$M_e = X_L + \frac{\frac{\sum f}{2} - S_{m-1}}{f_m} \cdot d$$

上限公式：

$$M_e = X_U - \frac{\frac{\sum f}{2} - S_{m+1}}{f_m} \cdot d$$

上式中，M_e 为中位数，X_L 为中位数组的下限，X_U 为中位数组的上限，f_m 为中位数组的频数，S_{m-1} 为向上累计至中位数所在组前一组的累计频数，S_{m+1} 为向下累计至中位数所在组后一组的累计频数，d 为中位数组的组距。

例 3-23：某企业工人按日产量分组数据如表 3-6 所示。

表 3-6 某企业员工日产量的中位数计算表

按日产量分组 / 千克	员工数 / 人	累计次数	
		向上累计次数	向下累计次数
80 以下	10	10	166
80～90	19	29	156
90～100	48	77	137
100～110	39	116	89
110～120	26	142	50
120～130	16	158	24
130 以上	8	166	8
合计	166	—	—

中位数的位置为 $\frac{\sum f}{2}=83$，说明这个组距数列中第 83 位员工的日产量是中位数。从累计次数可见，第 83 位员工包括在第 4 组，即中位数在 100～110 组距内。

按下限公式计算中位数：

$$M_e = X_L + \frac{\frac{\sum f}{2} - S_{m-1}}{f_m} \cdot d = 100 + \frac{83-77}{39} \times 10 = 101.54（千克）$$

按上限公式计算中位数：

$$M_e = X_U - \frac{\frac{\sum f}{2} - S_{m+1}}{f_m} \cdot d = 110 - \frac{83-50}{39} \times 10 = 101.54（千克）$$

可以看出，无论是用下限公式，还是用上限公式，都可以得到相同的计算结果。

4. 中位数的特点

中位数是一种位置平均数，不受极端值及开口组的影响，具有稳健性。对某些不具有数学特点或不能用数字测定的现象，可用中位数求其一般水平。例如，印染企业对某种布料按不同颜色深浅排列后，可以求出其中位数色泽。

3.3.6 众数

众数是指总体中出现次数最多的标志值，它能直观地说明客观现象分布的集中趋势。它是一种位置平均数，不受数列中异常标志值的影响。例如，在城市居民家庭中，三口之家所占的比重明显高于其他家庭，所以 3 人就是城市居民家庭人数的众数，可以用它来表示城市居民家庭人数的一般水平。

在总体单位数较多且有明显的集中趋势时，计算众数既方便又意义明确。总体单位数少，或虽多但无明显的集中趋势时就不存在众数。当总体中出现次数最多的标志值不是一个，而是多个标志值时，那么这些标志值合起来就是复众数。根据所掌握资料的不同情况，众数的计算方法也不同。

1. 由未分组资料或单项数列确定众数

观察给定的数据，某个标志值出现次数最多，则该标志值即为众数 M_O。这种确定方法比较容易，不需要计算。例如，在表 3-5 中，50 名同学年龄的众数为 22 岁，因为这一组标志值出现的次数最多。

2. 由组距数列确定众数

首先由最多次数确定众数所在的组，然后再用比例插值法推算众数的近似值，其计算公式如下。

下限公式：

$$M_O = X_L + \frac{\Delta_1}{\Delta_1 + \Delta_2} \cdot d$$

上限公式：

$$M_O = X_U - \frac{\Delta_2}{\Delta_1 + \Delta_2} \cdot d$$

上式中，M_O 为众数，X_L 为众数组的下限，X_U 为众数组的上限，Δ_1 为众数组次数与前一组次数之差，Δ_2 为众数组次数与后一组次数之差，d 为众数组的组距。

例 3-24：求表 3-6 中数据的众数。

首先，观察得知次数最多的组为第三组，故该组为众数所在组，相应的上限和下限分别为 100 和 90，代入下限公式可得：

$$M_O = X_L + \frac{\Delta_1}{\Delta_1 + \Delta_2} \cdot d = 90 + \frac{48-19}{(48-19)+(48-39)} \times 10 = 97.63 \text{（千克）}$$

代入上限公式可得：

$$M_O = X_U - \frac{\Delta_2}{\Delta_1 + \Delta_2} \cdot d = 100 - \frac{48-39}{(48-19)+(48-39)} \times 10 = 97.63 \text{（千克）}$$

可以看出，用上述两个公式计算结果是相同的。

3. 众数的特点

众数是一个位置平均数，它只考虑总体分布中最频繁出现的变量值，而不受极端值和开口组数列的影响，从而增强了对变量数列一般水平的代表性。众数是一个不容易确定的平均指标，当变量数列没有明显的集中趋势而趋于均匀分布时，则无众数可言；当变量数列是异距分组时，众数的位置也不好确定。

3.3.7 众数、中位数和算术平均数之间的关系

众数、中位数和算术平均数是集中趋势的三个主要测度值,它们具有不同的特点和应用场合。从分布的角度来看,众数始终是一组标志值分布的最高峰值,中位数是处于一组标志值中间位置上的数值,而算术平均数则是全部数据的算术平均。另外,众数适用于定类、定序、定量(指定距和定比)数据集中趋势的测度,中位数适用于定序、定量数据集中趋势的测度,而算术平均数只适用于定量数据集中趋势的测度。

拓展阅读
算术平均数、众数、中位数的合理运用

实际上,这三者之间的关系与总体分布的特征有关,可以分为以下三种情况:

(1)当总体分布呈对称分布时,三者合而为一,即 $\overline{X} = M_e = M_O$,如图 3-1 所示。

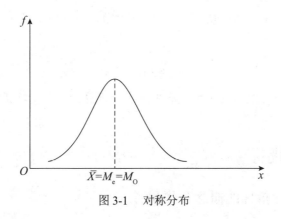

图 3-1 对称分布

(2)当总体分布呈右偏分布时,则 $M_O < M_e < \overline{X}$,如图 3-2 所示。

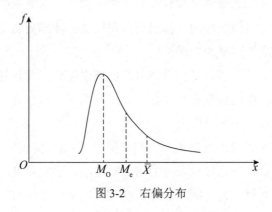

图 3-2 右偏分布

(3)当总体分布呈左偏分布时,则 $\overline{X} < M_e < M_O$,如图 3-3 所示。

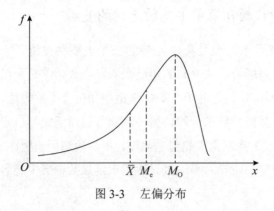

图3-3 左偏分布

可见,对于偏态分布来说,算术平均数的代表性较差,特别是当偏斜程度较大时,应选择众数或中位数作为代表值更好。

英国统计学家卡尔·皮尔逊认为,当总体分布的偏斜程度不是很大时,三者之间有如下关系:

$$M_O = 3M_e - 2\overline{X}$$

利用此经验公式,可根据两个已知的平均指标推算另一个平均指标的近似值。

3.4 标志变异指标

3.4.1 标志变异指标的概念和作用

平均指标是把各标志值之间的差异抽象化,以反映总体的一般水平和集中趋势,而标志变异指标是用来反映各标志值的离散程度或离中趋势。所谓离中趋势,就是变量分布中各标志值背离中心值或代表值的倾向。标志变异指标也称标志变动度,它是用来说明总体中各标志值差别大小或离散程度的指标。

利用标志变异指标,不仅可以看出总体分布的离中趋势,而且与平均指标结合运用,可以更准确地反映总体现象的数量分布特征,对于科学管理与决策具有重要的意义。具体来说,标志变异指标有以下两方面作用:

(1)标志变异指标是评价平均数代表性的依据。平均指标掩盖了各标志值之间的差异,具有抽象性和代表性。但平均指标代表性的高低不是取决于它本身,而是取决于各标志值之间的差异程度。如果各标志值之间的差异程度大,则平均指标的代表性就差;如果各标志值之间的差异程度小,则平均指标的代表性就大。

(2)标志变异指标可用来反映社会生产和其他社会经济活动过程的均衡性或协调性,以及产品质量的稳定性程度。现象的活动过程通常都是以平均指标为中心而呈现波动,波动幅度的大小说明现象活动过程的均衡性、协调性或稳定性,而这种波动同样可以通过标志变异指标来反映。

3.4.2 常用的标志变异指标

常用的标志变异指标主要有：全距、四分位差、平均差、标准差和离散系数等。

1. 全距

全距也称极差，它是总体各单位标志值中最大值与最小值之差。全距越大，说明总体中标志值变动的范围越大。对于未分组资料和单项数列，全距的计算公式如下：

$$R = X_{max} - X_{min}$$

其中，R 代表全距，X_{max} 是指最大标志值，X_{min} 是指最小标志值。

根据组距数列求全距时，可以计算最高组的上限与最低组的下限之差，得到全距的近似值。但当有开口组时，若不知极端数值，则无法求全距。

例 3-25：分析调查甲乙两厂 1 月至 6 月的销售额（单位：万元），数据如下。

甲厂：36　33　39　36　37　35

乙厂：23　29　38　35　40　51

甲厂与乙厂的平均数 $\overline{X} = 36$（万元）

甲厂的全距 $R_甲 = 39 - 33 = 6$（万元）

乙厂的全距 $R_乙 = 51 - 23 = 28$（万元）

分析可知，甲乙两厂的月均销售额相等，均为 36 万元，但乙厂的全距明显大于甲厂，所以甲厂的销售额更稳定和均衡，甲厂平均数的代表性更好一些。

全距越大，反映变量的变动范围越大，即离散程度越大；反之，全距越小，则变量的离散程度越小。全距可反映总体分布的离散程度，容易理解，也方便计算，它在实际生活中有众多的应用。例如，每天天气预报中最高温度与最低温度之间的温差、人体血压中收缩压与舒张压之间的压差等，都是全距的表现。

全距是一个比较粗略的标志变异指标，因为全距只考虑了两个极端标志值之间的差距，未能利用全部标志值的信息，不能全面反映总体中各单位标志值的变异程度，因而在应用上有一定的局限性。

2. 四分位差

如果把变量数列的所有标志值按从小到大的顺序排列，并且四等分，形成三个分割点（Q_1、Q_2、Q_3），这三个分割点的数值就称为四分位数，其中第二个分位数 Q_2 就是中位数。四分位差（Q.D.）就是第三个四分位数 Q_3（上四分位数）与第一个四分位数 Q_1（下四分位数）之差，也称内距或四分间距。其用公式表示如下：

$$Q.D. = Q_3 - Q_1$$

根据定义,当变量数列有 n 个观测值时,第一个四分位数与第三个四分位数在数列中的位置分别是 $\frac{n}{4}$ 和 $\frac{3n}{4}$,所以四分位差就是舍去数列左右两段各 $\frac{1}{4}$ 的数值,仅用中间那部分标志值的全距来充分反映集中于数列中间的 50% 数值的差异程度。其数值越小,说明中间的数据越集中;其数值越大,说明中间的数据越分散。

例 3-26:某单位随机选取了 9 个职工家庭,调查得到每个家庭的人均月消费(单位:元)数据如下。

2 500 2 800 1 880 2 100 3 200 1 950 2 900 4 500 3 680

求该单位职工家庭的人均月消费四分位差。

首先,将数据按从小到大的顺序排列如下:

1 880 1 950 2 100 2 500 2 800 2 900 3 200 3 680 4 500

则下四分位数和上四分位数的位置分别是 $\frac{n}{4}$=2.25 和 $\frac{3n}{4}$=6.75。由此可见,下四分位数落在变量数列的第二个和第三个观察值之间,上四分位数落在变量数列的第六个和第七个观察值之间。这时,我们就需要利用插值原理来计算下四分位数和上四分位数,分别如下:

$$Q_1 = 1\,950 + (2\,100 - 1\,950) \times 0.25 = 1\,987.5 (元)$$

$$Q_3 = 2\,900 + (3\,200 - 2\,900) \times 0.75 = 3\,125 (元)$$

最后,得到该单位职工家庭的人均月消费四分位差如下:

$$\text{Q.D.} = Q_3 - Q_1 = 3\,125 - 1\,987.5 = 1\,137.5 (元)$$

四分位差不受极端数值的影响,在一定程度上反映了中位数的代表性好坏。四分位差数值越大,表明 Q_1 和 Q_3 之间变量分布越远离它们的中点 Q_2,即远离中位数,说明中位数的代表性越差;反之,四分位差数值越小,说明中位数的代表性越好。虽然四分位差能避免极端值的影响,但它仍然只利用了两个位置的信息,没有考虑全部数据的分布情况,所以四分位差的代表性并不全面。

3. 平均差

平均差是变量数列中各单位标志值对其算术平均数离差绝对值的平均数,它反映了各单位标志值对其算术平均数的平均离差。平均差越大,说明各单位标志值的差异程度越大;反之,亦然。

根据所掌握资料的不同情况,平均差 A.D. 的计算分为简单平均差和加权平均差两种形式。

(1)简单平均差

对于未分组资料,采用简单平均差,其计算公式如下:

$$A.D. = \frac{\sum |X - \overline{X}|}{n}$$

（2）加权平均差

对于分组资料，采用加权平均差，其计算公式如下：

$$A.D. = \frac{\sum |X - \overline{X}| f}{\sum f}$$

例 3-27：某企业员工日产量的平均差计算如表 3-7 所示。

表 3-7 某企业员工日产量的平均差计算表

按日产量分组 / 千克	组中值 X	员工数 / 人 f	Xf	$X - \overline{X}$	$\|X - \overline{X}\| f$
80 以下	75	10	750	−27.76	277.6
80~90	85	19	1615	−17.76	337.44
90~100	95	48	4560	−7.76	372.48
100~110	105	39	4095	2.24	87.36
110~120	115	26	2990	12.24	318.24
120~130	125	16	2000	22.24	355.84
130 以上	135	7	945	32.24	225.68
合计	—	165	16955	—	1974.64

$$\text{员工的平均日产量 } \overline{X} = \frac{\sum Xf}{\sum f} = \frac{16\,955}{165} = 102.76 \text{（千克）}$$

$$\text{平均差 } A.D. = \frac{\sum |X - \overline{X}| f}{\sum f} = \frac{1974.64}{165} = 11.97 \text{（千克）}$$

计算结果表明，平均来说该企业员工的日产量与平均日产量相差 11.97 千克。

由于平均差考虑了变量数列中全部数据变动的影响，因而它能够比较全面反映所研究总体的标志变异程度，比全距、四分位差更能充分反映数据的离散程度。但由于平均差在计算过程中需要取绝对值，不便于进一步的代数运算，所以其应用有一定的局限性。

4. 标准差

标准差是总体各单位标志值与其算术平均数离差平方的算术平均数的平方根，又称均方差，通常以 σ 或 S.D 表示标准差。标准差的平方称为方差，用 σ^2 表示。标准差和方差是测度变量分布离散程度的最重要指标，在统计学中具有非常重要的作用。

拓展阅读

平均数与标准差的含义与联系

根据所掌握的资料情况不同，标准差也分为简单标准差和加权标准差两种形式。

（1）简单标准差

对于未分组资料，采用简单标准差，其计算公式如下：

$$\sigma = \sqrt{\frac{\sum(X-\overline{X})^2}{n}} = \sqrt{\frac{\sum X^2}{n} - \overline{X}^2}$$

上式中，σ 为标准差。

（2）加权标准差

对于已分组资料，采用加权标准差，其计算公式如下：

$$\sigma = \sqrt{\frac{\sum(X-\overline{X})^2 f}{\sum f}} = \sqrt{\frac{\sum X^2 f}{\sum f} - \overline{X}^2}$$

例 3-28：某企业员工日产量的标准差计算如表 3-8 所示。

表 3-8 某企业员工日产量的标准差计算表

按日产量分组/千克	组中值 X	员工数/人 f	Xf	$X-\overline{X}$	$(X-\overline{X})^2 f$
80 以下	75	10	750	−27.76	7 706.176
80～90	85	19	1 615	−17.76	5 992.934
90～100	95	48	4 560	−7.76	2 890.445
100～110	105	39	4 095	2.24	195.6864
110～120	115	26	2 990	12.24	3 895.258
120～130	125	16	2 000	22.24	7 913.882
130 以上	135	7	945	32.24	7 275.923
合计	—	165	16 955	—	35 870.3

$$\text{标准差 } \sigma = \sqrt{\frac{\sum(X-\overline{X})^2 f}{\sum f}} = \sqrt{\frac{35\,870.3}{165}} = 14.74 \text{（千克）}$$

标准差的意义与平均差基本相同，但它在数学处理上比平均差更合理，也更优越。另外，由于标准差是根据总体中所有单位的标志值计算的，可以全面反映总体各单位标志值的离散程度，它是测定标志变异程度最重要、最常用的指标。需要注意的是，用标准差衡量两个平均数代表性的大小时，要保证两个平均数必须相等，否则不能通过直接比较标准差大小来衡量平均数的代表性高低。

在统计中，通常用 σ 和 σ^2 分别表示总体的标准差和方差。当总体单位数很大时，我们通过抽样获得样本，就需要计算样本的标准差与方差。此时，样本的方差与标准差分别记作 S^2 和 S，其计算公式分别如下：

$$S^2 = \frac{\sum(X-\overline{X})^2}{n-1}$$

$$S = \sqrt{\frac{\sum(X-\overline{X})^2}{n-1}}$$

值得注意的是，在计算样本的方差和标准差时，分母是 $n-1$，而不是 n，这是因为样本方差和标准差的自由度为 $n-1$。当 n 很大时，可以忽略 n 与 $n-1$ 之间的区别。

5. 离散系数

全距、四分位差、平均差和标准差等都是反映变量分布离散程度的绝对指标，其数量大小取决于变量值本身水平，即均值水平的高低，并有明确的计量单位，所以不同均值水平和不同计量单位的绝对离散指标是不能直接比较的。为了实现不同变量分布之间离散程度的可比性，必须消除不同均值水平和计量单位的影响，计算相对离散指标——离散系数。

离散系数，也称为标志变动度系数，是标志变异指标与总体平均数的对比值，它消除了变量值本身水平和计量单位的影响，反映了离散的相对程度。最常用的相对离散指标是根据标准差与算术平均数对比计算的离散系数，一般将其称为标准差系数 V_σ，计算公式如下：

$$V_\sigma = \frac{\sigma}{\overline{X}} \times 100\%$$

离散系数越大，说明平均数的代表性越差，变量分布越不均衡；反之，离散系数越小，说明平均数的代表性越好，变量分布越均衡。

例 3-29：根据表 3-8 的有关结果，计算该企业员工日产量的标准差系数。

$$V_\sigma = \frac{\sigma}{\overline{X}} = \frac{14.74}{102.76} \times 100\% = 14.34\%$$

假如已知另一企业员工日产量的标准差为 14.76，均值为 103.25，请问哪一家企业员工日产量更均匀（或均值更具有代表性）？

这里，计算另一企业员工日产量的标准差系数如下：

$$V_\sigma = \frac{\sigma}{\overline{X}} = \frac{14.76}{103.25} \times 100\% = 14.29\%$$

然后，进行比较不难发现，虽然另一企业的标准差大于某企业，但另一企业标准差系数却小于某企业，所以另一企业员工日产量更均匀（或均值更具有代表性）。

3.5 偏态与峰度

虽然集中趋势和离散程度是变量分布的两个重要特征，但还应该全面了解变量分布的形状是否为对称分布、偏斜的程度以及分布的扁平程度等。偏态和峰度是对分布形状的测度。

3.5.1 偏态系数

偏态与平均数和标准差一样,是反映次数分布特征的又一重要指标。在实际生活中,变量次数分布的形状并非都是正态的,即次数分布并非都是完全对称的,有时会呈现出偏斜的分布状况,统计上一般将其称为偏态分布。

偏态是对分布偏斜方向和程度的测度,即对次数分布的非对称性的测度。偏斜方向是指分布密度曲线是正偏还是负偏,通常由偏度系数的正负号来确定;偏斜程度是分布密度曲线的非对称性的大小,通常用偏态系数绝对值的大小来衡量。

偏态通常分为两种:左偏(或负偏)和右偏(或正偏)。它们是以对称分布为标准相比较而言的。一般我们可以通过偏态系数 α 来判断偏态的方向和偏斜的程度。

统计分析中测定偏态系数的方法有很多,一般常采用如下公式:

$$\alpha = \frac{\sum (X - \overline{X})^3 f}{\sigma^3 \sum f}$$

从上式可以看到,偏态系数是离差三次方的平均数再除以标准差的三次方。当分布对称时,离差三次方后正负离差可以相互抵消,因而 α 的分子等于 0,则 $\alpha=0$;当分布不对称时,正负离差不能抵消,就形成了正或负的偏态系数 α;当 α 为正值时,表示正偏离差值较大,可以判断为正偏或右偏;反之,当 α 为负值时,表示负偏离差值较大,可以判断为负偏或左偏。

偏态系数 α 的数值一般在 0 与 ±3 之间。α 越接近于 0,分布的偏斜度越小;α 越接近于 ±3,分布的偏斜度越大。

例 3-30:对某班 30 名女生身高测量的数据如表 3-9 所示,计算其偏态系数。

表 3-9 某班 30 名女生分布偏态系数计算表

按身高分组	组中值 X	人数 f / 人	Xf	$(X-\overline{X})^2 f$	$(X-\overline{X})^3 f$	$(X-\overline{X})^4 f$
145cm 以下	140	1	140	441	-9 261	194 481
145~155cm	150	5	750	605	-6 655	73 205
155~165cm	160	15	2 400	15	-15	15
165~175cm	170	8	1 360	648	5 832	52 488
175cm 以上	180	1	180	361	6 859	130 321
合计	—	30	4 830	2 070	-3 240	450 510

利用相关数据计算:

$$\overline{X} = \frac{\sum Xf}{\sum f} = \frac{4\,830}{30} = 161 \text{(cm)}$$

$$\sigma = \sqrt{\frac{\sum(X-\overline{X})^2 f}{\sum f}} = \sqrt{\frac{2\,070}{30}} = 8.31 \text{(cm)}$$

$$\alpha = \frac{\sum(X-\overline{X})^3 f}{\sigma^3 \sum f} = \frac{-3\,240}{8.31^3 \times 30} = -0.19$$

计算结果表明,该班女生身高的分布状况呈现轻微负偏（左偏）分布。

3.5.2 峰度系数

峰度是分布集中趋势高峰的形状,用于反映次数分布曲线顶端的尖峭程度。在变量数列的分布特征中,常常将次数分布曲线与正态分布曲线相比较,从而判断是尖顶还是平顶以及尖顶或平顶的程度。峰度通常分为三种：正态峰度、尖顶峰度和平顶峰度。峰度系数 β 的计算公式如下：

$$\beta = \frac{\sum(X-\overline{X})^4 f}{\sigma^4 \sum f}$$

由于正态分布的峰度为 3,当其大于 3 时为尖顶分布,当其小于 3 时为平顶分布,如图 3-4 所示。

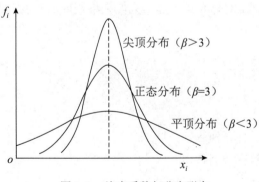

图 3-4　峰度系数与分布形态

例 3-31：以表 3-9 中某班 30 名女生的身高数据为例,计算其峰度系数。

$$\beta = \frac{\sum(X-\overline{X})^4 f}{\sigma^4 \sum f} = \frac{450\,510}{8.31^4 \times 30} = 3.15$$

计算结果表明,该班女生身高的分布呈尖顶峰度,且由于峰度测度比较接近于 3,故与正态分布差距不大，各变量值分布较为均匀。

本章小结

1. 总量指标是反映社会经济现象在一定时间、地点、条件下的总规模或总水平的统计指标，也称绝对指标或绝对数。总量指标的计算方法有两种，一种是直接计算法，另一种是推算与估算法。总量指标是基础指标，其他指标是在其基础上衍生出来的。

2. 相对指标是用两个有联系指标的比值来反映社会经济现象的数量特征和数量关系的统计指标。相对指标可分为计划完成相对指标、结构相对指标、比例相对指标、比较相对指标、强度相对指标和动态相对指标六种。

3. 平均指标反映了总体的一般水平和集中趋势，它可分为数值平均数和位置平均数。数值平均数是根据所有单位的标志值计算的平均数，包括算术平均数、调和平均数和几何平均数。对于未分组资料，一般用简单平均数的计算公式；对于分组资料，一般要用加权平均数的计算公式。位置平均数是根据某些单位标志值在分布数列中的位置来确定的平均数，包括众数、中位数等。对于未分组资料，众数和中位数的确定比较简单，但是对于分组资料需要运用下限公式或上限公式来计算，但两者计算的结果是一致的。

4. 标志变异指标是用来说明总体中各标志值差别大小或离散程度的指标。常用的标志变异指标有全距、四分位差、平均差、标准差和离散系数等。对于平均水平有差异、计量单位不同的不同总体进行离散程度的比较时，需要计算标准差系数。

5. 偏态是对分布偏斜方向和程度的测度，可用偏态系数来表示；峰度是对分布集中趋势高峰尖峭程度的测度，可用峰度系数来表示。

练习题

一、思考题

1. 时期指标和时点指标有何区别与联系？
2. 什么是权数？权数有什么作用？
3. 在实际应用中，调和平均数与算术平均数有什么联系？
4. 数值平均数与位置平均数有何区别？
5. 简述众数、中位数和算术平均数的特点和应用场合。
6. 什么是标志变异指标？常用的标志变异指标有哪些？
7. 为什么要计算离散系数？

二、计算操作题

1. 某公司所属三个工厂近两年产量完成资料如下，请计算并填写表中空格处的数字。

分组	上年实际产量/吨	本年计划		本年实际		本年计划完成程度/%	本年实际完成程度/%
		产量	比重	产量	比重		
甲厂	90	（ ）	20	110	（ ）	（ ）	（ ）
乙厂	（ ）	150	（ ）	（ ）	（ ）	（ ）	115
丙厂	230	（ ）	（ ）	237	（ ）	（ ）	（ ）
合计	（ ）	500	（ ）	498	（ ）	（ ）	（ ）

2. 某企业 2019 年产品销售量计划为上年的 108%，2018—2019 年动态相对指标为 114%，试计算 2019 年产品销售计划完成程度。

3. 某地区 2018—2019 年地区生产总值资料如下表所示（单位：亿元）。

分组	2018 年	2019 年
地区生产总值	21 897	24 437
其中：第一产业	1 741	1 830
第二产业	10 882	12 157
第三产业	9 274	10 450

根据上述资料：

（1）计算 2018 年和 2019 年第一产业、第二产业、第三产业的结构相对数和比例相对数；

（2）计算该地区生产总值、第一产业、第二产业、第三产业增加值的动态相对数及增长百分比。

4. 现有甲、乙两个地区粮食产量和人口资料如下表所示。

指标	甲地区		乙地区	
	2018 年	2019 年	2018 年	2019 年
粮食产量/万吨	1 194	1 226	2 188	2 464
年平均人口数/万人	3 835	3 864	4 569	4 625

试通过计算动态相对数、强度相对数和比较相对数来简单分析甲、乙两地区粮食产量的发展情况。

5. 某酒店到三个农贸市场买草鱼，其每千克的单价分别为：9 元、9.4 元、10 元，若各买 5 千克，则平均价格为多少？若分别购买 100 元，则平均价格又为多少？

6. 某种产品的生产需经过 10 道工序的流水作业，有 2 道工序的合格率都为 90%，有 3 道工序的合格率为 92%，有 4 道工序的合格率为 94%，有 1 道工序的合格率为 98%，试计算平均合格率。

7. 甲班 50 名学生统计学考试成绩如下表所示。

考试成绩 / 分	学生人数 / 人
60 以下	2
60～70	8
70～80	25
80～90	10
90 以上	5
合计	50

要求：

（1）计算算术平均数、中位数和众数；

（2）计算标准差和标准差系数；

（3）计算偏度系数和峰度系数；

（4）如果乙班的统计学考试平均成绩为 80 分，标准差为 10 分，请问哪一个班级的平均成绩更具有代表性？

8. 某笔投资的年利率资料如下表所示。

年利率 /%	年数 / 年
2	1
4	3
5	6
7	4
8	2

要求：

（1）若年利率按复利计算，则该笔投资的平均年利率为多少？

（2）若年利率按单利计算，即利息不转为本金，则该笔投资的平均年利率为多少？

三、案例分析题

"平均"也有大学问

我们假设有一家新开的瘦身中心，学员只有 5 人。一个月之后，其中有一位"超级大户"学员，从 219 公斤降到 200 公斤，减了 19 公斤；另外 4 位不仅没减，还各重了 1 公斤。结果瘦身中心开始大打广告，"全体学员平均一个月减重 3 公斤"。广告说的完全是实话，却掩盖了"大部分学员的体重不减反增"的事实。要避免这种情况的发生，则可以考虑使用"中位数"，即把所有数字从小到大排序之后，取最中间的那个数；如果数字有偶数个，则取最中间两个数的平均数。

中位数严格来说不能算是一种平均，但是常有人把中位数和平均数相提并论，因为它和平均数一样，都是整组数字的一个"代表"，然而二者传达的信息不太一样。

当数字的分布大致来说左右平衡时，平均数会很接近中位数；如果左右不平衡，有一边出现少数极端值时，则平均数就会靠向有极端值的那一边。中位数的意义比较明确，它永远在最中间，有一半数字大于或等于它，另一半则小于或等于它。平均数的代表性就不是那么明确。

瘦身中心的例子就符合这种状况，而此时若把平均数当作整组数字的代表，明显会产生误导。这个例子的效果之所以比较戏剧化，主要是因为学员人数很少；当人数多时，少数极端值的影响就会随着人数增加而递减。

应该用中位数还是用平均数作为代表要视情况而定，基本上是看我们需要怎样的信息来决定。比如，想知道冰箱里要准备多少鲜奶才够，那么我们需要知道家人平均一天喝多少鲜奶，此时平均数才可以还原成总数。

长期以来大家都习惯用平均数，但是有的时候，中位数反而能提供给我们更确定的信息。下面这则媒体报道就是个很好的例子。例如，美国食品药物管理局新核准的一种标靶治疗新药，可有效提升局部晚期头颈癌病人存活率，若使用此药于临床治疗，可将存活时间中位数由 29.3 个月提升到 49 个月。

以存活时间来说，平均数和中位数，哪一个会给病人较多信息呢？

假设医师提供的是病人的平均存活时间而非中位数的话，我们并没有办法做出一个具体评估。何况还有一个可能性，就是少数几个病人活特别久，把平均数给拉大了，这就类似前面所说瘦身中心的情况，此时平均数所提供的信息还会产生误导。

如果是比较罕见的疾病，或者某个新疗法实施的时间还不够久、病人资料还不多时，都必须把这种可能性考虑进去。而"中位数提升到 49 个月"就是很明确的信息，它明白告诉我们：约有一半病人存活超过 49 个月、一半不足此数。所以病人可以据此做出估计：若用旧的疗法，他有约一半的机会，存活超过 29.3 个月，而用新疗法的话，他则有约一半的机会，存活超过 49 个月。

[案例节选来源：郑惟厚."平均"也有大学问 [J]. 中国统计，2008（01）：45-46.]

根据上述案例内容，思考以下问题：

1. 请分析说明何时该用平均数，何时该用中位数？
2. 瘦身中心与癌症新疗法的例子是否都反映了中位数比平均数更优越？为什么？

学习目标

- ◆ 理解和掌握动态数列的概念、种类和编制原则;
- ◆ 理解和掌握动态数列的水平分析指标的含义和计算方法;
- ◆ 理解和掌握动态数列的速度分析指标的含义和计算方法;
- ◆ 理解和掌握动态数列的影响因素、分析模型、分析方法及其应用。

重点与难点

- ◆ 平均发展水平的计算及分析,平均发展速度的计算及分析;
- ◆ 趋势方程的拟合及预测,季节比率的测定。

【思政案例导入】

从数据看海南特区 30 年发展

海南在中央的支持下,承载着建设全国最大经济特区的使命,从一个基础薄弱的国防前哨发展成为举世瞩目的国际旅游岛。在 40 年改革开放大潮中,海南发展呈现出明显的区域特征。无论是经济实力提升,还是产业结构变迁,或是体制机制改革均可圈可点。但面对当前"两个一百年"的战略布局,海南经济特区如何肩负更为艰巨的历史使命,如何承担更为深远的改革开放,如何推进现代化经济体系建设,对助推现代化海洋强国建设进程意义重大。

自1988年建省办特区以来，海南GDP总量由1988年的77亿元增长至2017年的4 462.54亿元，年均增长11.2%，高于全国年均9.4%的增长水平，但低于深圳年均22.94%的增长水平。在经济总量稳步增长的同时，海南人均国内生产总值也快速增加。从人均GDP来看，1988—2017年，海南人均GDP由1988年的1 220元增长至2017年的48 825元，年均增长14.6%，高于深圳12.23%和全国14.5%的增长水平。

自1988年建省办特区以来，海南一般预算收入总量由4.82亿元增长至2017年的674.1亿元，年均增长21.42%，高于全国16.09%的平均水平，但略低于深圳23.66%的平均水平，若按分税前收入计算，则增长水平更高。需要注意的是，自1988年以来海南一般预算收入占GDP比重稳步上升，2009年以来，一般预算收入占GDP比重超过10%，2017年达到15.11%，这反映出海南GDP增长带来的税源逐步拓展，单位GDP财税贡献度逐年提高，产业转型升级效果明显。而与房地产相关的税收收入占税收比例逐年下降。

自1988年来，海南城镇居民人均可支配收入由1 196元增长至2017年的30 817元，年均增长12.4%，低于全国12.74%的平均水平，略高于深圳12.19%的平均水平。农村居民人均可支配收入由1988年的609元增长至2017年的12 902元，年均增长11.39%，低于全国11.9%的平均水平，略高于深圳11.03%的平均水平。另外，海南城乡居民收入差距呈缩小趋势，1988年至2010年基本呈递增趋势，收入比由1.96∶1增为2.95∶1，2011年以来持续回落，2017年为2.39∶1。海南城乡居民收入差距除1997年高于深圳水平外，其他年份均低于深圳水平。

自1988年来，30年间海南居民消费价格指数仅有10年时间低于全国物价水平，其余年份均高出全国物价水平1～2个百分点。将30年来物价数据转换成以1978年为基年的价格定基指数，可以得到，2017年全国居民消费价格指数是1978年的6.27倍，而2017年海南居民消费价格指数是1978年的8.04倍。海南物价水平明显高于全国。

资料来源：钱耀军. 从数据看海南经济特区三十年发展 [J]. 中国统计, 2018（09）: 26-28.

在上述案例中，通过对1988—2017年海南经济特区30年的经济发展数据进行对比，可以看出海南经济特区的建设成绩斐然，所以根据这些统计数据总结发展成就、分析发展特征、研判发展任务、思考发展方向是海南经济特区在新的形势下面临的重要课题。本章主要介绍动态数列的编制、动态数列的水平分析指标、动态数列的速度分析指标以及如何对动态数列进行影响因素分析等内容。

4.1 动态数列概述

4.1.1 动态数列的概念与作用

动态数列又称时间序列,是将某种现象的一系列同类统计指标,按时间先后顺序排列起来,用来研究现象发展变化的水平和速度,并以此预测未来发展趋势的一种统计方法,如表 4-1 所示。

表 4-1　2014—2018 年高等学校研发经费支出　　　　　　亿元

年份	2014	2015	2016	2017	2018
基础研究	328.6	391.0	432.5	531.1	589.9
应用研究	476.4	516.3	528.4	623.1	711.5
试验发展	93.1	91.3	111.4	111.8	156.5
政府资金	536.5	637.3	687.8	804.5	972.3
企业资金	302.7	301.5	310.5	360.4	387.2
合计	1 737.3	1 937.4	2 070.6	2 430.9	2 817.4

由表 4-1 可以看出,动态数列由两大要素构成:一个是统计指标所属的时间;另一个是统计指标在不同时间上的观测值。

任何事物都在不断地变化,反映客观事物的统计指标也会随着时间的推移而发生改变。为了解、揭示和掌握事物发展变化的过程和特点,研究事物发展变化的趋势和规律,并运用这种规律对未来状况进行科学预测,就需要对描述事物状态的各种统计指标的变化进行观测记录,从而形成各指标的时间序列或动态数列。

动态数列具有重要的作用,不仅可以描述社会经济现象的发展状况和结果,而且可以研究社会经济现象的发展速度、发展趋势,探索社会经济现象发展与变化的规律,还可以对社会经济现象的未来状况进行科学预测。

4.1.2 动态数列的种类

按统计指标的性质不同,动态数列可以分为绝对数动态数列、相对数动态数列和平均数动态数列。

1. 绝对数动态数列

把一系列同类的总量指标按时间先后顺序排列起来所形成的动态数列,称为绝对数动态数列。绝对数动态数列又可分为时期数列和时点数列。

(1) 时期数列。在绝对数动态数列中,如果各项指标都是反映某种现象在一段时间内发展过程的总量,这种绝对数动态数列就称为时期数列。如表 4-1 中所列的 2014—2018 年基础研究数据就构成一个时期数列。时期数列有以下三个特点。

第一,数列中各个指标的数值是可以相加的,即相加具有一定的经济意义。如表 4-1 中 2014—2018 年基础研究的科研经费支出总共为 2 273.1 亿元。

第二,数列中每一个指标数值的大小与所属的时期长短有直接关联。在时期数列中,每个指标所包括的时间长度称为"时期"。时期的长短主要根据研究目的而定。一般来说,时期越长,指标数值就越大;反之,指标数值就越小。

第三,数列中每个指标的数值,通常是通过连续不断地登记而取得的。

(2) 时点数列。在绝对数动态数列中,如果各项指标都是反映现象在某一时点上(瞬间)所处的数量水平,这种绝对数动态数列就称为时点数列。例如,2015—2019 年年末我国 60 周岁及以上人口数构成的数列就是时点数列。时点数列具有如下三个特点。

第一,数列中各个指标的数值是不能相加的,相加不具有实际经济意义。这是由于时点数列中每个指标都是表明某一时点瞬间上现象的数量,相加以后会出现重复计算,无法具体说明是哪一时点的数量。例如,不能将每年年末的人口统计数据相加,因为这种相加得到的数据是没有任何意义的。

第二,数列中每一个指标数值的大小与其时间间隔长短没有直接联系。在时点数列中,两个相邻指标在时间上的距离叫"间隔"。由于时点数列每个指标数值只表明现象在某一时点上的数量,它的指标数值大小只取决于现象本身的发展规律,而与时间间隔长短没有直接联系。

第三,数列中每个指标的数值,通常是经过一段时期后在某一时间点上登记一次而取得的。

2. 相对数动态数列

把一系列同类的相对指标按时间先后顺序排列起来形成的动态数列,称为相对数动态数列。如表 4-2 中出生率、死亡率和自然增长率都是相对数动态数列。它反映现象对比关系的发展变化情况,说明社会经济现象的比例关系、结构、速度的发展变化过程。在相对数动态数列中,各个指标数值是不能相加的。

表 4-2 人口出生率、死亡率和自然增长率

年份	出生率 /‰	死亡率 /‰	自然增长率 /‰
2012	12.10	7.15	4.95
2013	12.08	7.16	4.92
2014	12.37	7.16	5.21
2015	12.07	7.11	4.96
2016	12.95	7.09	5.86
2017	12.43	7.11	5.32
2018	10.94	7.13	3.81

资料来源:《中国统计年鉴 2019》。

3. 平均数动态数列

将同一平均数指标在不同时间上的数值按时间先后顺序排列而形成的数列，称为平均数动态数列。如表 4-3 中平均预期寿命为平均数动态数列，它反映现象总体的一般水平和发展变化的过程。在平均数动态数列中，各个指标数值也不能相加，相加后的结果也无实际意义。

表 4-3　平均预期寿命　　　　　　　　　岁

年份	男	女	平均
1981	66.28	69.27	67.77
1990	66.84	70.47	68.55
2000	69.63	73.33	71.40
2005	70.83	75.25	72.95
2010	72.38	77.37	74.83
2015	73.64	79.43	76.34

资料来源：《中国统计年鉴 2019》。

4.1.3　动态数列的编制原则

编制动态数列的目的是通过同一指标不同时间的数值对比来反映社会现象的发展过程及其变化规律。因此，编制动态数列应遵守的基本原则就是要保证数列中各个指标之间的可比性。具体来说，应注意以下几点。

1. 时期长短应该统一

在时期数列中，由于各个指标数值的大小与时期长短有直接的关系，所以各个指标所属的时期长短应当前后统一。时期越长，指标数值就越大；反之，就越小。时期长短不一，就很难直接比较，但有时为了特殊的研究目的，也可将时期不等的指标编制成时期数列。而对于时点数列来说，由于各个指标只反映现象在某一时点的状态，所以不存在间隔长短应该统一的问题，两个时点间隔长短对时点指标数值的大小没有直接影响，但为了更有利于对比，时点间隔最好能保持一致。

2. 总体范围应该一致

总体范围一致是保证各项数据之间可比性的前提。总体范围发生变化，指标数值必然不同。如果前后期进行比较时，总体范围不一致，则必须对资料进行适当调整，使总体范围一致之后再进行比较。

3. 指标含义和经济内容应该一致

在编制较长时期的动态数列时，特别要注意在不同时期中动态数列指标含义保持一致。例如，统计某地工业生产发展情况，用产值指标进行前后比较，如果有时用总产值，有时用增加值，那这种比较就没有意义。只有保证动态数列前后数据的经济含义完全一致，才有研究价值。

4. 计算口径应该统一

计算口径是指计算方法、计量单位等。例如，在统计某企业劳动生产率的增长情况时，如果各期指标的计算方法不一致，有的按产品的实物量计算，有的按价值量计算。由于各指标之间没有可比性，就不能科学准确地说明企业劳动生产率的变动情况。

拓展阅读

也谈时间序列的可比性原则

4.2 动态数列的水平分析指标

动态数列的水平是指社会经济现象的发展水平。动态数列的水平分析指标就是通过计算各种动态数列的"水平指标"来描述、刻画和测度现象总体发展水平的动态变化特征。动态数列水平分析指标包括发展水平、平均发展水平、增长量和平均增长量四个指标。

4.2.1 发展水平

动态数列中的每一个指标都叫发展水平，通常用 a 表示。它反映社会经济现象在某一时期或某一时点上的规模或水平。在动态数列中，发展水平可以是总量指标，也可以是相对指标或平均指标，所以它既可以用绝对数表示，也可以用相对数或平均数表示。

通常一个动态数列用 $a_0, a_1 \cdots, a_n$ 表示。依据发展水平在动态数列中位置的不同，我们把 a_0 称为最初水平，a_n 称为最末水平，处于二者之间的各时期指标值称为中间水平。在进行动态数列分析时，所研究时期的发展水平称为报告期水平，用作对比基础的发展水平称为基期水平。应当注意的是，随着研究目的的改变，发展水平的名称也会随之变动，比如现在的报告期水平可以成为将来的基期水平，某个动态数列的最末水平也可以是另一动态数列的最初水平等。

表 4-4 中，2014 年年末户籍登记人口数 2 343.4 万人是最初水平，2018 年年末户籍登记人口数 2 358.9 万人是最末水平，其余各项数值为中间各项水平。若用符号表示，即 2014—2018 年分别用 $a_0, a_1, a_2, a_3, a_4, a_5$ 表示。如果把 2018 年人口数与 2014 年人口数进行对比，那么 2014 年人口数是最初水平，也是基期水平，而 2018 年人口数是最末水平，也是报告期水平。因此，基期水平是作为对比的基础时期的水平，而报告期水平是所研究时期的水平。

表 4-4 2014—2018 年年末我国户籍登记人口数　　　　万人

年份	2014	2015	2016	2017	2018
年末人口数	2 343.4	2 349.2	2 354.0	2 357.1	2 358.9

4.2.2 平均发展水平

1. 平均发展水平的概念

平均发展水平是对现象不同时期的发展水平求平均数，统计上又叫序时平均数或动态平均数，它概括性地描述出所研究的现象在一段时间内所达到的一般水平。由于不同动态数列中观察值的表现形式不同，序时平均数有不同的计算方法。

序时平均数与一般平均数有区别，也有联系。两者都是将现象的个别数量差异抽象化，概括地反映现象的一般水平。两者的不同点如下：

第一，计算方法不同。序时平均数是同一现象在不同时期上发展水平的平均，从动态上说明其在某一段时间内发展的一般水平，它是根据动态数列来计算的；而一般平均数是同质总体内各单位标志值的平均，从静态上说明其在具体历史条件下的一般水平，它是根据变量数列来计算的。

第二，差异抽象化不同。序时平均数是对同一现象不同时间上的数值差异的抽象化，而一般平均数是对总体同一时间上某一数量标志值差异的抽象化。

第三，作用不同。序时平均数还可以解决动态数列中某些可比性问题，而一般平均数则不可以。

例4-1：某车间各月工业增加值如表4-5所示。

表4-5　某车间各月工业增加值　　　　　　　　　　　　　万元

月份	1	2	3	4	5	6	7	8	9	10	11	12
增加值	32	40	37	43	56	50	60	64	70	66	74	84

从表4-5可以看出，数列反映的增加值参差不齐，变化趋势不明显。如果计算出各季每月的平均增加值（序时平均数），就可以看出它的发展趋势是不断增长的，变化趋势比较明显，如表4-6所示。

表4-6　某车间各季度工业增加值　　　　　　　　　　　　　万元

季度	一季度	二季度	三季度	四季度
各季度每月平均增加值	109	149	194	224

2. 平均发展水平的计算

按统计指标的性质不同，动态数列可以分为绝对数动态数列、相对数动态数列和平均数动态数列。那么，平均发展水平（序时平均数）的计算可根据绝对数动态数列计算，也可根据相对数动态数列或平均数动态数列来计算。其中，绝对数动态数列序时平均数的计算方法是最基本的一种方法。

1）绝对数动态数列序时平均数的计算

绝对数动态数列分为时期数列和时点数列，它们各具有不同性质，因而计算序时平均数的方法也就不一样。

（1）时期数列计算序时平均数。由于时期数列具有可加性，数列中各项指标数值相加等于全部时期的总量，所以只需采用简单算术平均法就可得到序时平均数，其计算公式如下：

$$\bar{a} = \frac{a_1 + a_2 + \cdots + a_n}{n} = \frac{\sum_{i=1}^{n} a_i}{n}$$

上式中，$\bar{a}$ 代表序时平均数，a_i 表示各时期发展水平（$i=1,2,\cdots,n$），n 为时期数列项数。

例 4-2：某企业 2018 年上半年各月产量如表 4-7 所示，求上半年平均月产量。

表 4-7　某企业 2018 年上半年各月产量　　　　　　　　　　　　万件

月份	1	2	3	4	5	6
产量	120	200	250	430	450	300

上半年平均月产量 $\bar{a} = \dfrac{\sum a_i}{n} = \dfrac{120+200+250+430+450+300}{6} = 291.67$（万件）

（2）时点数列计算序时平均数。时点数列的序时平均数是假定在某一时间间隔内现象的增减变动比较均匀或波动不大的前提下推算出来的近似值。

时点数列中有的指标数值是逐日登记的，可将这种时点数列称为连续时点数列；有的却是间隔较长一段时间才登记一次，如月末、季末、年末，这种时点数列被称为间断时点数列。时点数列的序时平均数计算可以分为以下几种。

①如果时点数列是连续时点数列，可分为连续变动的连续时点数列和非连续变动的连续时点数列两种情况。

a. 连续变动的连续时点数列求序时平均数。连续时点数列每日的指标数值都有变动，逐日登记并逐日给出资料，则称之为连续变动的连续时点数列。连续变动的连续时点数列计算序时平均数方法与时期数列计算方法相同，采用简单算术平均数方法计算，计算公式如下：

$$\bar{a} = \frac{a_1 + a_2 + \cdots + a_n}{n} = \frac{\sum_{i=1}^{n} a_i}{n}$$

其中，n 为时点数列的项数。例如，逐日给出某企业的出勤人数，可用每天出勤人数之和除以天数即得该段时间出勤人数的序时平均数；再如，已知某企业某月份每天拥有的生产用设备台数，将每天的生产用设备台数相加之后除以天数，即得该月份生产用设备的序时平均数。

b. 非连续变动的连续时点数列求序时平均数。被研究现象不是逐日变动，而是间隔几日变动一次，一般仅在时点指标数值发生变动时进行登记，则称之为非连续变动的连续时点数列。非连续变动的连续时点数列求序时平均数采用加权算术平均法计算，计算公式如下：

$$\bar{a} = \frac{\sum_{i=1}^{n} a_i f_i}{\sum_{i=1}^{n} f_i}$$

其中，f_i 为每次变动持续的间隔长度。

例 4-3：某厂的职工人数自 7 月 1 日至 10 日为 258 人，7 月 11 日至 7 月底职工人数均为 279 人，则该厂 7 月份平均职工人数如下：

$$\bar{a} = \frac{\sum_{i=1}^{n} a_i f_i}{\sum_{i=1}^{n} f_i} = \frac{258 \times 10 + 279 \times 21}{31} = 272（人）$$

② 如果时点数列是间断时点数列，可根据间隔时间是否相等，分为间隔相等的间断时点数列和间隔不等的间断时点数列两种。

a. 间隔相等的间断时点数列求序时平均数。每隔一定时间登记一次，组成间隔相等的间断时点数列，如每月末统计一次的商品库存量、每 10 年普查一次的全国人口数等，均称为间隔相等的间断时点数列。间隔相等的间断时点数列计算序时平均数采用简单算术平均法计算，实际中由于此数列中都是时点指标，经过整理转化后其计算方法称为"首末折半法"。例 4-4 中详细介绍了这种方法。

例 4-4：根据表 4-8 计算 2018 年第二季度某商品平均库存量。

表 4-8　某商品 2018 年第二季度商品库存量　　　　　　　　　　件

日期	3 月 31 日	4 月 30 日	5 月 31 日	6 月 30 日
库存量	3 000	3 300	2 680	2 800

现假定：每天变化是均匀的，本月初与上月末的商品库存量相等，则各月平均库存量如下：

$$4月份\bar{a} = \frac{3\,000 + 3\,300}{2} = 3\,150（件）$$

$$5月份\bar{a} = \frac{3\,300 + 2\,680}{2} = 2\,990（件）$$

$$6月份\bar{a} = \frac{2\,680 + 2\,800}{2} = 2\,740（件）$$

$$第二季度平均库存量 = \frac{1}{3}(3\,150 + 2\,990 + 2\,740) = 2\,960（件）$$

上面计算可合并简化如下：

$$\text{第二季度平均库存量} = \frac{\frac{3\,000+3\,300}{2}+\frac{3\,300+2\,680}{2}+\frac{2\,680+2\,800}{2}}{3}$$

$$= \frac{3\,150+2\,990+2\,740}{3} = 2\,960(\text{件})$$

以上计算过程概括为一般公式：

$$\bar{a} = \frac{\frac{a_1+a_2}{2}+\frac{a_2+a_3}{2}+\cdots+\frac{a_{n-1}+a_n}{2}}{n-1} = \frac{\frac{a_1}{2}+a_2+a_3+\cdots+a_{n-1}+\frac{a_n}{2}}{n-1}$$

上式中，n 为动态数列项数。统计上一般将这种计算方法称为"首末折半法"。因此，在对间隔相等的间断时点数列求序时平均数时，采用"首末折半法"。

b. 间隔不等的间断时点数列求序时平均数。间隔不等的间断时点数列计算序时平均数采用加权算术平均数的方法，即首末折半后用相应的时间间隔数加权计算。计算公式如下：

$$\bar{a} = \frac{\frac{a_1+a_2}{2}f_1+\frac{a_2+a_3}{2}f_2+\cdots+\frac{a_{n-1}+a_n}{2}f_{n-1}}{\sum_{i=1}^{n-1}f_i}$$

上式中，f_i 为每次变动持续的间隔长度。

例 4-5：根据表 4-9 计算某城市 2018 年全年的平均人口数。

表 4-9 某城市 2018 年各时点人口数　　　　　　　　　　　万人

日期	1月1日	5月1日	8月1日	12月31日
人口数	256.2	257.1	258.3	259.4

则，该城市 2018 年平均人口数计算如下：

$$\bar{a} = \frac{\frac{a_1+a_2}{2}f_1+\frac{a_2+a_3}{2}f_2+\ldots+\frac{a_{n-1}+a_n}{2}f_{n-1}}{\sum_{i=1}^{n-1}f_i}$$

$$= \frac{\frac{256.2+257.1}{2}\times 4+\frac{257.1+258.3}{2}\times 3+\frac{258.3+259.4}{2}\times 5}{4+3+5}$$

$$= \frac{3\,094}{12} = 257.83(\text{万人})$$

2）相对数动态数列或平均数动态数列的序时平均数

相对数或平均数动态数列的序时平均数计算公式如下：

$$\bar{c} = \frac{\bar{a}}{\bar{b}}$$

其中，$\bar{c}$ 是相对数或平均数动态数列的序时平均数，$\bar{a}$ 是分子部分动态数列的序时平均数，$\bar{b}$ 为分母部分动态数列的序时平均数。

（1）由两个时期数列对比而成的相对数或平均数动态数列求序时平均数。

由于两个数列均为时期数列，则：

$$\bar{a} = \frac{\sum a}{n}$$

$$\bar{b} = \frac{\sum b}{n}$$

$$\bar{c} = \frac{\bar{a}}{\bar{b}} = \frac{\frac{\sum a}{n}}{\frac{\sum b}{n}} = \frac{\sum a}{\sum b}$$

例 4-6：根据表 4-10 计算某厂 2019 年第三季度的平均计划完成程度。

表 4-10　某厂 2019 年 7—9 月份生产计划完成情况表

月份	7	8	9
a. 实际产量 / 件	1 256	1 367	1 978
b. 计划产量 / 件	1 150	1 280	1 760
c. 产量计划完成 /%	109.2	106.8	112.4

由于表中实际产量 a 和计划产量 b 均为时期数列，则：

$$\bar{a} = \frac{\sum a}{n} = \frac{1256 + 1367 + 1978}{3} = \frac{4601}{3} = 1533.67（件）$$

$$\bar{b} = \frac{\sum b}{n} = \frac{1150 + 1280 + 1760}{3} = \frac{4190}{3} = 1396.67（件）$$

$$\bar{c} = \frac{\bar{a}}{\bar{b}} = \frac{1533.67}{1396.67} = 109.8\%$$

也可以直接使用公式：

$$\bar{c} = \frac{\bar{a}}{\bar{b}} = \frac{\frac{\sum a}{n}}{\frac{\sum b}{n}} = \frac{\sum a}{\sum b} = \frac{1256 + 1367 + 1978}{1150 + 1280 + 1760} = \frac{4601}{4190} = 109.8\%$$

（2）由两个时点数列对比而成的相对数或平均数动态数列求序时平均数。

首先，分别计算两个时点数列的序时平均数，计算时需判断每个时点数列的时间间隔相等还是不等，如间隔相等则采用"首末折半法"，如间隔不等则以各个间隔的长度作为权数进行加权平均，然后将两个数列的序时平均数进行对比。

①两个数列均为间隔相等的间断时点数列，计算公式如下：

$$\bar{c} = \frac{\bar{a}}{\bar{b}} = \frac{\dfrac{\dfrac{a_1}{2} + a_2 + \cdots + \dfrac{a_n}{2}}{n-1}}{\dfrac{\dfrac{b_1}{2} + b_2 + \cdots + \dfrac{b_n}{2}}{n-1}} = \frac{\dfrac{a_1}{2} + a_2 + \cdots + \dfrac{a_n}{2}}{\dfrac{b_1}{2} + b_2 + \cdots + \dfrac{b_n}{2}}$$

②两个数列都为间隔不等的间断时点数列，计算公式如下：

$$\bar{c} = \frac{\bar{a}}{\bar{b}} = \frac{\dfrac{\dfrac{a_1+a_2}{2}f_1 + \dfrac{a_2+a_3}{2}f_2 + \cdots + \dfrac{a_{n-1}+a_n}{2}f_{n-1}}{\sum f}}{\dfrac{\dfrac{b_1+b_2}{2}f_1 + \dfrac{b_2+b_3}{2}f_2 + \cdots + \dfrac{b_{n-1}+b_n}{2}f_{n-1}}{\sum f}}$$

$$= \frac{\dfrac{a_1+a_2}{2}f_1 + \dfrac{a_2+a_3}{2}f_2 + \cdots + \dfrac{a_{n-1}+a_n}{2}f_{n-1}}{\dfrac{b_1+b_2}{2}f_1 + \dfrac{b_2+b_3}{2}f_2 + \cdots + \dfrac{b_{n-1}+b_n}{2}f_{n-1}}$$

（3）由一个时期数列和一个时点数列对比而成的相对数或平均数动态数列求序时平均数。在计算这类动态数列的序时平均数时，先分别计算出分子和分母两个动态数列的序时平均数，然后再进行对比。

例 4-7：根据表 4-11 计算某公司 2018 年第一季度工人月平均劳动生产率。

表 4-11 某公司 2018 年第一季度职工人数和总产值资料

月份	1	2	3	4
a. 工业总产值 / 万元	1 300	1 350	1 550	1 800
b. 月初工人数 / 人	400	415	430	460

$$\bar{a} = \frac{\sum a}{n} = \frac{1300+1350+1550}{3} = 1400 \text{（万元）}$$

$$\bar{b} = \frac{\dfrac{b_1}{2} + b_2 + \cdots + \dfrac{b_n}{2}}{n-1} = \frac{\dfrac{400}{2} + 415 + 430 + \dfrac{460}{2}}{3} = 425 \text{（人）}$$

$$\bar{c} = \frac{\bar{a}}{\bar{b}} = \frac{1400}{425} = 3.29 \text{（万元 / 人）}$$

例 4-8：根据表 4-12 计算某厂 2019 年上半年每一工人的平均月产值。

表 4-12 某厂 2019 年 1—6 月每一工人平均产值

月份	1	2	3	4	5	6
a. 工业增加值 / 万元	33	39.65	39.44	44.1	46.8	48.3
b. 平均工人数 / 人	60	65	68	70	72	70
c. 每一工人平均产值 / 万元	0.55	0.61	0.58	0.63	0.65	0.69

上半年每一工人平均月产值：

$$\bar{c} = \frac{\sum a}{\sum b} = \frac{33+39.65+39.44+44.1+46.8+48.3}{60+65+68+70+72+70} = \frac{251.29}{405} = 0.62(万元/人)$$

4.2.3 增长量和平均增长量

1. 增长量

增长量是两个时期发展水平的差额，用以反映现象在这段时间内发展水平提高或降低的绝对量，其计算公式如下：

$$增长量 = 报告期水平 - 基期水平$$

由于计算增长量时采用的基期不同，故有逐期增长量与累计增长量之分。逐期增长量是报告期水平与前一期水平之差，表示现象逐期增加的数量；累计增长量是报告期水平与某一固定期水平之差，表明现象在一定时期内总的增长量。

逐期增长量公式：$a_1-a_0, a_2-a_1, \cdots, a_n-a_{n-1}$

累计增长量公式：$a_1-a_0, a_2-a_0, \cdots, a_n-a_0$

逐期增长量与累计增长量的关系是：逐期增长量之和等于累计增长量，即

$$(a_1-a_0) + (a_2-a_1) + \cdots + (a_n-a_{n-1}) = a_n-a_0$$

由此可以看出，相邻两期累计增长量之差也等于相应的逐期增长量，即

$$(a_n-a_0) - (a_{n-1}-a_0) = a_n-a_{n-1}$$

需要注意的是，增长量是一个时期指标。不论是由时期数列还是由时点数列计算得到的增长量指标，都是时期指标，因为一段时期内的增长量并非是突然增长的。增长量有正负之分，若为正值则表明增加量；若为负值则说明减少量，故又称之为增减量。

2. 平均增长量

平均增长量是说明社会现象在一段时期内平均每期增加的绝对数量。从广义上讲它也是一种序时平均数，即逐期增长量动态数列的序时平均数，反映现象的平均增长水平。平均增长量的计算公式如下：

$$平均增长量 = \frac{逐期增长量之和}{逐期增长量个数} = \frac{累计增长量}{动态数列项数-1}$$

例 4-9：根据表 4-13 计算某省 2013—2018 年某工业产品平均年增长量、累计增长量和逐期增长量。

表 4-13 某省 2013—2018 年某工业产品产量

年份		2013	2014	2015	2016	2017	2018
产量/万台		1 104.3	1 351.1	1 707.0	2 215.5	2 872.4	3 301.0
增长量/万台	累计增长量	—	246.8	602.7	1 111.2	1 768.1	2 196.7
	逐期增长量	—	246.8	355.9	508.5	656.9	428.6

$$2013—2018年产量平均年增长量 = \frac{246.8+355.9+508.5+656.9+428.6}{5}$$

$$= 439.34(万台)$$

或者：$2013—2018年产量平均年增长量 = \frac{2196.7}{6-1} = 439.34(万台)$

4.3 动态数列的速度分析指标

动态数列的速度分析是从相对数和平均数的角度分析社会经济现象的发展速度和增长速度。动态数列的速度指标主要有发展速度、增长速度、平均发展速度和平均增长速度四种指标。

4.3.1 发展速度和增长速度

1. 发展速度

发展速度是表明社会经济现象发展程度的相对指标，它是根据两个不同时期发展水平相对比而求得，一般用百分数或倍数表示，其计算公式如下：

$$发展速度 = \frac{报告期水平}{基期水平}$$

由于采用的基期不同，发展速度可分为环比发展速度和定基发展速度。环比发展速度是报告期水平与前一期水平之比，说明现象逐期的发展程度；定基发展速度是报告期水平与某一固定时期之比，说明现象在较长一段时期内总的发展程度。两者的计算公式如下。

$$环比发展速度：\frac{a_1}{a_0}, \frac{a_2}{a_1}, \frac{a_3}{a_2}, \ldots, \frac{a_n}{a_{n-1}}$$

$$定基发展速度：\frac{a_1}{a_0}, \frac{a_2}{a_0}, \frac{a_3}{a_0}, \ldots, \frac{a_n}{a_0}$$

环比发展速度与定基发展速度之间关系是：在一定时期内，各环比发展速度的连乘积等于相应时期内总的定基发展速度，即

$$\prod_{i=1}^{n} \frac{a_i}{a_{i-1}} = \frac{a_n}{a_0}$$

根据上述关系可以进行数据推算，两个相邻的定基发展速度的比值等于相应的环比发展速度，可用公式表示为

$$\frac{a_i}{a_0} \div \frac{a_{i-1}}{a_0} = \frac{a_i}{a_{i-1}}$$

2. 增长速度

增长速度是表明社会经济现象增长程度的相对指标，它可以根据增长量与基期发展水平对比求得，通常用百分比或倍数表示。其计算公式如下：

$$增长速度 = \frac{增长量}{基期发展水平}$$

增长速度和发展速度既有区别又有联系。两者的区别在于增长速度表示社会经济现象报告期比基期增长的程度,发展速度则表示报告期与基期相比发展到了什么程度。增长速度和发展速度的联系可以用公式表示为

$$增长速度 = \frac{增长量}{基期水平} = \frac{报告期水平 - 基期水平}{基期水平} = 发展速度 - 1$$

由此可见,发展速度大于1,则增长速度为正值,说明社会经济现象增长的程度时用"增加了"表示;反之,发展速度小于1,则增长速度为负值,说明社会经济现象降低的程度时用"降低了"表示。

拓展阅读

可怕的环比增长

由于采用基期的不同,增长速度也有环比增长速度和定基增长速度之分。环比增长速度是用逐期增长量除以前一期水平,表明现象逐期增长的程度;定基增长速度是用累计增长量除以固定时期水平,表明现象在一段时间内的总增长速度。其计算公式如下:

$$环比增长速度 = \frac{a_n - a_{n-1}}{a_{n-1}} = \frac{a_n}{a_{n-1}} - 1 \text{(或100\%)}$$
$$= 环比发展速度 - 1 \text{(或100\%)}$$

$$定基增长速度 = \frac{a_n - a_0}{a_0} = \frac{a_n}{a_0} - 1 \text{(或100\%)}$$
$$= 定基发展速度 - 1 \text{(或100\%)}$$

需要注意的是,一定时期内环比增长速度的连乘积并不等于定基增长速度。

例 4-10:根据表 4-14 的资料,计算某省 2013—2018 年期间某工业产品产量的定基发展速度、环比发展速度、定基增长速度和环比增长速度。

表 4-14 某省 2013—2018 年某工业产品产量发展速度和增长速度

年份		2013	2014	2015	2016	2017	2018
产量 / 万台		1 104.3	1 351.1	1 707.0	2 215.5	2 872.4	3 301.0
增长量 / 万台	累计	—	246.8	602.7	1 111.2	1 768.1	2 196.7
	逐期	—	246.8	355.9	508.5	656.9	428.6
发展速度 /%	定基	100	122.3	154.6	200.6	260.1	298.9
	环比	—	122.3	126.3	129.8	129.7	114.9
增长速度 /%	定基	—	22.3	54.6	100.6	160.1	198.9
	环比	—	22.3	26.3	29.8	29.7	14.9

从表 4-15 可以看出,2013—2018 年环比发展速度的连乘积为

$$122.3\% \times 126.3\% \times 129.8\% \times 129.7\% \times 114.9\% = 298.9\%$$

这与 2018 年定基发展速度相等，但环比增长速度的连乘积并不等于定基增长速度，它们之间没有数量上的关系，不能进行数量上的相互推算。

4.3.2 平均发展速度和平均增长速度

1. 平均发展速度

平均发展速度是各期环比发展速度的序时平均数。由于环比发展速度是根据同一现象在不同时间发展水平对比而得到的动态相对数，所以它不能应用上述所讲的计算序时平均数的方法来计算。在实际工作中，计算平均发展速度的方法主要有两种，即几何平均法和方程法。由于两种方法的数理依据不同，具体计算和应用场合也不一样。

（1）几何平均法。计算平均发展速度时，由于总速度不等于各期环比发展速度的算术总和，而等于各期环比发展速度的连乘积，所以不能应用算术平均法，而要用几何平均法来计算。在实践中，如果用水平法制订长期计划，则要求用几何平均法计算其平均发展速度。按此平均发展速度发展，可以保证在最后一年达到规定的 a_n 水平，所以几何平均法也称"水平法"，即从最初水平 a_0 出发，以平均发展速度 $\overline{X}$ 代替各环比发展速度 X_1，X_2，X_3，…，X_n，经过 n 期发展，正好达到最末水平 a_n，用公式表示如下：

$$a_0 X_1 X_2 X_3 \cdots X_n = a_n$$

$$a_0 \underbrace{\overline{X}\,\overline{X}\,\overline{X} \cdots \overline{X}}_{n\text{个}} = a_n$$

所以，

$$\overline{X}^n = \frac{a_n}{a_0}$$

因此，平均发展速度 $\overline{x}$ 的计算公式为：

$$\text{平均发展速度}\ \overline{X} = \sqrt[n]{\frac{a_n}{a_0}} \qquad ①$$

由于 $\dfrac{a_n}{a_0}$ 为 n 期的定基发展速度，根据定基发展速度等于相应时期各环比发展速度的连乘积关系，所以计算平均发展速度也可以用下列公式：

$$\overline{X} = \sqrt[n]{\frac{a_n}{a_0}} = \sqrt[n]{X_1 X_2 X_3 \cdots X_n} = \sqrt[n]{\prod X} \qquad ②$$

又因 $\dfrac{a_n}{a_0}$ 也是整个时期的总速度，所以平均发展速度还可以根据总速度计算，公式如下：

$$\overline{X} = \sqrt[n]{\frac{a_n}{a_0}} = \sqrt[n]{R} \qquad ③$$

在上述①、②、③公式中，$\overline{X}$ 表示平均发展速度，$X_1, X_2, X_3, \cdots, X_n$ 表示各期环比发展速度，R 表示总速度，n 代表环比发展速度的项数，$\prod$ 是连乘符号。

计算平均发展速度时，根据所掌握的资料可选用以上任何一个公式来进行。如果掌握了最初水平和最末水平，可用公式①计算；如果掌握了各期环比发展速度，可用公式②计算；如果掌握了总速度，则可直接用公式③计算。同样的资料，三个公式的计算结果是一致的。

由此可见，几何平均法计算平均发展速度比较简便易行，但忽略了中间水平，当中间各期发展水平出现波动较大，各环比发展速度忽高忽低、差异较大时，用这种方法计算的平均发展速度就不能确切反映实际的发展过程。因此，几何平均法一般适用于变动均匀的动态数列计算平均发展速度。

例 4-11：根据表 4-15 所示某企业总产值资料，计算该企业五年的平均发展速度。

表 4-15　某企业总产值及发展速度资料

年份	基年	第一年	第二年	第三年	第四年	第五年
总产值 / 万元	270.1	273.80	289.20	314.40	322.30	340.70
环比发展速度 /%	—	101.37	105.62	108.71	102.51	105.71
定基发展速度 /%	—	101.37	107.07	116.40	119.33	126.14

平均发展速度：

$$\overline{X} = \sqrt[5]{1.0137 \times 1.0562 \times 1.0871 \times 1.0251 \times 1.0571}$$
$$= \sqrt[5]{1.261268} = 104.75\%$$

或
$$\overline{X} = \sqrt[5]{\frac{340.7}{270.1}} = \sqrt[5]{1.261385} = 104.75\%$$

或
$$\overline{X} = \sqrt[5]{1.2614} = 104.75\%$$

（2）方程法。尽管几何平均法简单易行，在统计实际中也经常使用，但由于它计算平均发展速度时只取决于动态数列的期初水平 a_0 和期末水平 a_n 两个值，而与数列的中间水平毫不相干，这就难以确切反映事物发展的真实过程。为此，我们需要一种能够利用动态数列各期水平计算平均发展速度的方法，这种方法就是方程法，又称为累计法。

设动态数列各期水平为 $a_1, a_2, \cdots, a_n$，平均发展速度为 $\overline{X}$，则方程法的出发点是要求以期初水平 a_0 为基础，用平均发展速度 $\overline{X}$ 作为公比推算，所得各期推算水平（也称为理论水平）$a_0, a_0\overline{X}, a_0\overline{X}^2, \cdots, a_0\overline{X}^n$ 之和，与各期实际水平之和保持一致，则有以下方程式：

$$a_0\overline{X} + a_0\overline{X}^2 + \cdots + a_0\overline{X}^n = \sum_{i=1}^{n} a_i$$

$$\overline{X} + \overline{X}^2 + \cdots + \overline{X}^n = \frac{\sum_{i=1}^{n} a_i}{a_0}$$

则

$$\frac{\sum_{i=1}^{n} a_i}{a_0} = \sum_{i=1}^{n} \frac{a_i}{a_0} = \frac{a_1}{a_0} + \frac{a_2}{a_0} + \cdots + \frac{a_n}{a_0}$$

由此可见，各期实际水平之和 $\sum_{i=1}^{n} a_i$ 与期初水平 a_0 的比率，实际上也就是各期定基发展速度之和，也称为累计发展总速度。因此，若给出了动态数列各期定基发展速度，也可以写出上述方程式。方程法适宜于基建投资总额、植树造林总面积等侧重于观察全期累计总量指标计算平均发展速度。

统计学界编制了《累计法平均增长速度查对表》，这种查对表分为平均增长和平均下降两部分。只要有现象某一段时期的总发展速度 M 和该段时间的间隔年数 n，可查表直接得到平均增长速度或平均下降速度。

例 4-12：使用表 4-15 中的数据，计算平均发展速度。

$$\overline{X} + \overline{X}^2 + \cdots + \overline{X}^5 = \frac{\sum_{i=1}^{5} a_i}{a_0} = \frac{273.8 + 289.2 + 314.4 + 322.3 + 340.7}{270.1} = \frac{1540.4}{270.1} = 570.31\%$$

通过查《累计法平均增长速度查对表》，可得 $\overline{X}$ =104.40%。

水平法与累计法之间有一定区别。水平法侧重于考察所研究现象最末期的发展水平，它要求现象从基期水平出发，每期按平均发展速度发展，到末期的计算水平与现象末期的实际水平相等；而累计法侧重考察所研究现象各期发展水平的总和，它要求现象从基期水平出发，每期按平均发展速度发展，使各期计算水平之和等于相应的各期实际发展水平之和。

2. 平均增长速度

平均增长速度是各期环比增长速度的序时平均数，它表明现象在一定时间内逐期平均增长变化的程度。根据增长速度与发展速度之间的运算关系，要计算平均增长速度，先要计算出平均发展速度指标，然后再将其减"1"求得，即

$$平均增长速度 = 平均发展速度 - 1$$

平均发展速度大于 1，平均增长速度就是正值，表示某种现象在一个较长时期内逐期平均递增的程度，这个指标也称为"平均递增速度"或"平均递增率"；反之，平均发展速度小于 1，平均增长速度就为负值，表示某种现象在一个较长时期内逐期平均递减程度，这个指标也可称为"平均递减速度"或"平均递减率"。

4.4 动态数列的影响因素分析

4.4.1 动态数列的影响因素及其构成

1. 动态数列的影响因素

动态数列分析主要是用来描述事物随时间发展变化的规律,并对变量的未来值提供合理的预测。动态数列预测的一个最基本的假设就是影响着过去和现在动态数列的因素,将继续以同样的方式作用于未来,所以动态数列分析的一个重要目标就是识别这些影响因素,并将其从动态数列中分离出来。

客观事物随时间推移而发展变化,是受到许多因素的共同影响。在这些因素中,有些是具有长期的、决定性的作用,使事物的发展表现出某种趋势和规律性;而有些因素具有暂时的、非决定性的作用,使事物的发展表现出不规则性。为了分析动态数列的成因及变动规律,就需要对其进行分解并分别加以测定。对于一个动态数列来说,一般将其分解为长期趋势 T、季节变动 S、循环变动 C 和随机变动 I 四个部分,如表 4-16 所示。

表 4-16 动态数列的影响因素

影响因素	分类	定义	出现动因	持续时间(周期)
长期趋势 T	系统变化	动态数列的观测值在长期过程中逐渐向上或向下移动的一种趋向或状态	技术、人口、财产和价值变化作用的结果	若干年
季节变动 S	系统变化	动态数列的观测值受季节影响,一年内呈重复出现的周期性变动	气候条件、社会风俗习惯、宗教习俗或者节假日作用的结果	1 年
循环变动 C	系统变化	动态数列出现的周期在一年以上的上升与下降交替或以"繁荣—衰退—萧条—复苏—繁荣"为周期的循环往复变动	影响经济因素交互作用于序列的结果	一般 2~10 年
随机变动 I	非系统变化	由偶然因素引起的除去长期趋势、季节变动和循环变动后剩余的那部分变动	由随机因素或者一些无法预见的因素,如罢工、自然灾害、战争引起的后果	短期并且不重复

2. 动态数列分析模型

为了对动态数列进行具体分析,还要对动态数列各构成部分的结合及相互作用进行假设。在统计学上,动态数列的构成一般有两种模型:乘法模型和加法模型。

(1)乘法模型是假设动态数列中各个构成部分对数列的影响均按比例变化,即四种因素对事物的影响是相互的,它们之间存在着一定的关系,因而动态数列中观察值表现为各种因素的乘积。动态数列的乘法模型可以表示为

$$Y = T \cdot S \cdot C \cdot I$$

上式中，T 和 Y 的度量单位相同，都是总量指标，而 S、C 和 I 均为以 T 为基础的比率，以百分比表示。S 和 C 的数值在各自的一个周期内平均为 1（或 100%）；I 的数值从长时间来看，其平均也应为 1（或 100%）。在乘法模型中，各因素的分解根据除法进行。

（2）加法模型是假设四种因素对动态数列的影响是可加的，并且是相互独立的。动态数列的加法模型可表示为

$$Y = T + S + C + I$$

上式中，T 和 Y 都是总量指标，S、C 和 I 是它们各自对 T 产生的偏差。S 和 C 的数值在各自的周期时间范围内总和为零；I 的数值从长时间来看，其总和也应为零。在加法模型中，各因素的分解根据减法进行。

上述两种模型中，实际应用较多的是乘法模型，一般认为它的假设比较合理。动态数列分析的目的就是要在某种模型的基础上，从观察值 Y_t 中将影响因素 T_t，S_t，C_t，I_t 分离出来，以测定它们的影响程度，分析研究它们各自的统计规律，从而达到对现象 Y_t 的深刻认识。

3. 动态数列的综合分析步骤

动态数列分析是指分解和测定动态数列中各项因素的变动程度和变动规律，然后将其重新综合起来，预测动态数列的未来发展变化规律。

动态数列的综合分析步骤如下：

（1）确定动态数列的类型和所包含的影响因素；

（2）确定动态数列的分析模型；

（3）对可能的分析预测方法的准确性进行评估，以便确定最佳预测方案进行分析预测；

（4）利用最佳分析预测模型进行分析。

对动态数列分析之前一般会在坐标图上标出数据散点，观察这些散点所形成的图形，然后判断动态数列观察值在长期变化过程中是逐渐向上还是逐渐向下移动，或者是围绕着一条水平线变动。对于年度数据，如果动态数列的观察值在长期过程中没有逐渐向上或向下移动的趋势，可以用移动平均法或者指数平滑法对动态数列进行平滑以消除随机变动；如果观察值呈现向上或者向下移动的趋势，很多时间序列预测方法都可以使用。

拓展阅读
人口老龄化进程中劳动力供给的长期趋势

4.4.2 长期趋势的测定与预测

长期趋势是指客观事物在一段较长时间内持续发展变化的趋势。对长期趋势分析测定的直接目的是要消除其他因素的影响，将动态数列中的长期趋势单独显示出来，为探索事

物发展变化的规律性和统计预测提供重要条件。

测定长期趋势的目的主要有三个：第一，把握现象的趋势变化；第二，从数量方面研究现象发展的规律性，探求合适趋势线；第三，为测定季节变动的需要。测定长期趋势的方法有很多，常用的方法有移动平均法和数学模型法两种，后面分别加以介绍。

1. 移动平均法

移动平均法是将动态数列的数据按一定时间跨度逐项移动，依次计算序时平均数，形成一个新的序时平均数数列，以消除其他因素的影响，使长期趋势显现出来。若移动项数 n 为奇数，则每次移动平均所得序时平均数应作为中间项的长期趋势值，以 i 期为中心的移动平均数的计算公式如下：

$$\overline{y}_i = \frac{1}{n}(y_{i-\frac{n-1}{2}} + \cdots + y_i + \cdots + y_{i+\frac{n+1}{2}})$$

若移动项数为偶数，则每次移动所得序时平均数，需要再进行两项的二次移动平均（也称二项移正平均），所得数值才能作为中间项的长期趋势值。

移动平均法的一般步骤包括：

（1）确定移动时距。一般应选择奇数项进行移动平均。若原数列呈周期变动，应选择现象的变动周期作为移动的时距长度。

（2）计算各移动平均值，并将其编制成新动态数列。

例 4-13：计算某机器厂某年各月生产机器台数的移动平均数，如表 4-17 所示。

表 4-17 某机器厂某年各月生产机器台数的移动平均数计算表

月份	机器台数	3项移动平均	4项一次移动平均	4项二次移动平均（二项移正）
1	41（y_1）	—	—	—
2	42（y_2）	45（$\overline{y}_2$）	—	—
3	52（y_3）	45.7（$\overline{y}_3$）	44.5（$\overline{y}_{2.5}$）	45（$\overline{y}'_3$）
4	43（y_4）	46.7（$\overline{y}_4$）	45.5（$\overline{y}_{3.5}$）	46.6（$\overline{y}'_4$）
5	45（y_5）	46.3（$\overline{y}_5$）	47.75（$\overline{y}_{4.5}$）	47.9（$\overline{y}'_5$）
6	51（y_6）	49.7（$\overline{y}_6$）	48（$\overline{y}_{5.5}$）	47.6（$\overline{y}'_6$）
7	53（y_7）	48（$\overline{y}_7$）	47.25（$\overline{y}_{6.5}$）	48（$\overline{y}'_7$）
8	40（y_8）	48（$\overline{y}_8$）	48.75（$\overline{y}_{7.5}$）	48.5（$\overline{y}'_8$）
9	51（y_9）	46.7（$\overline{y}_9$）	48.25（$\overline{y}_{8.5}$）	48.6（$\overline{y}'_9$）
10	49（y_{10}）	52（$\overline{y}_{10}$）	49（$\overline{y}_{9.5}$）	50.8（$\overline{y}'_{10}$）
11	56（y_{11}）	53（$\overline{y}_{11}$）	52.5（$\overline{y}_{10.5}$）	—
12	54（y_{12}）	—	—	—

当移动项数 $n = 3$ 时：

$$\overline{y_2} = \frac{1}{3}(y_1 + y_2 + y_3) = \frac{1}{3}(41 + 42 + 52) = 45$$

$$\overline{y_3} = \frac{1}{3}(y_2 + y_3 + y_4) = \frac{1}{3}(42 + 52 + 43) = 45.7$$

利用同样的方法，计算出 $\overline{y_4}, \overline{y_5}, \cdots, \overline{y_{11}}$，从而得到新的动态数列 $\overline{y_2}, \overline{y_3}, \cdots, \overline{y_{11}}$，呈现出明显的长期趋势。

新的动态数列趋势值项数 = 原数列项数 − 移动时距 +1=12−3+1=10。

当移动项数 $n = 4$ 时：

第一次移动平均值的计算为

$$\overline{y_{2.5}} = \frac{1}{4}(y_1 + y_2 + y_3 + y_4) = \frac{1}{4}(41 + 42 + 52 + 43) = 44.5$$

$$\overline{y_{3.5}} = \frac{1}{4}(y_2 + y_3 + y_4 + y_5) = \frac{1}{4}(42 + 52 + 43 + 45) = 45.5$$

用同样的方法计算出 $\overline{y_{4.5}}, \overline{y_{5.5}}, \cdots, \overline{y_{10.5}}$，如表 4-18 所示。

由于得到的新数列是两项中间的项数，不能确定具体的月份，所以还需要做二项移正平均，二次移正平均值的计算如下：

$$\overline{y_3}' = \frac{1}{2}(\overline{y_{2.5}} + \overline{y_{3.5}}) = \frac{1}{2}(44.5 + 45.5) = 45$$

$$\overline{y_4}' = \frac{1}{2}(\overline{y_{3.5}} + \overline{y_{4.5}}) = \frac{1}{2}(45.5 + 47.75) = 46.6$$

同样的方法计算出 $\overline{y_5}', \overline{y_6}', \cdots, \overline{y_{10}}'$，形成一个新的动态数列，其呈现出明显的递增趋势。动态数列趋势变化如图 4-1 所示。

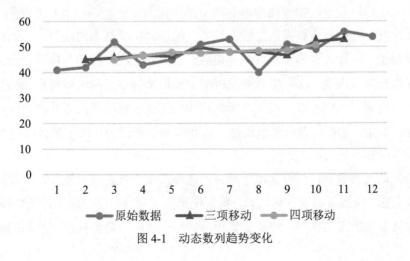

图 4-1 动态数列趋势变化

由图 4-1 可见,使用移动平均法修匀后的数列呈现上升趋势,四项移动平均修匀效果要比三项更好,上升趋势更明显,但修匀的项数越多,丢掉的数据也就越多。

2. 数学模型法

数学模型法是对动态数列进行分析判断或对曲线进行修匀观察,在确定其性质和特点的基础上,利用数学模型对其进行描述,并根据动态数列的数据将模型中的参数估计出来,从而求出趋势方程,并推算出各期的趋势值。

(1)常用的趋势模型。在动态数列中,长期趋势的表现形式是多样的。在实践中,令时间为 t,长期趋势为 $T(t)$,常用的长期趋势模型有以下几种。

直线趋势模型:

$$T(t) = a + bt$$

指数曲线趋势模型:

$$T(t) = ab^t$$

二次曲线趋势模型:

$$T(t) = a + bt + ct^2$$

修正指数曲线趋势模型:

$$T(t) = k + ab^t$$

龚伯茨曲线趋势模型:

$$T(t) = ka^{b^t}$$

逻辑曲线趋势模型:

$$T(t) = \frac{1}{k + ab^t}$$

上述各种趋势模型中,直线趋势模型是等差增长模型,参数 b 即为直线的斜率,可看作是公差,即平均增长量;指数曲线趋势模型是等比增长模型,参数 b 即为公比,可看作是平均发展速度。这两种趋势模型是经济数据时间序列中最基本的模型。二次曲线趋势模型即抛物线模型。统计上把修正指数曲线趋势模型、龚伯茨曲线趋势模型、逻辑曲线趋势模型统称为生长曲线模型。这些生长曲线模型一般用来描述某种耐用消费品从研制成功到小批量生产,再到大规模上市,直至市场饱和的全过程;或用来描述某种产业从兴起到衰落的全过程;其中,参数 k 为市场饱和量。这些模型的图形类似于倒着的 S 形状,只是各模型的拐点等特征不同而已。

对于给定的动态数列,可以从以下两方面选择所要配合的趋势模型。首先,根据观察数据绘制散点图,寻找其数量变化规律,根据图形的变化特点确定适当的趋势模型。其次,根据动态数列本身的变化特点,通过计算相应的指标来确定趋势模型。若动态数列观测值的逐期增长量大致相同，可采用直线趋势模型；若其二级增长量即逐期增长量大致相同，可采用二次曲线趋势模型；若其环比发展速度大致相同，可采用指数曲线趋势模型；若其对数的逐期增长量的环比发展速度大致相同，可采用逻辑曲线趋势模型。

（2）长期趋势模型参数的估计。对于给定的动态数列，如果选定了所要配合的趋势模型，就可以根据动态数列的观测值对模型中的各个参数进行估计。常用的参数估计方法主要有最小平方法和分段平均法两种。下面我们仅介绍常用的直线趋势模型的参数估计。

直线趋势模型参数 a，b 可采用最小平方法来估计，即保证 $\sum(y-y_t)^2$ 最小。与回归模型相比较，直线趋势模型中的时间 t 可视为自变量，在进行参数估计时需要对时间 t 进行人为的编号，其确定的方式有以下两种：一种方式是将原点确定在动态数列的第一期的前一个时点，即时间 t 取值为 1，2，$\cdots$，n。在这种情况下，若设因变量 $T(t)$ 的观测值即为给定的各期水平值 $y_1, y_2, \cdots, y_n$，则直接用最小平方法估计直线趋势模型参数 a，b 的计算公式如下：

$$\hat{b} = \frac{n\sum ty - \sum t \sum y}{n\sum t^2 - (\sum t)^2}$$

$$\hat{a} = \frac{\sum y}{n} - \hat{b}\frac{\sum t}{n} = \bar{y} - \hat{b}\bar{t}$$

另一种方法是将原点确定在动态数列各期的中点。这里又有两种情况：若时间序列为奇数期，则原点定在正中一期，时间 t 的取值为：$\cdots$，-3，-2，-1，0，1，2，3，$\cdots$ 若时间序列为偶数期，则原点定在两个中间时期的中点，时间 t 的取值为：$\cdots$，-5，-3，-1，1，3，5，$\cdots$ 这样就可以使 $\sum t = 0$，从而简化计算过程。此时 a，b 的计算公式如下：

$$\hat{b} = \frac{\sum ty}{\sum t^2}$$

$$\hat{a} = \frac{\sum y}{n} = \bar{y}$$

例 4-14：分别用两种不同的方法对时间 t 进行编号，进行直线趋势模型计算，如表 4-18 所示。

表 4-18 直线趋势模型计算表

月份	机器台数	原点在前一期			原点在动态数列各期的中点		
	y	t	t^2	ty	t	t^2	ty
1	41	1	1	41	-11	121	-451
2	42	2	4	84	-9	81	-378
3	52	3	9	156	-7	49	-364
4	43	4	16	172	-5	25	-215
5	45	5	25	225	-3	9	-135

续表

月份	机器台数	原点在前一期			原点在动态数列各期的中点		
	y	t	t^2	ty	t	t^2	ty
6	51	6	36	306	−1	1	−51
7	53	7	49	371	1	1	53
8	40	8	64	320	3	9	120
9	51	9	81	459	5	25	255
10	49	10	100	490	7	49	343
11	56	11	121	616	9	81	504
12	54	12	144	648	11	121	594
合计	577	78	650	3 888	0	572	275

① 若将时间原点确定在动态数列第一期的前一个时点，即时间 t 取值为 $1, 2, \cdots, 12$，则直线趋势模型参数 a，b 的估计值如下：

$$\hat{b} = \frac{n\sum ty - \sum t \sum y}{n\sum t^2 - (\sum t)^2} = \frac{12 \times 3\,888 - 78 \times 577}{12 \times 650 - 78^2} = \frac{1\,650}{1\,716} = 0.96$$

$$\hat{a} = \frac{\sum y}{n} - \hat{b}\frac{\sum t}{n} = \frac{577}{12} - 0.96 \times \frac{78}{12} = 48.08 - 6.24 = 41.84$$

由此可得，直线趋势方程为 $\hat{T}(t) = 41.84 + 0.96t$

② 若将时间原点确定在动态数列各期的中点，使 $\sum t = 0$，则 a，b 的估计值为

$$\hat{b} = \frac{\sum ty}{\sum t^2} = \frac{275}{572} = 0.48$$

$$\hat{a} = \frac{\sum y}{n} = \frac{577}{12} = 48.08$$

则直线趋势方程为 $\hat{T}(t) = 48.08 + 0.48t$

由于两种方式确定的时间原点不同，得到的直线趋势方程的参数各不相同，但两个方程所描述的是同一条直线。

4.4.3 季节变动的测定与预测

1. 季节变动分析的概念与作用

季节变动是客观事物随着天气的变化和四季的更替而表现出的一种规律性的变动。例如，在现实生活中，许多旅游景点游客人数的变动、民宿预订数量的变动、建筑业的生产活动、冷饮的销售量等都有明显的季节变动规律。在一个动态数列中，其规律性可能由多种因素来决定，为了将季节因素分解出来，需要进行季节变动分析，测定季节变动规律并进行预测。

季节变动分析的作用主要有：第一，认识和掌握以往的季节波动规律，有利于指导社会生产和经济活动；第二，根据季节波动规律，配合适当的季节模型，结合长期趋势进行预测；第三，测定季节波动，有利于消除季节波动对动态数列带来的影响，更好地研究长期趋势和循环变动等因素的影响。

测定季节变动的资料时间至少要有三个周期以上。如果是季节资料，至少要有 12 季；如果是月度资料至少要有 36 个月等，以避免资料太少而产生偶然性。

2. 季节变动分析法

常用的季节变动测定方法有水平型动态数列季节影响分析法和趋势变动型动态数列季节影响分析法。前者适用于只有纯粹季节变动、不包含长期趋势的动态数列，后者适用于包含长期趋势影响的动态数列。对于仅仅具有水平型变动的动态数列，只需要考虑季节变动因素就可以了；对于具有趋势变动（上升或下降）的动态数列，则首先需

拓展阅读

季节变动与提高绩效

要把长期趋势影响与季节因素影响分离开来，然后按照乘法模型测定季节变动的方法计算各月（或各季）的季节指数。

（1）水平型动态数列季节影响分析法。水平型动态数列不需要考虑长期趋势的影响，只需要衡量季节变动的影响。这种数列的季节影响分析法也称为按月平均法或按季平均法（若是月度资料就是按月平均，若是季度资料则按季平均）。

衡量水平型动态数列季节变动影响的主要指标有季节指数（季节比率）和季节变差。季节指数是一种以相对数来表示的季节变动衡量指标，而季节变差则是以绝对数来表示的季节变动衡量指标，其计算公式如下：

$$季节指数（季节比率）= \frac{历年同季（同月）平均数}{总平均数} \times 100\%$$

$$季节变差 = 历年同季（同月）平均数 - 总平均数$$

在季节指数和季节变差两个指标中，季节指数的应用更为广泛。实际应用中，季节指数不只可以用百分数来表示，还可以用百分数再乘以 100 来表示。由于时间序列呈平稳型变动，各月的季节指数的平均正好为 100。季节指数小于 100 的季节就表示淡季，大于100 就表示旺季。

使用水平型动态数列季节影响分析法进行预测的一般步骤如下：

①将各年各月（季）的数值列在同一栏内；
②将各年同月（季）的数值加总，并求出月（季）平均数；
③将所有月（季）数值加总，并求出月（季）总平均数；
④求季节指数（或季节比率）；
⑤根据对目标年份的总体或平均的趋势估计值，计算各月（季）的估计值。

例 4-15：根据表 4-19 中提供的某地区 3 年逐月毛线实际销售量的历史观察值数据，

预测该公司第 4 年 7 月份的销售量。

表 4-19 某地区各月毛线销售量统计资料   百千克

月份	第 1 年	第 2 年	第 3 年	合计	月平均数	季节比率	第 4 年各月预测值
1	150	230	280	660	220	168.94 （220/130.22）	254.81 （150.83×168.94%）
2	90	150	120	360	120	91.95	138.69
3	40	60	80	180	60	45.98	69.35
4	26	40	30	96	32	24.52	36.98
5	10	20	12	42	14	10.73	16.18
6	8	10	9	27	9	6.9	10.41
7	12	32	37	81	27	20.69	31.21
8	20	40	48	108	36	27.59	41.61
9	35	70	84	189	63	48.28	72.82
10	85	150	140	375	125	95.79	144.48
11	340	420	470	1230	410	314.18	473.88
12	360	480	500	1350	447	344.83	520.11
平均	98	141.83	150.83	—	130.22	100	—

从表中数据可以看出，该地区毛线的销售量不存在明显的长期趋势，属于水平型动态数列，使用水平型动态数列季节影响分析法进行预测。

第一步，求出历年 1 月份的月平均数。

$$\frac{150+230+280}{3}=220(百千克)$$

其余各月以此类推。

第二步，求出全期总平均数，可以通过求表中月平均一列的平均数得到，也可以通过求表中最后一行全年月平均的平均来得到。

$$\frac{220+120+60+32+14+9+27+36+63+125+410+447}{12}=130.25(百千克)$$

第三步，计算各月销售量的季节指数，使用表 4-20 中月平均数一列中各月平均销售量除以全期所有月份的总平均数得到：

1 月份季节指数为 $220 \div 130.22 = 168.94\%$

其余各月以此类推。

7 月份季节指数为 $27 \div 130.22 = 20.73\%$

从各月的季节指数可以看出，6 月份是毛线销售的最低谷，11 月、12 月是毛线销售的高峰期。

第四步，求预测值。由于动态数列呈平稳型变动，各月的季节指数的平均正好为 100。在预测时，可以直接用上一年的平均月销售额乘上各月的季节指数得到下一年的预

测值。例如,第 4 年 7 月份的预测值如下:

$$150.83 \times 20.73\% = 31.27（百千克）$$

以此类推,就可以得到第 4 年其余各月的预测值,如表 4-19 最后一列所示。

(2) 趋势变动型动态数列季节影响分析法。对于具有明显长期趋势变动的动态数列,需要采用趋势变动型动态数列季节影响分析法。使用这种方法测定季节变动,首先必须通过长期趋势变动模型得到趋势值,然后再进行季节变动分析得到季节指数,最后将相应季（月）的趋势值乘上季节指数得到最终的预测值。计算趋势值首先要确定出长期趋势变动模型,可采用前面讲到的移动平均法或者最小平方法。进行季节变动分析预测时,仍然可以计算出季节指数和季节变差两个指标。但是,在计算这两个指标时,不同于水平型动态数列的计算方法,趋势变动型动态数列需要把历年同月（季）观察值与同时期的趋势值相比较得到。计算公式为

$$季节指数（季节比率）=\frac{同季（同月）观察值}{相应季（月）趋势值} \times 100\%$$

$$季节变差 = 同季（同月）观察值 - 相应季（月）趋势值$$

具体步骤如下:

①计算与动态数列各观察值相对应的趋势值（可以采用前面讲到的移动平均法、最小平方法中任何一种方法）。

②计算各季的平均季节指数。

③调整季节指数。理论上,季节指数的平均值应是 100,所以一年 12 个月的季节指数之和应是 1200,一年四个季度的季节指数之和应是 400。实例中如不满足这个要求,就需要调整季节指数,具体方法见例 4-16。

④计算所需要的预测值。

例 4-16:根据表 4-20 提供的某商场空调销售量（单位:台）的历史观察值,预测该商场 2020 年各季度的销售量。

表 4-20　某商场 2016—2019 年各季度的空调销售量　　　　　　　　　　台

季度	2016 年	2017 年	2018 年	2019 年
第 1 季度	150	560	670	790
第 2 季度	890	1 280	2 100	3 200
第 3 季度	1 200	2 890	5 100	7 400
第 4 季度	340	460	600	1 200

通过观察表 4-20 中的数据可知,该商场空调销售量的动态数列既有长期趋势变动,也受到季节因素的影响,所以采用趋势变动型动态数列的季节影响分析法预测 2020 年该商场各季的空调销售量。

第一步,确定趋势变动模型,计算与动态数列各观察值相对应的趋势值。

在此，我们选择用最小平方法得到直线趋势模型，再计算出趋势值。首先估计参数 a 和 b，选择将原点确定在动态数列的第一期的前一个时点，即时间 t 取值为 1，2，…，16，计算公式如下：

$$\hat{b} = \frac{n\sum ty - \sum t \sum y}{n\sum t^2 - (\sum t)^2} = \frac{16 \times 316\,880 - 136 \times 28\,830}{16 \times 1\,496 - 136^2} = \frac{1\,149\,200}{5\,440} = 211.25$$

$$\hat{a} = \frac{\sum y}{n} - \hat{b}\frac{\sum t}{n} = \frac{28\,830}{16} - 211.25 \times \frac{136}{16} = 6.25$$

则直线趋势方程为 $\hat{T}(t) = 6.25 + 211.25t$

依次计算出各观察值对应的趋势值，如表 4-22 所示。

第二步，计算各季的平均季节指数。

$$季节指数 = \frac{同季（同月）观察值}{相应季（月）趋势值} \times 100\%$$

例如，2016 年第 1 季度季节指数为：$\frac{150}{217.5} \times 100\% = 69\%$。

根据以上方法，依次计算出 2016—2019 年各季度的季节指数，如表 4-21 "当期季节指数" 一列所示。

表 4-21　某商场空调销售量趋势值计算表

时间	t	t^2	观察值 y/台	ty	趋势值/台	当期季节指数/%
2016 年第 1 季度	1	1	150	150	217.50	69
2016 年第 2 季度	2	4	890	1 780	428.75	208
2016 年第 3 季度	3	9	1 200	3 600	640.00	188
2016 年第 4 季度	4	16	340	1 360	851.25	40
2017 年第 1 季度	5	25	560	2 800	1 062.50	53
2017 年第 2 季度	6	36	1 280	7 680	1 273.75	100
2017 年第 3 季度	7	49	2 890	20 230	1 485.00	195
2017 年第 4 季度	8	64	460	3 680	1 696.25	27
2018 年第 1 季度	9	81	670	6 030	1 907.50	35
2018 年第 2 季度	10	100	2 100	21 000	2 118.75	99
2018 年第 3 季度	11	121	5 100	56 100	2 330.00	219
2018 年第 4 季度	12	144	600	7 200	2 541.25	24
2019 年第 1 季度	13	169	790	10 270	2 752.50	29
2019 年第 2 季度	14	196	3 200	44 800	2 963.75	108
2019 年第 3 季度	15	225	7 400	111 000	3 175.00	233
2019 年第 4 季度	16	256	1 200	19 200	3 386.25	35
合计	136	1 496	28 830	316 880	—	—

由于动态数列受多种因素的影响，历年同一季度的季节指数各不相同，为剔除其他因素的影响，对历年同一季节的季节指数求平均值。如历年第一季度季节指数的平均值 =(69+53+35+29)/4=46.5。以此类推，得到每一季度的季节指数的平均值，如表 4-22 "同季度平均值"一列所示。

表 4-22　各季度空调销售量季节指数计算表　　　　　　　　%

季度	2016 年	2017 年	2018 年	2019 年	同季度平均值	调整季节指数
第 1 季度	69	53	35	29	46.5	44.64
第 2 季度	208	100	99	108	128.75	123.6
第 3 季度	188	195	219	233	208.75	200.4
第 4 季度	40	27	24	35	31.5	30.24
合计	—	—	—	—	415.5	398.88

第三步，调整季节指数。

此时，四个季度的季节指数之和为（46.5+128.75+208.75+31.5）=415.5，由于该季节指数总和不等于 400，需要计算调整系数。

调整系数的计算公式如下：

$$\text{调整系数} = \frac{400\%}{\sum \text{季节指数}} \left(\text{或} = \frac{1\,200\%}{\sum \text{季节指数}}\right)$$

本例中，调整系数 =400/415.5=0.96。然后，再用调整系数乘上原季节指数得到调整季节指数。比如：

第 1 季度季节指数 =46.5×0.96=44.64

然后，分别求出其他季度的调整季节指数，如表 4-22 "调整季节指数"一列所示。

第四步，计算所需要的预测值。

计算目标年份的预测值时，首先计算所需要预测的月（季）趋势值，再由月（季）趋势值乘上相应的季节指数得到最终的预测值。

例如，根据第一步求得的直线趋势方程为：$\hat{T}(t) = 6.25 + 211.25t$，计算得到需要预测 2020 年各季的趋势值：

当 t=17 时，即 2020 年第 1 季度的趋势值 = 6.25 + 211.25×17 = 3 597.5（台）；

当 t=18 时，即 2020 年第 2 季度的趋势值 = 6.25 + 211.25×18 = 3 808.75（台）；

当 t=19 时，即 2020 年第 3 季度的趋势值 = 6.25 + 211.25×19 = 4 020（台）；

当 t=20 时，即 2020 年第 4 季度的趋势值 = 6.25 + 211.25×20 = 4 231.25（台）。

然后，将各季度的趋势值乘上相应的季节指数就得到最终的预测值：

2020 年第 1 季度的预测值 = 3 597.5×44.64% = 1 605.92（台）；

2020 年第 2 季度的预测值 = 3 808.75×123.6% = 4 707.62（台）；

2020 年第 3 季度的预测值 = 4 020×200.4% = 8 056.08（台）；

2020 年第 4 季度的预测值 = 4 231.25×30.24% = 1 279.53（台）。

本章小结

1. 动态数列，又称为时间序列，它是将某种统计指标在不同时间上的不同数值，按时间先后顺序排列起来，以便于研究其发展变化的水平和速度，并以此预测未来的一种统计方法。

本章主要内容如下：

$$\text{动态数列分析}\begin{cases}\text{指标分析}\begin{cases}\text{水平分析}\begin{cases}\text{发展水平}\\\text{平均发展水平}\\\text{增减量}\\\text{平均增减量}\end{cases}\\\text{速度分析}\begin{cases}\text{发展速度}\\\text{增减速度}\\\text{平均发展速度}\\\text{平均增减速度}\end{cases}\end{cases}\\\text{构成要素分析}\begin{cases}\text{长期趋势分析}\\\text{季节变动分析}\\\text{循环变动分析}\\\text{不规则变动分析}\end{cases}\end{cases}$$

2. 动态数列按照统计数据的表现形式不同，可以分为绝对数动态数列、相对数时间序列和平均数动态数列。绝对数动态数列又分为时期数列和时点数列，时点数列又可分为连续时点数列和非连续时点数列，其中非连续时点数列又分为间隔相等和间隔不等两种情况。

3. 在动态数列的水平分析时，计算绝对数动态数列序时平均数是重点内容，计算公式如下：

$$\text{计算公式}\begin{cases}\text{由时期数列计算}:\bar{a}=\dfrac{\sum a}{n}\\\text{由时点数列计算}\begin{cases}\text{连续时点数列}:\bar{a}=\dfrac{\sum a}{n}\text{ 或 }\bar{a}=\dfrac{\sum af}{\sum f}\\\text{不连续时点数列}\begin{cases}\text{间隔相等}:\bar{a}=\dfrac{\dfrac{a_1}{2}+a_2+\cdots+a_{n-1}+\dfrac{a_n}{2}}{n-1}\\\text{间隔不等}:\bar{a}=\dfrac{\dfrac{a_1+a_2}{2}f_1+\dfrac{a_2+a_3}{2}f_2+\cdots+\dfrac{a_{n-1}+a_n}{2}f_{n-1}}{\sum f}\end{cases}\end{cases}\end{cases}$$

相对数动态数列或平均数动态数列的序时平均数，计算公式为

$$\bar{c} = \frac{\bar{a}}{\bar{b}}$$

4. 影响动态数列变动的因素可以分为四种：长期趋势、季节变动、周期变动和不规则变动。动态数列分析模型有加法模型和乘法模型两种。

5. 长期趋势测定最常用的方法有移动平均法和数学模型法。分析动态数列季节变动影响的方法包括水平型动态数列季节影响分析法和趋势变动型动态数列季节影响分析法。

练习题

即练即测

一、思考题

1. 什么叫动态数列？它由哪两个要素构成？
2. 简述动态数列的种类。
3. 什么是增长量？
4. 序时平均数与一般平均数有何异同？
5. 计算平均发展速度的水平法与累计法有何不同？
6. 什么是移动平均法？
7. 动态数列的影响因素有哪些？
8. 测定长期趋势有哪些主要方法？
9. 测定季节变动有哪些主要方法？

二、计算操作题

1. 某商店 2019 年 1—6 月份各月商品销售额分别为 220 万元，232 万元，240 万元，252 万元，292 万元和 255 万元，试计算该商店第一、二季度及上半年平均每月销售额。

2. 某公司 2018 年第二季度职工人数变动如下（单位：人）。

时 间	4月1日	5月15日	6月22日
工人数	1 000		
增减人数		+20	+40

求第二季度平均工人数。

3. 某商店 2017 年商品库存额（单位：万元）资料如下。

日 期	1月1日	4月1日	9月1日	12月31日
商品库存额	46	40	38	54

试计算该商店全年平均商品库存额。

4. 某公司 2020 年第一季度职工人数和总产值资料如下。

月份	1月	2月	3月	4月
月初工人数 / 人	500	515	530	560
工业总产值 / 万元	1 600	1 650	1 850	2 000

（1）计算第一季度工人月平均劳动生产率；

（2）计算第一季度工人平均劳动生产率。

5. 某公司 2015—2020 年各年利润额（单位：万元）资料如下。

年份	2015	2016	2017	2018	2019	2020
利润额	650	748	795	810	860	910

试计算：

（1）逐期增长量和累计增长量；

（2）环比发展速度和定基发展速度；

（3）环比增长速度和定基增长速度；

（4）每增长 1% 的绝对值指标；

（5）平均发展水平和平均增长量；

（6）平均发展速度和平均增长速度。

6. 某自行车厂 2000 年产量为 2.5 万辆。若计划规定"十五"期间每年平均增长 4%，以后每年平均增长 6%，试问到 2015 年的年产量可达多少万辆？如果计划规定 2015 年自行车年产量将为 2000 年的 4 倍，并且"十五"期间每年平均增长速度只能为 6%，试问后 10 年需要每年递增速度为多少才能达到预定的目标？

7. 某大型工程今年实际基本建设投资额为 8 000 万元，如果明后两年基本建设投资总额是今年的 2.8 倍，计算年平均增长速度和明后两年各年的计划投资额。

8. 某地历年粮食产量（单位：万吨）资料如下。

年份	2014	2015	2016	2017	2018	2019	2020
产量	241	246	252	257	262	276	281

要求：（1）用最小平方法拟合直线趋势方程；

（2）预测 2023 年的粮食产量。

9. 某商店 2009—2012 年各季度毛线销售量（单位：百斤）资料如下。

时间	一季度	二季度	三季度	四季度
2009 年	30	10	15	76
2010 年	42	14	20	92
2011 年	50	20	30	100
2012 年	62	28	47	116

要求：计算各季度的季节比率。

三、案例分析题

居民睡眠时间分配的国际比较

睡眠是每个人一天当中必不可少的活动，也是占据时间最多的一项活动，充足的睡眠是拥有健康身体的重要保障。如果把从睡眠获得的精力看成是一种资源，每天都在消耗精力来完成工作、学习、休闲等活动，直到晚上精疲力竭，需要再次补充睡眠获得精力。因此，研究睡眠时间分配问题就是研究资源如何最优配置的问题。借助 1996—2016 年中国人民大学休闲经济研究中心关于北京市"居民生活时间分配调查"数据，同时结合日本统计局的"社会生活基本调查"中生活时间分配数据和美国劳工统计局时间分配数据（ATUS），对不同国家居民睡眠时间分配状况进行比较分析。

调查资料表明，1996 年至 2016 年 20 年间中国居民的睡眠时间明显增长，每日平均增加 40 分钟（见表 1）。其中，工作日增加 43 分钟，休息日增加 35 分钟。可以看出，睡眠时间的增加，主要是工作日睡眠时间大幅增加引起的。随着一周 5 天工作日的完全落实及假日制度改革，中国人的休息时间有所增多，所以工作日的减少和休息日的增多是居民睡眠时间延长的根本原因。

表 1　中国居民 20 年间睡眠时间的变化　　　　　　　　　　　　分钟

年份	全周	男性	女性	工作日	休息日
1996	495	491	499	475	541
2001	512	508	516	493	561
2006	521	519	524	501	572
2011	527	526	528	505	582
2016	535	529	539	518	576

1996—2016 年，女性的睡眠时间都多于男性。从增加的幅度看，女性睡眠时间的增长比例也大于男性，男性睡眠时间增加 38 分钟，女性增加 40 分钟。剔除假日制度改革的因素，引起睡眠时间增加的另一因素是人口老龄化，老年人口比重的增加，即从退休到正常死亡之间的人口比例的增加，会使得平均睡眠时间增加。另外女性不在业人口的增加也是平均睡眠时间增加的一个重要原因，因为统计数据表明无业者的睡眠时间明显多于在业者的睡眠时间。

随着夜生活的丰富和工作节奏的加快，不少人选择推迟入睡时间。2001 年，工作日 22:30 和 24:00 点之后分别有 54.7%、89% 的人处于睡眠状态；休息日直到 22:40 之后才超过 50% 的人进入睡眠，24:00 之后该比例达到 88%。因此，2001 年是一半以上居民在晚上 22:30—22:40 处于入睡状态的。2016 年，工作日同样是 22:30 开始处于睡眠状态的人达到一半以上，该比例为 55.3%，略高于 2001 年。但是 24:00 进入睡眠状态的人仅有 83.7%，低于 2001 年 5.3 个百分点，这说明即使工作日选择晚睡的人的比例也越来越多。休息日直到 23:00 之后，才有超过 50% 的进入睡眠状态，比 15 年前推迟 20 分钟；

24点仅有77.5%的人进入入睡，比15年前下降10.5个百分点。

　　日本是全球睡眠时间最短的国家之一，睡眠时间逐年减少（见表2）。由中、美、日三国居民的睡眠时间比较可知，2016年中国人平均睡眠时间达到8小时55分，美国人达到8小时47分，日本人仅有7小时40分，中国人平均睡眠时间比日本多出1小时15分钟。中、美两国睡眠时间相差不大，中国人仅比美国人长8分钟。日本人平均睡眠时间不足8个小时，睡眠不足的主要原因是忙于工作和家务。从全年来看，中国人用135.7天来睡觉，美国人用133.7天，日本人仅用116.6天，中国人比日本人每年多睡19.1天，比美国人多睡2天。有调查显示，在发达国家当中，日本人的睡眠时间是最短的。由于长时间地工作、加班、学习以及网络的普及等原因，很多人会选择减少睡眠时间来增加工作、学习或娱乐的时间，日本已经成为世界上数一数二的"不眠之国"。

表2　2016年中、美、日三国居民睡眠时间统计表　　　　　分钟

国家	平均	男性	女性	工作日	休息日
中国	535	529	539	518	576
美国	527	521	533	510	569
日本	460	465	455	449	487

[案例节选来源：黄羽翼. 居民睡眠时间分配的国际比较 [J]. 中国统计，2019（01）：66-69.]

根据上述案例内容，思考以下问题：

1. 分析影响中国人睡眠时间变化的因素有哪些。
2. 分析中、美、日三国居民睡眠时间存在差异的原因有哪些。

学习目标

- ◆ 理解和掌握统计指数的概念、作用和分类;
- ◆ 理解和掌握综合指数的编制、计算方法和应用;
- ◆ 理解和掌握平均指数的编制、计算方法和应用;
- ◆ 理解和掌握统计指数体系的概念和因素分析方法。

重点与难点

- ◆ 综合指数的计算,平均指数的计算;
- ◆ 指数体系的编制和因素分析方法的使用。

【思政案例导入】

CPI 如何反映人民美好生活的变化

习近平总书记提出,中国特色社会主义进入新时代,我国社会主要矛盾已经转化为人民日益增长的美好生活需要和不平衡、不充分的发展之间的矛盾。本案例聚焦于新时代 CPI 调查如何反映人民的美好生活,从衣食用品到教育娱乐等方面,剖析了主流消费变化趋势,价格调查面临的挑战,以及统计工作如何适应新形势,反映出新变化。

(1) 食品健康化。不健康的包装食品和饮料受到冷落,口香糖的销售额甚至下跌了 15%;方便面过去连续 2 年都经历了年均 10% 的缩水。根据尼尔森监测数据,功能饮料和果汁饮料的销售增速最快,传统的碳酸饮料则快速下滑。

（2）衣着舒适化。对于穿衣来说，中国消费者的穿衣品位在几十年间发生了巨大的变化。以鞋子为例，不少人购鞋的品位可能经历了这样的轨迹：杂牌—安踏、特步—阿迪、耐克—某体育明星同款战靴。早几年中国消费者在购买衣服时讲究物美价廉，品牌在其中并没有那么重要，而如今的年轻消费者，更在意品牌和产品是否能体现自己的品位和气质，这是年轻消费者在穿衣上消费升级需求的体现。近年来有两个日本服装品牌优衣库和无印良品在中国颇受年轻消费者青睐，之所以如此，是因为这两个品牌传递的品牌理念和所倡导的生活方式是简约、舒适。

（3）家居智能化。今天人们的娱乐方式越来越多样，多样化的智能设备让人们的生活越来越便捷，智能家居已经成为一种未来趋势。过去30年，以彩电、冰箱、空调、洗衣机四大件为主的大家电在中国家庭的发展普及，成就了中国家电制造商的全球崛起。随着市场的饱和及消费习惯的变迁，各种改善和提高生活品质的"非必需"小家电开始受到人们的青睐。瞄准细分市场的家电新品类、新应用层出不穷，高端、智能、健康产品市场占有率不断提升，成为拉动家电市场增长的主要动力。

（4）教育多样化。在学龄前阶段，素质类早教辅导班越来越受欢迎。《2017中国家庭教育消费白皮书》显示，学龄前阶段，学前教育消费占家庭年收入26%，36%的学龄前儿童家长每年在辅导班上花费2 000～10 000元，近9成幼儿上过辅导班。家长报班的主要原因是"孩子的兴趣和身心健康发展"。据市场调研，天津市小学一二年级的学生没有家庭作业，这个年龄及以下的孩子有更多的时间专注在兴趣培养上。在小学一年级至高三的K12阶段，家长选择的辅导班内容则以补习语、数、英等主科为主，其次是兴趣班。在高考相关的教育消费中，1/3的家庭在高考消费上花费2万～5万元，即将升高三前的暑假是家长们最愿意花钱的阶段，占比高达49%。

（5）阅读国民化。从当当网2015年到2018年的度销售榜单前20名来看，有4本书（《活着》《解忧杂货店》《摆渡人》和《追风筝的人》）连续4年上榜。2018年度畅销图书前二十名的图书，少儿类图书有6本，比例呈逐年增加的趋势。虚构类畅销书榜单中，余华的《活着》蝉联榜首，获得100%的推荐。

资料来源：崔艳艳. 浅谈CPI如何反映人民美好生活变化[J]. 中国统计，2019（07）：15-17.

居民消费价格指数CPI是反映居民家庭一般所购买的消费品和服务项目价格水平变动情况的宏观经济指标。它是进行经济分析和决策、价格总水平监测和调控及国民经济核算的重要指标。上述案例通过对CPI指数的剖析，反映出我国居民消费升级正加速推进，所以现代CPI调查应该紧随消费趋势，反映消费热点，才能更多地体现新时代人民美好生活的特点。本章主要学习和掌握统计指数的含义和分类、综合指数和平均指数的编制方法以及指数体系等内容。

5.1 统计指数的概念和分类

5.1.1 统计指数的概念及特点

统计指数是统计分析中应用非常广泛的指标,主要用于反映事物数量变动的相对程度。一般将统计指数简称为指数,其概念起源于对物价变动的研究。1650年,英国人沃汉（Rice Voughan）为了测定物价的变动编制了物价指数;之后,指数的应用范围不断扩大,反映的内容也日渐丰富,由单纯反映现象在不同时间上的对比,发展为可以反映现象在不同空间（如不同国家、地区、部门等）上的对比,或者是实际水平与计划水平的对比。但一般提到指数,大多是反映现象在不同时间上变动的相对数。

指数的概念有广义和狭义之分。从广义上说,凡是表明社会经济现象变动的相对数都可以称为指数,如第3章中所介绍的动态相对数、比较相对数和计划完成相对数等。从狭义上说,指数是用来反映那些不能直接相加和对比的由多种因素构成的复杂现象综合变动的相对数。例如,2018年与2017年相比,居

拓展阅读
来淋一阵"指数雨"吧

民消费价格总指数为102.1%,商品零售价格指数为101.9%,农产品生产价格指数为99.1%;2018年与1978年相比,国内生产总值指数为3 689.3%,国内生产总值指数为3 703.0%。本章主要从狭义上介绍统计指数,具体定义为:一种综合反映多种不同事物在不同时间上总变动的特殊的相对数,其专门用来综合说明那些不能直接相加和对比的复杂社会经济现象的变动情况。

统计指数具有以下特点:

（1）综合性。指数要反映的不是某一种事物的数量变动情况,而是某一范围内不同属性的多种事物的数量变动情况,所以它是一种综合性的指数。如股票价格指数是综合反映所有上市公司股票价格的变动,而不是某一上市公司股票价格的变动;分析某市工业企业盈利时,不是研究某一工业企业的盈利变动情况,而是综合分析属于该市范围内所有工业企业的盈利变动情况。综合性的特点说明指数是一种特殊的相对数,它是由一组变量或项目综合对比形成的。

（2）相对性。指数是指总体各现象在不同场合下对比形成的相对数,它可以度量一个现象在不同时间或空间的相对变化。

（3）平均性。在一段时期内各种事物的变化是参差不齐的,所以指数所反映的总体变动只能是一种平均意义上的变动,也就是反映了各个个体变动的一般程度。如某一交易日上海证券交易所综合指数上涨了1.2%,表示该交易日上海证券交易所挂牌交易的所有上市公司股票价格平均来说比前一个交易日上涨了1.2%,其实有的上市公司股票价格上涨幅度超过1.2%,而有的上市公司股票价格上涨幅度低于1.2%。

5.1.2 统计指数的分类

从不同的角度可以将统计指数划分为以下几种不同的类别。

1. 按照研究对象的范围不同分类

统计指数按研究对象的范围不同可分为个体指数和总指数。

个体指数是研究总体中个别现象变动的相对数，如某种产品的产量指数、某种商品的价格指数等。个体指数实质上就是动态相对数，它的编制方法是直接用报告期数值与基期数值进行对比。

$$K = \frac{报告期水平}{基期水平} \times 100\%$$

总指数是反映复杂现象综合变动的相对数。社会经济的复杂现象是由多个因素或者多种产品共同影响，由于多种事物的使用价值不同，其数量或价格的变动不可以直接相加得到，比如一个商业企业所有商品的销售量指数或价格指数、一个工业企业所有产品的产量指数或成本指数等。总指数的编制需要使用专门的编制方法。

总指数与个体指数的区别在于研究范围不同、计算方法也不同，但个体指数是计算总指数的基础。实际上，在个体指数和总指数之间，还存在一种类指数（或称组指数），其实质与总指数相同，只是范围略小一些。

2. 按照所反映指标的性质不同分类

统计指数按统计指标的性质分类可以分为数量指标指数、质量指标指数和价值指数三种。反映数量指标变动情况的指数称为数量指标指数，如商品销售量指数、产品产量指数、工人人数指数。反映质量指标变动情况的指数称为质量指标指数，如商品或产品价格指数、产品单位成本指数、劳动生产率指数等。反映价值量指标在一定时间内变动程度的相对数称为价值指数，如销售额指数、总成本指数等。

3. 按照计算方法不同分类

统计指数按计算方法分类可以分为综合指数和平均指数。综合指数是通过两个相互有联系的总量指标的对比来计算的总指数。平均指数是以个体指数为基础，采取加权平均的形式编制出来的总指数。这两类指数既有区别，又有密切的联系。综合指数是通过"先综合，后对比"来编制的；平均指数是通过"先对比，后平均"来编制的。这里的平均也不是简单平均，实际上也是一种综合，平均只是一种计算形式，综合才是目的。

5.1.3 统计指数的作用

统计指数可以分析社会经济现象总体数量的基本性质，在经济活动分析中更是起着举足轻重的作用。统计指数主要有以下四方面的作用：

1. 综合反映事物的变动方向和变动程度

一个总体现象由若干具体事物构成,且各个事物发展方向和变动程度各异,这就需要一个能对总体现象的变化状态进行综合性分析的指标。一般用指数将这些不能直接相加或比较的现象转化到一个可以进行对比的状态,这是指数的最主要作用。无论哪一种指数,计算的结果一般都是用百分比表示的相对指标。通过这个百分数,我们可以对总体现象的变动方向和变动程度进行把握。例如,某零售商场的价格指数为110%,则说明该商场的商品价格整体上涨了10%。

2. 测定复杂经济现象的总变动中各个因素变化的影响

在现实中,复杂经济现象的变动都要受到多种因素的影响,表现为若干因素的乘积。比如,商品销售额＝商品销售量×单位商品价格,也就是说商品销售额变动受商品销售量和单位商品价格两个基本因素变动的影响。采用指数分析法,不仅可以反映商品销售额的变动情况,而且可以分别从商品销售量和单位商品价格两个方面对商品销售额的变动进行影响分析,包括影响的方向、影响的程度、影响的绝对值和相对值。

3. 研究事物在长时间内的变动趋势

连续编制形成的指数动态数列可以反映事物的发展变化过程、规律和趋势,从而为我们更深入了解和掌握事物发展的本质提供依据。比如,将历年的居民消费价格指数加以排列,就可以清楚地反映居民消费品价格的长期变化规律。这种方法特别适合对比分析有联系且性质不同的动态数列之间的变动关系,可以进行长时间的发展趋势分析和比较分析,解决不同性质数列之间不能比较的问题。

4. 对多个指标的变动进行综合测评

许多经济现象需要用多个指数构成的指数体系进行系统描述和多角度分析,可以在数量上对多个指数的变动程度和差异程度进行综合测定和评判。比如,编制创新能力指数、宏观经济景气指数、国民幸福指数、企业竞争力指数、技术进步指数等。

5.2 综合指数

5.2.1 综合指数的编制原理

1. 综合指数的编制方法及特点

总指数的计算形式有两种:综合指数和平均指数。综合指数是两个总量指标对比而形成的相对数,是总指数的基本形式。综合指数的重要意义在于它能从绝对量和相对量两个方面反映所研究现象的经济内容和数量变化规律。

综合指数的编制方法是"先综合,后对比",即先解决不同度量单位不能相加的问题,使得不能直接相加的现象变得可以相加,然后再进行对比分析。综合指数的编制方法有两个特点：第一，编制综合指数要从现象之间的联系中，确定与所要研究的现象有关联的同度量因素（先综合）；第二，将引进的同度量因素计算期固定下来，以测定指数化因素的变动，从而解决对比问题（后对比）。

2. 同度量因素的确定

拓展阅读

让指数指向正确的方向

应用统计指数分析的主要目的，是把数量上无法直接相加的现象总量转化、过渡为能够加总的数量。这个转化和过渡过程的完成，关键是在经济现象的联系中寻找同度量因素，而后再把它的计算期固定下来，以反映我们所要研究现象的变化情况。因此，应用统计指数分析社会经济现象时，应重点解决以下两个问题：一是如何选择同度量因素，即在影响现象总体变化的诸多因素中，判断选择哪个因素作为同度量因素才是最合理的；二是如何固定同度量因素，即判断把同度量因素固定在哪个时期才是恰当的。

（1）同度量因素的选择。同度量因素是指把不能直接相加的指标过渡为可以相加的因素。它有两个作用：一是同度量作用，即可以使不能直接相加的指标过渡到可以相加；二是权数作用，即从客观上体现了它在实际经济现象或过程中的份额或比重。

如何选择同度量因素呢？在一个因素表达式中，要反映等式左边某个指标的变化，就计算该指标的指数，而等式左边的其他因素即为同度量因素。比如：产量 × 单价 = 产值，在这个因素表达式中如果要反映产量的变化，就计算产量指数，此时产量是指数化因素，而单价就是同度量因素；同理，如果要反映单价的变化，就计算单价指数，此时单价是指数化因素，而产量就是同度量因素。类似的因素表达式有：销售量 × 销售价格 = 销售额；产量 × 单位成本 = 总成本（生产费用）；全部工人数 × 全员劳动生产率 = 总产值。

（2）同度量因素的固定。因为要反映的个是同度量因素的变化，所以同度量因素要固定在同一时期，以便消除其变化来测定所要研究的那个因素，即指数化指标的变动。同度量因素可以固定在基期、报告期、基期和报告期的平均数，或某一特定时期的水平上。

按照同度量因素固定的时期不同，有以下几种不同综合指数的编制方法。拉氏指数把同度量因素固定在基期；帕氏指数把同度量因素固定在报告期；马歇尔-埃奇沃斯指数把同度量因素固定在基期和报告期的平均水平；杨格指数把同度量因素固定在某一固定时期。

在含有两个因素的综合指数中，习惯上以 q 表示数量指标，如产量、销售量、人数等；以 p 表示质量指标，如价格、单位成本等。一般使用下标 1 表示报告期；使用下标 0 表示基期，使用 I 表示总指数，其中 I_q 表示数量指标指数（物量指数），以 I_p 表示质量指标指数（物价指数）。

5.2.2 拉氏指数（基期加权综合指数）

基期加权综合指数就是把同度量因素 q 和 p 固定在基期的水平上，以测定相应的 p 和 q 变动程度的加权综合指数，通常称为拉斯皮尔斯指数，简称拉氏指数。拉氏指数是由德国著名经济统计学家拉斯皮尔斯（Etienne Laspeyres，又译为拉斯佩雷斯），于 1864 年提出"基期加权综合指数"的编制方法，所以人们把这种方法称为"拉氏指数"。其编制公式如下：

拉氏综合物价指数：$I_p = \dfrac{\sum p_1 q_0}{\sum p_0 q_0}$

拉氏综合物量指数：$I_q = \dfrac{\sum q_1 p_0}{\sum q_0 p_0}$

上述公式中，$\sum p_0 q_0$ 是基期真实的价值总量，而 $\sum q_1 p_0$ 和 $\sum p_1 q_0$ 都是假设的价值总量，其中 $\sum q_1 p_0$ 是假设将报告期的产量以基期的价格出售获得的价值总量，$\sum p_1 q_0$ 是假设将基期的产量以报告期的价格出售获得的价值总量。由此可见，拉氏指数的计算具有一定的假设性，即假定作为同度量因素的指标在报告期与基期没有发生改变，但都固定在基期。

例 5-1：某商业企业经营三种商品，其基期和报告期的有关资料如表 5-1 所示，要求用拉氏综合指数编制商品价格指数和商品销售量指数。

表 5-1 某企业三种商品有关销售资料

商品名称	计量单位	销售量		价格 / 元	
		基期 q_0	报告期 q_1	基期 p_0	报告期 p_1
甲	件	3 000	3 600	2 000	2 200
乙	千米	400	420	3 600	4 000
丙	吨	4	5	4 000	4 000

（1）根据表 5-1 资料使用拉氏综合指数编制商品价格指数，选定销售量 q 为同度量因素，又将同度量因素固定在基期，也就是把销售量固定为 q_0，相关销售额数据计算如表 5-2 所示。

表 5-2 某企业三种商品销售额数据计算表

商品名称	计量单位	销售量		价格 / 元		基期销售额 $p_0 q_0$	按基期销售量计算的报告期销售额 $p_1 q_0$
		基期 q_0	报告期 q_1	基期 p_0	报告期 p_1		
甲	件	3 000	3 600	2 000	2 200	6 000 000	6 600 000
乙	千米	400	420	3 600	4 000	1 440 000	1 600 000
丙	吨	4	5	4 000	4 000	16 000	16 000
合计	—	—	—	—	—	7 456 000	8 216 000

根据表 5-2 计算拉氏商品价格指数：

$$I_p = \frac{\sum p_1 q_0}{\sum p_0 q_0} = \frac{8\,216\,000}{7\,456\,000} = 110.19\%$$

$$\sum p_1 q_0 - \sum p_0 q_0 = 8\,216\,000 - 7\,456\,000 = 760\,000（元）$$

计算结果表明，综合来看报告期三种商品的价格比基期平均上涨了 10.19%，由于价格上涨而增加的销售额为 760 000 元。

（2）根据表 5-1 资料使用拉氏综合指数编制商品销售量指数，选定价格 p 为同度量因素，又将同度量因素固定在基期，也就是把价格固定为 p_0，相关销售额数据计算如表 5-3 所示。

表 5-3 某企业三种商品销售额数据计算表

商品名称	计量单位	销售量		价格/元		基期销售额 $q_0 p_0$	按基期价格计算的报告期销售额 $q_1 p_0$
		基期 q_0	报告期 q_1	基期 p_0	报告期 p_1		
甲	件	3 000	3 600	2 000	2 200	6 000 000	7 200 000
乙	千米	400	420	3 600	4 000	1 440 000	1 512 000
丙	吨	4	5	4 000	4 000	16 000	20 000
合计	—	—	—	—	—	7 456 000	8 732 000

根据表 5-3 计算拉氏商品销售量指数：

$$I_q = \frac{\sum q_1 p_0}{\sum q_0 p_0} = \frac{8\,732\,000}{7\,456\,000} = 117.11\%$$

$$\sum q_1 p_0 - \sum q_0 p_0 = 8\,732\,000 - 7\,456\,000 = 1\,276\,000（元）$$

计算结果表明，综合来看报告期三种商品的销售量比基期平均上涨了 17.11%，由于销售量上涨而增加的销售额为 1 276 000 元。

拉氏指数既有优点也有缺点。它的优点在于：第一，由于同度量因素的时期固定在基期，因而能单纯反映指数化因素的变动情况；第二，以基期质量指标和基期数量指标作为权数，既避免了收集报告期指标用于加权的困难，又使指数数值之间可以进行相互比较计算，用以说明所研究现象变化的程度，计算简便。它的缺点是不能反映报告期有关指标对所求综合指数的影响，容易脱离实际。尤其是有些新产品根本就没有基期价格，只能估算，所以会影响指数的准确性。

5.2.3 帕氏指数（报告期加权综合指数）

报告期加权综合指数就是把同度量因素 q 和 p 固定在报告期的水平上，以测定相应的 p 和 q 变动程度的加权综合指数，通常称为帕斯彻指数，简称帕氏指数。帕氏指数是由德国著名经济统计学家帕斯彻（Hermann Pasche，又译为帕舍），在 1874 年提出的"报告期加权综合指数"编制方法，所以人们将这种方法称为"帕氏指数"。其编制公式如下：

$$帕氏综合物价指数：I_p = \frac{\sum p_1 q_1}{\sum p_0 q_1}$$

$$帕氏综合物量指数：I_q = \frac{\sum q_1 p_1}{\sum q_0 p_1}$$

在上述公式中，$\sum p_1 q_1$ 是报告期真实的价值总量，而 $\sum p_0 q_1$ 和 $\sum q_0 p_1$ 都是假设总量，其中 $\sum p_0 q_1$ 是假设将报告期的产量按基期价格销售获得的销售额，$\sum q_0 p_1$ 是假设将基期的产量按照报告期的价格销售获得的销售额。由此可见，帕氏指数的计算也具有一定的假设性，即假定作为同度量因素的指标在报告期与基期没有发生变化，但都固定在报告期。

例 5-2：利用表 5-1 的数据资料，要求用帕氏综合指数形式编制商品价格指数和商品销售量指数。

（1）根据表 5-1 资料使用帕氏综合指数编制商品价格指数，选定销售量 q 为同度量因素，又将同度量因素固定在报告期，也就是把销售量固定为 q_1，相关销售额数据计算如表 5-4 所示。

表 5-4　某企业三种商品销售额数据计算表

商品名称	计量单位	销售量		价格/元		按报告期销售量计算的基期销售额 $p_0 q_1$	报告期销售额 $p_1 q_1$
		基期 q_0	报告期 q_1	基期 p_0	报告期 p_1		
甲	件	3 000	3 600	2 000	2 200	7 200 000	7 920 000
乙	千米	400	420	3 600	4 000	1 512 000	1 680 000
丙	吨	4	5	4 000	4 000	20 000	20 000
合计	—	—	—	—	—	8 732 000	9 620 000

根据表 5-4 计算帕氏商品价格指数：

$$I_p = \frac{\sum p_1 q_1}{\sum p_0 q_1} = \frac{9\,620\,000}{8\,732\,000} = 110.17\%$$

$$\sum p_1 q_1 - \sum p_0 q_1 = 9\,620\,000 - 8\,732\,000 = 888\,000（元）$$

计算结果表明，综合来看报告期三种商品的价格比基期平均上涨了 10.17%，由于价格上涨而增加的销售额为 888 000 元。

（2）根据表 5-1 资料使用帕氏综合指数编制商品销售量指数，选定价格 p 为同度量因素，又将同度量因素固定在报告期，也就是把价格固定为 p_1，相关销售额数据计算如表 5-5 所示。

表 5-5　某企业三种商品销售额数据计算表

商品名称	计量单位	销售量		价格/元		按报告期价格计算的基期销售额 q_0p_1	报告期销售额 q_1p_1
		基期 q_0	报告期 q_1	基期 p_0	报告期 p_1		
甲	件	3 000	3 600	2 000	2 200	6 600 000	7 920 000
乙	千米	400	420	3 600	4 000	1 600 000	1 680 000
丙	吨	4	5	4 000	4 000	16 000	20 000
合计	—	—	—	—	—	8 216 000	9 620 000

根据表 5-2 计算帕氏商品销售量指数：

$$I_q = \frac{\sum q_1 p_1}{\sum q_0 p_1} = \frac{9\,620\,000}{8\,216\,000} = 117.09\%$$

$$\sum q_1 p_1 - \sum q_0 p_1 = 9\,620\,000 - 8\,216\,000 = 1\,404\,000 \text{（元）}$$

计算结果表明，综合来看报告期三种商品的销售量比基期上涨了 17.09%，由于销售量上涨而增加的销售额为 1 404 000 元。

帕氏指数的优点在于它能反映现行报告期的数量指标或质量指标对所求的综合指数的影响，经济含义比较明确。帕氏指数的缺点是采用报告期指标作为权数，搜集报告期的相应指标工作量大，而且常常会遇到困难；另外，把不同时期的数量（质量）指标的差异仅仅归因于数量（质量）的本身变化是不恰当的。例如，帕氏综合物量指数不仅反映数量指标由 q_0 到 q_1 的变动，而且还包括了质量指标（同度量因素）由 p_0 到 p_1 变动的影响。

拉氏指数与帕氏指数选取的同度量因素不同，即使利用同样的资料来编制指数，两者的结果一般不会相同。拉氏指数与帕氏指数的同度量因素水平和计算结果的不同，表明它们具有不完全相同的经济意义。

拉氏指数与帕氏指数之间的差异有一定的规律。对于同样的资料，一般情况下拉氏指数略大于帕氏指数。帕氏数量指数与拉氏数量指数两个公式相应的绝对额之间的差额，正好等于共变影响额，即

$$(\sum q_1 p_1 - \sum q_0 p_1) - (\sum q_1 p_0 - \sum q_0 p_0) = \sum (q_1 - q_0)(p_1 - p_0)$$

5.2.4　马歇尔-埃奇沃斯指数

马歇尔-埃奇沃斯指数由英国经济学家马歇尔（A. Marshll）于 1887 年提出，由英国统计学家埃奇沃斯（F. Y. Edgeworth）加以推广，所以命名为马歇尔-埃奇沃斯指数，简称"马-埃指数"。它是以同度量因素的基期数值与报告期数值的简单算术平均数作为权数的一种综合指数形式。其编制公式如下：

马-埃综合物价指数：$I_p = \dfrac{\sum p_1 \left(\dfrac{q_0+q_1}{2}\right)}{\sum p_0 \left(\dfrac{q_0+q_1}{2}\right)} = \dfrac{\sum p_1 q_0 + \sum p_1 q_1}{\sum p_0 q_0 + \sum p_0 q_1}$

马-埃综合物量指数：$I_q = \dfrac{\sum q_1 \left(\dfrac{p_0+p_1}{2}\right)}{\sum q_0 \left(\dfrac{p_0+p_1}{2}\right)} = \dfrac{\sum q_1 p_0 + \sum q_1 p_1}{\sum q_0 p_0 + \sum q_0 p_1}$

例 5-3：利用例 5-1 的数据，使用马-埃指数形式编制商品价格指数和商品销售量指数，结合表 5-2 至表 5-5 中的相关数据，得到如下结果：

马-埃综合物价指数：$I_p = \dfrac{\sum p_1 \left(\dfrac{q_0+q_1}{2}\right)}{\sum p_0 \left(\dfrac{q_0+q_1}{2}\right)} = \dfrac{\sum p_1 q_0 + \sum p_1 q_1}{\sum p_0 q_0 + \sum p_0 q_1}$

$$= \dfrac{8\,216\,000 + 9\,620\,000}{7\,456\,000 + 8\,732\,000} = 110.18\%$$

马-埃综合物量指数：$I_q = \dfrac{\sum q_1 \left(\dfrac{p_0+p_1}{2}\right)}{\sum q_0 \left(\dfrac{p_0+p_1}{2}\right)} = \dfrac{\sum q_1 p_0 + \sum q_1 p_1}{\sum q_0 p_0 + \sum q_0 p_1}$

$$= \dfrac{8\,732\,000 + 9\,620\,000}{7\,456\,000 + 8\,216\,000} = 117.1\%$$

可以看出，马-埃公式的分子是拉氏公式的分子和帕氏公式的分子之和，马-埃公式的分母是拉氏公式的分母和帕氏公式的分母之和，所以马-埃指数的结果一定介于拉氏指数和帕氏指数之间。

5.2.5 杨格指数

杨格指数由英国学者杨格（A. Yaung）提出，把同度量因素固定在报告期与基期以外的某个常态时期，或以同度量因素的若干时期数值的平均数作为权数的一种综合指数形式。其编制公式如下：

杨格综合物价指数：$I_p = \dfrac{\sum p_1 q_n}{\sum p_0 q_n}$

杨格综合物量指数：$I_q = \dfrac{\sum q_1 p_n}{\sum q_0 p_n}$

杨格指数的优点在于权数不会因比较时期（基期和报告期）的改变而改变，权数一经选定，多年不变。采用固定权数不仅方便了指数的编制，而且便于观察现象长期发展变化的趋势。

用固定价格编制的销售量指数，这种价格是汇总多种商品销售并进行分析的有效工具，并且可利用其进行各种不同的换算。例如，各环比指数的连乘积等于相应的定基指数；相邻的两个定基指数相除等于相应的环比指数，据此换算可节省许多计算工作量。

需要注意的是，完美的指数是不存在的。上述几种综合指数形式各有利弊，在实际中究竟该采用何种形式的指数，要视具体情况与条件而定。事实上，同度量因素问题是编制综合指数时需要首要解决的问题，也是关于指数编制方法争论最多的问题。

5.3 平均指数

平均指数是总指数的另一种形式，是以个体指数为基础采取加权平均的形式编制出来的总指数。平均指数的编制方法是"先对比，再平均"，即首先计算出单项事物的质量指标或数量指标的个体指数（先对比），然后用某一时期的总量指标作权数，对其进行加权平均计算总指数（再平均），以测定总体现象的平均变动程度。

5.3.1 加权算术平均指数

加权算术平均指数就是个体指数的加权算术平均数，即采用第三章中加权算术平均数的方法对个体指数进行加权平均。如果以 ω 表示绝对数形式的权数，k_p 表示个体价格指数，k_q 表示个体物量指数，那么加权算术平均指数的基本形式如下：

$$I_p = \frac{\sum k_p \omega}{\sum \omega}$$

$$I_q = \frac{\sum k_q \omega}{\sum \omega}$$

上式中，权数 ω 应该如何确定呢？实际上它是根据指数编制的一般原则，以基期实际物值 $p_0 q_0$ 为权数的算术平均数，也被称为加权算术平均指数，即

$$I_p = \frac{\sum k_p w}{\sum w} = \frac{\sum k_p p_0 q_0}{\sum p_0 q_0} = \frac{\sum \left(\frac{p_1}{p_0}\right) p_0 q_0}{\sum p_0 q_0} = \frac{\sum p_1 q_0}{\sum p_0 q_0}$$

$$I_q = \frac{\sum k_q w}{\sum w} = \frac{\sum k_q q_0 p_0}{\sum q_0 p_0} = \frac{\sum \left(\frac{q_1}{q_0}\right) q_0 p_0}{\sum q_0 p_0} = \frac{\sum q_1 p_0}{\sum q_0 p_0}$$

其中，$k_p = \frac{p_1}{p_0}$，代表个体价格指数；$k_q = \frac{q_1}{q_0}$，代表个体物量指数；$w = p_0 q_0$，代表

基期的物值。由上面两个式子可以看出，以基期物值 p_0q_0 加权可以分别得到加权算术平均的物价指数 I_p 和物量指数 I_q，而且加权算术平均指数实际上相当于拉氏综合指数。

例 5-4：某商业企业经营三种商品，销售量个体指数与基期销售额数据如表 5-6 所示，要求计算销售量总指数。

表 5-6 某商业企业三种商品个体指数与销售额的计算表

商品名称	计量单位	销售量个体指数 k_q /%	基期商品销售额 p_0q_0 / 万元	$k_q p_0 q_0$
甲	双	110	220	242
乙	千克	115	130	149.5
丙	米	96	100	96
合计	—	—	450	487.5

销售量总指数：

$$I_q = \frac{\sum k_q \omega}{\sum \omega} = \frac{\sum k_q p_0 q_0}{\sum p_0 q_0} = \frac{487.5}{450} = 108.33\%$$

$$\sum k_q p_0 q_0 - \sum p_0 q_0 = 487.5 - 450 = 37.5 \text{（万元）}$$

计算结果表明，该商业企业三种商品销售量报告期比基期平均增长了 8.33%，由于销售量的增长而使销售额增加 37.5 万元。

5.3.2 加权调和平均指数

加权调和平均指数就是采用加权调和平均的方法，将个体指数进行加权平均。如果以 ω 表示绝对数形式的权数，k_p 表示个体价格指数，k_q 表示个体物量指数，那么加权调和平均指数的基本形式如下：

$$I_p = \frac{\sum \omega}{\sum \dfrac{\omega}{k_p}}$$

$$I_q = \frac{\sum \omega}{\sum \dfrac{\omega}{k_q}}$$

同样，这里需要确定权数 ω，它是以报告期的实际物值 p_1q_1 为权数的调和平均数，被称为加权调和平均指数，即

$$I_p = \frac{\sum w}{\sum \dfrac{w}{k_p}} = \frac{\sum p_1 q_1}{\sum \dfrac{1}{k_p} p_1 q_1} = \frac{\sum p_1 q_1}{\sum \left(\dfrac{1}{\dfrac{p_1}{p_0}}\right) p_1 q_1} = \frac{\sum p_1 q_1}{\sum p_0 q_1}$$

$$I_q = \frac{\sum w}{\sum \frac{w}{k_q}} = \frac{\sum q_1 p_1}{\sum \frac{1}{k_q} q_1 p_1} = \frac{\sum q_1 p_1}{\sum \left(\frac{1}{\frac{q_1}{q_0}}\right) q_1 p_1} = \frac{\sum q_1 p_1}{\sum q_0 p_1}$$

同样，通过上面两个公式可以看出，以报告期的物值 $p_1 q_1$ 加权得到的加权调和平均指数实际上就是帕氏指数。

例 5-5：某商业企业经营三种商品，销售价格个体指数与报告期销售额数据如表 5-7 所示，要求计算销售价格总指数。

表 5-7　某商业企业三种商品个体指数与销售额的计算表

商品名称	计量单位	销售价格个体 k_p /%	报告期商品销售额 $p_1 q_1$ / 万元	$\frac{p_1 q_1}{k_p}$
甲	双	160	440	275
乙	千克	120	180	150
丙	米	90	108	120
合计	—	—	728	545

销售价格总指数：

$$I_p = \frac{\sum p_1 q_1}{\sum \frac{p_1 q_1}{k_p}} = \frac{728}{\frac{440}{160\%} + \frac{180}{120\%} + \frac{108}{90\%}} = \frac{728}{545} = 133.6\%$$

$$\sum p_1 q_1 - \sum \frac{p_1 q_1}{k_p} = 728 - 545 = 183（万元）$$

计算结果表明，该商业企业三种商品销售价格报告期比基期平均增长 33.6%，由于销售价格的提高使销售额增加 183 万元。

例 5-6：假设某商店 2020 年商品收购额和 2019—2020 年各种商品的收购单价如表 5-8 所示，试计算商品收购价格总指数。

表 5-8　某商店商品收购额数据计算表

商品名称	计量单位	单价 / 元		个体指数 /%	2020 年商品收购额 / 元	$\frac{p_1 q_1}{k_p}$
		2019 年	2020 年			
		p_0	p_1	k_p	$p_1 q_1$	
甲	件	10	10.3	103	158 002	153 400
乙	千克	2	2.1	105	145 005	138 100
丙	米	5	5.4	108	80 028	74 100
丁	千克	4	4.4	110	5 016	4 560
合计	—	—	—	—	388 051	370 160

商品收购价格总指数：

$$I_p = \frac{\sum p_1 q_1}{\sum \frac{p_1 q_1}{k_p}} = \frac{388\,051}{\frac{158\,002}{103\%} + \frac{145\,005}{105\%} + \frac{80\,028}{108\%} + \frac{5\,016}{110\%}} = \frac{388\,051}{370\,160} = 104.8\%$$

$$\sum p_1 q_1 - \sum \frac{p_1 q_1}{k_p} = 388\,051 - 370\,160 = 17\,891（元）$$

计算结果表明，四种商品 2020 年收购价格比 2019 年平均提高 4.8%，由于价格提高使该商店 2020 年商品收购额增加 17 891 元。

由上面两个例子可以看出，在编制指数时到底是该选用加权算术平均指数方法，还是选用加权调和平均指数方法，主要取决于所获得的资料。如果已有资料是基期物值 $p_0 q_0$，则选用加权算术平均指数方法计算；如果已有资料是报告期物值 $p_1 q_1$，则选用加权调和平均指数方法计算。

5.3.3 固定权数加权平均指数

固定权数加权平均指数就是通过统计调查，预先确定各项个体指数的权数，然后计算个体指数的加权平均数，它是计算总指数的一种独立形式，属于加权算术平均指数的特殊形式。在实际应用中由于该指数简便灵活，使用方便，很适合市场经济的调查，应用比较广泛。在我国统计工作实践中，居民生活费用价格总指数、农产品收购价格总指数都是使用固定加权平均指数形式进行编制。其计算公式如下：

$$I_p = \frac{\sum k_p w_i}{\sum w_i} = \sum k_p \cdot \frac{w_i}{\sum w_i} = \sum k_p W_i$$

$$I_q = \frac{\sum k_q w_i}{\sum w_i} = \sum k_q \cdot \frac{w_i}{\sum w_i} = \sum k_q W_i$$

其中，k_p 表示个体价格指数，k_q 表示个体物量指数，W_i 表示固定权数。

5.3.4 平均指数的特点

平均指数既可以是综合指数的变形，也可以是独立意义的平均指数。在实际工作中，有时受统计资料的限制，得不到全面资料，这种情况下必须运用平均指数。平均指数是从个体指数出发来编制总指数的，计算形式有两种，分别为加权算术平均指数和加权调和平均指数。这两种形式的平均数指数公式的适用条件和计算公式不尽相同，在实际工作中具有非常广泛的应用价值。

平均指数与综合指数相比有三点不同：第一，综合指数主要适用于全面资料的编制，而平均指数除了适用于全面资料编制外，对于非全面资料的编制更有其现实的应用意义。第二，综合指数一般采用实际资料作为同度量因素来编制，而用平均指数编制既可以采用实际资料作为权数,也可以使用推算权数。利用推算权数进行加权平均计算,弥补了综合指数一般采用实际资料的不足。第三,出发点不同,综合指数是从社会经济现象的总量出发,找出同度量因素后,再加总对比,以观察现象总量的变动,其计算方法可总结为"先综合,后对比";而平均指数从个体指数出发,将它们加权后再平均,以观察个体指数的平均变化,其计算方法可总结为"先对比,后平均"。

平均指数和综合指数之间也有联系,它们都是计算总指数的方法,特别是在平均指数作为综合指数的变形使用的条件下,两种指数计算公式可以互相变换。

5.4 统计指数体系及因素分析

5.4.1 统计指数体系及其作用

社会经济现象是错综复杂的,它往往受到多个相互联系的因素的影响,这种联系一般表现为一种因素连乘的关系。例如:

$$商品销售额 = 商品价格 \times 商品销售量$$
$$生产费用支出额 = 单位成本 \times 产品产量$$

统计上把互相联系的指数所构成的体系叫作指数体系;或者说,指数体系是由反映总体变动的指数以及各因素指数所形成的一套相互联系的指数。上述这些因素连乘关系,在指数体系中仍然存在。例如:

$$商品销售额指数 = 商品价格指数 \times 商品销售量指数$$
$$生产费用支出额指数 = 单位成本指数 \times 产品产量指数$$

由上面可以看出,总变动指数等于各因素指数的连乘积。统计上把分析各构成因素变动对总体变动的影响方向和影响程度的方法称为因素分析法。

拓展阅读

全球创新指数体系的构建

指数体系的主要作用表现在以下两点:第一,可以作为因素分解方法。例如,总成本指数 = 生产量指数 × 单位产品成本指数,这个公式反映了总成本指数的动态变化受生产量指数和单位产品成本指数共同影响。第二,可以用来推算体系中某一个未知的指数。例如,若已知总成本指数、生产量指数、单位产品成本指数三个指数中某两个指数,就可以根据指数体系关系推算另一个未知指数。

5.4.2 综合指数体系的编制和因素分析

1. 综合指数体系一

在编制质量指标指数时以基期数量指标为同度量因素,那么在编制数量指标指数时应以报告期的质量指标为同度量因素,这样便可以形成一套指数体系。

$$总量动态指标 = \frac{\sum p_1 q_1}{\sum p_0 q_0}$$

$$拉氏质量指标指数 = \frac{\sum p_1 q_0}{\sum p_0 q_0}$$

$$帕氏数量指标指数 = \frac{\sum q_1 p_1}{\sum q_0 p_1}$$

总量动态指标 = 拉氏质量指标指数 × 帕氏数量指标指数

$$\frac{\sum p_1 q_1}{\sum p_0 q_0} = \frac{\sum p_1 q_0}{\sum p_0 q_0} \cdot \frac{\sum q_1 p_1}{\sum q_0 p_1}$$

总量动态指标增量 = 质量指标增量 + 数量指标增量

$$\sum p_1 q_1 - \sum p_0 q_0 = \left(\sum p_1 q_0 - \sum p_0 q_0\right) + \left(\sum q_1 p_1 - \sum q_0 p_1\right)$$

例 5-7：根据表 5-9 的资料，使用综合指数体系一对产值变动进行因素分析。

表 5-9　某企业三种商品的产值动态分析表

产品名称	计量单位	产量		出厂价格 / 元		产值 / 元		$p_1 q_0$
		q_0	q_1	p_0	p_1	$p_0 q_0$	$p_1 q_1$	
甲	吨	3 000	3 600	2 000	2 200	6 000 000	7 920 000	6 600 000
乙	千米	400	420	3 600	4 000	1 440 000	1 680 000	1 600 000
丙	千块	4	5	4 000	4 000	16 000	20 000	16 000
合计	—	—	—	—	—	7 456 000	9 620 000	8 216 000

$$总产量动态指数 = \frac{\sum p_1 q_1}{\sum p_0 q_0} = \frac{9\,620\,000}{7\,456\,000} = 129.02\%$$

$$\sum p_1 q_1 - \sum p_0 q_0 = 9\,620\,000 - 7\,456\,000 = 2\,164\,000(元)$$

$$拉氏物价指数 = \frac{\sum p_1 q_0}{\sum p_0 q_0} = \frac{8\,216\,000}{7\,456\,000} = 110.19\%$$

$$\sum p_1 q_0 - \sum p_0 q_0 = 8\,216\,000 - 7\,456\,000 = 760\,000(元)$$

$$帕氏物量指数 = \frac{\sum q_1 p_1}{\sum q_0 p_1} = \frac{9\,620\,000}{8\,216\,000} = 117.09\%$$

$$\sum q_1 p_1 - \sum q_0 p_1 = 9\,620\,000 - 8\,216\,000 = 1\,404\,000(元)$$

从相对数方面分析：129.02% = 110.19% × 117.09%

从绝对数方面分析：2 164 000 = 760 000 + 1 404 000

以上分析结果表明：报告期总产值比基期上升了 29.02%，增加的 2 164 000 元是由于出厂价格上升了 10.19%，导致总产值增加 760 000 元，以及由于产量增加了 17.09%，导致总产值增加 1 404 000 元共同作用的结果。

2. 综合指数体系二

在编制质量指标指数时以报告期数量指标为同度量因素，那么在编制数量指标指数时应以基期的质量指标为同度量因素，这样可以形成另一套指数体系。

$$\frac{\sum p_1 q_1}{\sum p_0 q_0} = \frac{\sum p_1 q_1}{\sum p_0 q_1} \cdot \frac{\sum q_1 p_0}{\sum q_0 p_0}$$

总量动态指标 = 帕氏质量指标指数 × 拉氏数量指标指数

$$\sum p_1 q_1 - \sum p_0 q_0 = \left(\sum p_1 q_1 - \sum p_0 q_1\right) + \left(\sum q_1 p_0 - \sum q_0 p_0\right)$$

总量动态指标增量 = 质量指标增量 + 数量指标增量

例 5-8：根据表 5-9 的资料，使用综合指数体系二对产值变动进行因素分析。

$$总产量动态指数 = \frac{\sum p_1 q_1}{\sum p_0 q_0} = \frac{9\,620\,000}{7\,456\,000} = 129.02\%$$

$$\sum p_1 q_1 - \sum p_0 q_0 = 9\,620\,000 - 7\,456\,000 = 2\,164\,000（元）$$

$$帕氏物价指数 = \frac{\sum p_1 q_1}{\sum p_0 q_1} = \frac{9\,620\,000}{8\,732\,000} = 110.17\%$$

$$\sum p_1 q_1 - \sum p_0 q_1 = 9\,620\,000 - 8\,732\,000 = 888\,000（元）$$

$$拉氏物量指数 = \frac{\sum q_1 p_0}{\sum q_0 p_0} = \frac{8\,732\,000}{7\,456\,000} = 117.11\%$$

$$\sum q_1 p_0 - \sum q_0 p_0 = 8\,732\,000 - 7\,456\,000 = 1\,276\,000（元）$$

从相对数方面分析：$129.02\% = 110.17\% \times 117.11\%$

从绝对数方面分析：$2\,164\,000 = 888\,000 + 1\,276\,000$

以上分析结果表明：报告期总产值比基期上升了 29.02%，增加的 2 164 000 元是由于出厂价格上升了 10.17%，导致总产值增加 888 000 元，以及由于产量上升了 17.11%，导致总产值增加 1 276 000 元共同作用的结果。

可以看出，在一个指数体系中，若数量指标指数用基期指标作同度量因素时，质量指标指数就要用报告期指标作为同度量因素；反之，亦然。因为只有这样，它们之间才能保持数量上的对等关系，因而才能配套形成一个指数体系，这是指数因素分析的基本要求。

5.4.3 统计指数体系中的因素推算

统计指数体系的另一个重要作用就是可以根据已知因素推算未知因素。已知总量动态指标和两个指数中的一个，就可以推算另一个未知指数；或者凡是不便直接计算数量综合变动的事物，就可以进行指数体系中的因素推算。例如：

$$商品销售额指数 = 商品销售量指数 \times 销售价格指数$$

则：

$$商品销售量指数 = 商品销售额指数 / 销售价格指数$$

例 5-9：设某地区商品销售额指数为 111%，销售价格指数为 101%，职工生活费用指数为 102%，试求商品销售量指数和货币购买力指数。

（1）$商品销售量指数 = \dfrac{商品销售额指数}{销售价格指数} = \dfrac{111\%}{101\%} = 110\%$

（2）由于货币购买力指数 × 员工生活费用指数 = 1

$$货币购买力指数 = \dfrac{1}{职工生活费用指数} = \dfrac{1}{102\%} = 98\%$$

推算结果表明：该地区商品销售量上升了 10%，但由于生活费用的上升而使货币购买力下降了 2%。

例 5-10：以价格降低前同一数目的人民币能多购商品 15%，试求物价指数；已知价格上升 1.0%，商品多售出 10%，试求商品流转额发展速度。

（1）$物价指数 = \dfrac{1}{货币购买力指数} = \dfrac{1}{115\%} = 86.96\%$

（2）商品流转额指数 = 商品价格指数 × 商品销售量指数 = 101% × 110% = 111.10%

推算结果表明，由于货币购买力上升导致物价下降了 13.04%；商品流转额上升了 11.10%。

5.5 几种常见的统计指数

5.5.1 工业生产指数

工业生产指数是西方国家普遍用来计算和反映工业发展速度的指标，也是景气分析的首选指标。该指数反映的是某一时期工业经济的景气状况和发展趋势。

我国在 1995 年以前采用综合指数中的杨格指数形式编制工业生产指数，即以某一年价格（固定不变）为同度量因素来测算工业产量的变动程度，计算公式如下：

$$I_{qk} = \dfrac{\sum q_k p_n}{\sum q_0 p_n}$$

上式中，q_k 为报告期工业总产量；q_0 为基期工业总产量；p_n 为选定的不变价格；分子和分母分别表示按不变价格计算的工业总产值。在实践中，为了简化编制工作，常常将权重加以固定，因而 1995 年以后运用固定权重的加权算术平均数编制工业生产指数，其计算公式如下：

$$I_q = \frac{\sum \frac{q_1}{q_0} w_0}{w_0} \text{ 或 } I_q = \frac{\sum \frac{q_1}{q_0} p_n q_n}{p_n q_n}$$

工业生产指数以选取代表产品的数量为基础，根据报告期各种代表产品产量与基期相比计算出个体指数，然后用工业增加值计算各种产品在工业经济中的权数，加权平均计算出工业综合发展速度。

工业生产指数有其独特的优势：第一，符合国际惯例，能直接用于统计资料的国际比较；第二，能较好地满足时效性要求；第三，有助于提高数据的抗干扰能力，提高工业生产发展速度的数据质量；第四，能够提供分行业发展速度，较好地避免行业交叉现象；第五，能够满足新国民经济核算体系的需要。

工业生产指数的不足之处表现在：工业生产指数是相对指标，仅反映短期经济的景气状况和发展趋势，当研究速度和效益问题时，不能提供绝对量指标，也不能提供按企业标志分组的发展速度，这些数据仍需要通过其他途径取得。

5.5.2 居民消费价格指数

居民消费价格指数是度量城乡居民家庭购买并用于日常生活消费的一篮子商品和服务项目价格水平随时间变动的相对数，它可以综合反映居民购买的生活消费品和服务价格水平的变动情况。它是进行国民经济核算、宏观经济分析和预测、实施价格总水平调控的一项重要指标。世界各国一般用居民消费价格指数作为衡量通货膨胀的主要指标。

拓展阅读　CPI 编制实用指南

从 2001 年起，我国采用国际通用做法，逐月编制并公布居民消费价格指数。居民消费价格指数反映一定时期内城乡居民所购买的生活消费品价格和服务项目价格的变动趋势和程度。国家统计局城调总队负责全国居民消费价格调查及价格指数的编制工作。居民消费价格指数在实际中采用加权算术平均指数公式编制。

一般来说，该指数的计算以上年为基期，计算公式如下：

$$I_p = \frac{\sum k_p w}{\sum w}$$

其中，I_p 为居民消费价格总指数；k_p 为个别商品（或类）价格指数；w 为权数。

编制居民消费价格指数的方法有以下几个步骤：

①选择调查地区和调查点；
②对商品进行分类（大、中、小、细类），选择代表性商品和规格品；
③收集代表性商品和规格品价格资料；
④确定各层次的权数（根据城乡居民家庭消费构成来确定，权数相对固定，每年进行

调整），八个大类的总权数为 1，每一大类包含相应的中类（中类权数之和为 1），每一中类又包含相应的小类（小类权数之和也为 1）；

⑤计算价格指数：依次计算代表品—细类—小类—中类—大类—总指数；计算方法采用固定权数平均指数方法：

$$I_p = \frac{\sum k_p w}{\sum w} = \sum k_p \times \frac{w}{\sum w} = \sum k_p w$$

例 5-11：根据表 5-10 的资料，编制 2016 年某地区居民消费价格指数。

表 5-10 2016 年某区域居民消费价格指数（上年 =100）

商品类别和名称	计量单位	平均价格 p_0（上年）	平均价格 p_1（本年）	权数 w	$k_p = \frac{p_1}{p_0}/\%$（以上年为基础的个体指数）
总指数				1	105.24
（一）食品烟酒类				0.34	106.16
1. 粮食类				0.15	105.04
2. 食用油				0.05	95.38
3. 鲜菜				0.10	108
4. 畜肉类				0.21	117.93
5. 水产品				0.13	116.18
（1）海水鲜品				0.48	121.85
A 大黄鱼	斤	10	12	0.40	120
B 小黄鱼	斤	13	16	0.60	123.08
（2）淡水鲜品				0.44	112.50
（3）其他水产品				0.08	102.36
6. 蛋类				0.03	97.58
7. 奶类				0.08	99.65
8. 鲜果				0.11	96.34
9. 烟草				0.06	101.37
10. 酒类				0.08	92.34
（二）衣着类				0.09	102.00
（三）居住类				0.13	118.71
（四）生活用品及服务类				0.06	97.50
（五）交通和通信类				0.10	98.35
（六）教育文化和娱乐类				0.14	102.24
（七）医疗保健类				0.10	104.38
（八）其他用品和服务类				0.04	102.34

以水产品为例，具体计算步骤如下：

①计算各个代表规格品的个体零售价格指数。如海水鲜品中大黄鱼的个体价格指数为

$$k_{p\text{大黄鱼}} = \frac{p_1}{p_0} = \frac{12}{10} = 120.00\%$$

②把各个个体物价指数乘上相应权数后相加，再计算其算术平均数，即得小类指数，如海水鲜品类的价格指数为

$$I_{p\text{海水鲜品}} = \frac{\sum k_p p_0 q_0}{\sum p_0 q_0} = \sum k_p W = 120.00\% \times 0.4 + 123.08\% \times 0.6 = 121.85\%$$

③把各个小类指数分别乘上相应的权数后，再计算其算术平均数，即得中类指数，如水产品类的价格指数为

$$I_{p\text{水产品}} = \frac{\sum k_p p_0 q_0}{\sum p_0 q_0} = \sum k_p W = 121.85\% \times 0.48 + 112.50\% \times 0.44 + 102.36\% \times 0.08 = 116.18\%$$

④把各中类指数乘上相应的权数后计算其算术平均数，即得大类指数。例如，食品烟酒类包含水产品类在内的 10 个中类别，10 个中类别权数和为 1，计算食品烟酒类指数为

$$I_{p\text{食品烟酒类}} = \frac{\sum k_p p_0 q_0}{\sum p_0 q_0} = \sum k_p W = 105.04\% \times 0.15 + 95.38\% \times 0.05 + 108\% \times 0.10 + 117.93\% \times$$

$$0.21 + 116.18\% \times 0.13 + 97.58\% \times 0.03 + 99.65\% \times 0.08 + 96.34\% \times$$

$$0.11 + 101.37\% \times 0.06 + 92.34\% \times 0.08 = 106.16\%$$

⑤使用同样的方法，把其他 7 个大类的指数全部求出，最后将 8 个大类指数乘上相应的权数后计算其算术平均数，即得总指数：

$$I_{p\text{总指数}} = \frac{\sum k_p p_0 q_0}{\sum p_0 q_0} = \sum k_p W = 106.16\% \times 0.34 + 102\% \times 0.09 + 118.71\% \times 0.13 + 97.50\% \times 0.06 +$$

$$98.35\% \times 0.1 + 102.24\% \times 0.14 + 104.38\% \times 0.1 + 102.34\% \times 0.04 = 105.24\%$$

5.5.3 农产品收购价格指数

农产品收购价格指数是反映各种经济类型的商业企业及其他单位，以各种不同价格形式收购农产品的价格变动趋势和程度的相对数。通过农产品收购价格指数可以观察研究农产品收购价格总水平的变化情况，作为制定和检查农产品价格政策的依据。

农产品收购价格指数的编制所选用的商品有 11 大类农产品，分别为粮食类、经济作物类、竹木材类、工业用油漆类、禽畜产品类、蚕丝类、干鲜果类、干鲜菜及调味品类、土特产品类、药材类、水产品类。农产品收购价格指数采用加权调和平均指数公式（即按报告期实际收购金额为权数的加权调和平均公式计算指数）。现以某地区某年农产品中的水产品类收购价格指数的编制为例，说明农产品收购价格总指数的编制方法。

例 5-12：根据表 5-11 的资料，编制某地区农产品收购价格指数。

表 5-11　某地区农产品收购价格指数编制表（部分）

商品类别和名称	计量单位	平均价格		指数 /% $k_p = \dfrac{p_1}{p_0}$	收购金额 / 百元	
		p_0（上年）	p_1（本年）		$p_1 q_1$ 本年实际	$\dfrac{1}{k_p} p_1 q_1$ 按上年价计算
十一、水产品类				104.21		
1. 海水鲜品				103.01	3 068 559	2 978 768
小黄鱼	百公斤	1 124.94	1 112.09	98.86	403 397	408 049
大黄鱼	百公斤	6 289.68	6 127.38	97.42	84 619	86 860
带鱼	百公斤	914.92	998.21	109.10	572 543	524 787
鲅鱼	百公斤	1 247.00	1 247.01	100.00	1 451 932	1 451 932
墨鱼	百公斤	1 561.81	1 584.20	101.43	89 127	87 870
对虾	百公斤	9 842.19	10 961.06	111.37	466 941	419 270
2. 淡水鲜品				110.20	1 739 424	1 578 425
3. 其他水产品				101.20	1 980 000	1 956 522

表 5-11 中的数据是所有商品的上年平均价格和本年平均价格，以及本年实际收购金额，则编制农产品收购价格指数的步骤如下。

①计算各类代表规格品的个体物价指数，如小黄鱼的个体物价指数如下：

$$k_p = \frac{p_1}{p_0} = \frac{1112.09}{1124.94} = 98.86\%$$

②把报告期的收购总额除以各代表规格品的个体指数，即得按上年价（基期价格）计算的收购金额，如小黄鱼按基期价格计算的收购金额如下：

$$p_0 q_1 = \frac{1}{k_p} p_1 q_1 = \frac{403\,397}{98.86\%} = 408\,049（百元）$$

③计算各类商品的价格指数，如海水鲜品的价格指数如下：

$$I_{p海水鲜品} = \frac{\sum p_1 q_1}{\sum \dfrac{p_1 q_1}{k_p}} = \frac{403\,397 + 84\,619 + 572\,543 + 1\,451\,932 + 89\,127 + 466\,941}{408\,049 + 86\,860 + 524\,787 + 1\,451\,932 + 87\,870 + 419\,270}$$

$$= \frac{3\,068\,559}{2\,978\,768} = 103.01\%$$

④若已知淡水鲜品和其他水产品本年的收购金额分别为 1 739 424 百元和 1 980 000 百元，使用上一步的方法计算淡水鲜品和其他水产品的价格指数分别为 110.20% 和 101.20%。

⑤计算水产品类的收购价格指数如下：

$$I_{p\text{水产品类}} = \frac{\sum p_1 q_1}{\sum \frac{p_1 q_1}{k_p}} = \frac{3\,068\,559 + 1\,739\,424 + 1\,980\,000}{2\,978\,768 + 1\,578\,425 + 1\,956\,522} = \frac{6\,787\,983}{6\,513\,715} = 104.21\%$$

结果表明，该地区水产品类收购价格指数为 104.21%。

⑥使用同样的方法计算其他类农产品的价格指数，然后使用加权调和平均指数的计算方法，即可计算得到农产品收购价格总指数。

5.5.4 股票价格指数

股票是由股份公司发给投资者作为入股的凭证，持有者有权分享公司的利益，同时也要承担公司的责任和风险。股票具有"价值"，并可作为"商品"转让。股票"价值"决定了股票价格，但是股票价格会受多种因素的影响而围绕着股票"价值"上下波动，有时这种波动幅度相当大。如股票的供求状况，当市场上可供投资的金融工具很少、股票发行量又很小时，供不应求的局面必然使股票成为抢手货，股票价格也就会大大高于其"价值"。相反，如果股票发行过多，政治经济形势的变化以及某些机构对股市的控制或操纵等，也会对股票价格产生一定影响。正因为如此，股票价额的变动，已成为反映一个国家、地区的政治、经济形势变动的晴雨表。

在股价指数的编制方法中，综合指数是一种重要编制方法，其公式如下：

$$I_p = \frac{\sum p_1 q}{\sum p_0 q}$$

式中，q 表示个体股票的发行量（或交易量），通常可以固定在基期水平上，但也可以固定在报告期水平上。

下面介绍几种影响较大、编制方法有代表性的股票价格指数。

（1）道·琼斯股价指数。道·琼斯股价指数是由美国新闻出版商公司计算并发布的，是历史最悠久的股票价格指数。道·琼斯股价指数平均数以 1928 年 10 月 1 日为基期，即以该日的股份平均数为基数，因为这一天收盘时的道·琼斯股票价格平均数恰好约为 100 美元，所以就将其定为基准日。以后各期股票价格同基期相比计算出来的百分数就成为各期的股票价格指数。

（2）标准普尔股价指数。除了道·琼斯股价指数外，标准普尔股价指数在美国也很有影响，它是由美国最大的证券研究机构——标准普尔公司编制的股票价格指数。该指数的编制以 1941 年至 1943 年抽样股票的平均市价为基期，以上市股票数为权数，按基期进行加权计算，基点数为 10。其计算公式如下：

$$\text{标准普尔股票价格指数} = \frac{\text{报告期股票市场价格} \times \text{报告期股票数}}{\text{基期的股票市场价格} \times \text{基期股票数}} \times 10$$

（3）香港恒生指数。香港恒生指数是由香港恒生银行于1969年11月24日开始编制发表。它以1964年7月31日为基期，由于这一天香港股市运行正常，成交值均匀，基点确定为100点，其计算方法如下：

$$香港恒生股票价格指数 = \frac{报告期收盘价 \times 发行股票数}{基期市值} \times 100$$

（4）上海证券交易所指数。作为国内外普遍采用的衡量中国证券市场表现的权威统计指标，由上海证券交易所编制并发布的包括上证180指数、上证50指数、上证综合指数、上证380指数，以及以上证国债、企业债和上证基金指数为核心的上证指数体系，以科学表征上海证券市场层次丰富、行业广泛、品种拓展的市场结构和变化特征，便于市场参与者进行多维度分析，引导市场资金的合理配置。

（5）深圳证券交易所指数。深圳证券交易所指数于1991年4月4日开始编制发布，该指数以1991年4月3日为基期，基期指数为100。深圳证券交易所股价综合指数采用基期总股本为权数计算，以所有上市公司股票为样本股。如样本股的股本有变动时，以变动之日为新基日，以新基数进行计算，其计算公式如下：

$$今日即时指数 = 上一营业日收盘指数 \times \frac{今日现时总市值}{上一营业日收盘总市值}$$

$$今日现时总市值 = 各样本股的市值 \times 已发行股数$$

深证成分指数的编制方法是在所有的上市公司中按一定标准选出一定数量具有代表性的上市公司，采用成分股的可流通股数为权数，用派氏加权股价指数为计算公式进行综合计算编制，计算公式如下：

$$即日成分股指数 = \frac{即日成分股可流通总市值}{基日成分股可流通总市值} \times 100$$

本章小结

1. 统计指数是一种综合反映多种不同事物在不同时间上总变动的特殊的相对数，即专门用来综合说明那些不能直接相加和对比的复杂社会经济现象的变动情况。

2. 统计指数按计算方法可以分为综合指数和平均指数。综合指数采用"先综合，后对比"的方法编制；平均指数采用"先对比，后平均"的方法编制。

3. 综合指数可以分为数量指标综合指数和质量指标综合指数两类。综合指数编制时需要在经济指标的相互联系中寻找同度量因素，把不能直接相加的指标过渡为可以相加的指标，而且必须让同度量因素固定不变，起到权数的作用。综合指数的编制包括以基期加权的拉氏指数、以报告期加权的帕氏指数、以交叉加权的马-埃指数和以固定加权的杨格指数。

4. 平均指数是编制总指数的另外一种重要形式，它先计算所研究事物的各个个体指数，然后将各个个体指数加权平均求得总指数。平均指数包括加权算术平均指数（采用基期物值作权数）、加权调和平均指数（采用报告期物值作权数）和固定权数平均指数（采用某一固定值作权数）。

5. 指数体系是由反映总体变动的指数以及各因素指数所形成的一套相互联系的指数。综合指数体系通过对总量动态指标、质量指标指数和数量指标指数的分析，从相对数和绝对数两个方面来分析质量指标和数量指标因素的变动对于总量指标的动态影响。

即练即测

练习题

一、思考题

1. 指数具有哪些性质和作用？
2. 编制综合指数有哪些要点和原则？
3. 综合指数与平均指数有何区别和联系？
4. 在计算加权综合指数时，指数中的分子和分母必须是同一时期的吗？为什么？
5. 指数体系具有哪些作用？
6. 指数因素分析的基本要求是什么？

二、计算操作题

1. 根据下表的资料计算：（1）拉氏综合物价指数和拉氏综合物量指数；（2）帕氏综合物价指数和帕氏综合物量指数。

商品	计量单位	销售单价/元		销售量	
		2019 年	2020 年	2019 年	2020 年
洗衣机	台	1 500	1 700	500	400
电视机	台	3 000	3 200	100	120
运动衣	件	200	240	880	920

2. 根据下表资料，计算三种产品产量总指数以及由于产量增加使企业所增加的产值。

商品	实际产值 / 万元		2020 年比 2017 年产量增长 /%
	2017 年	2020 年	
甲	460	6 245	62
乙	692	1 248	14
丙	912	1 986	38

3. 某商店三种商品销售额资料如下表所示，试计算价格总指数以及由于价格的变动对销售额的影响。

商品	计量单位	价格/元		本月销售额
		上月	本月	
甲	件	100	110	110
乙	台	50	48	24
丙	套	60	63	37.8

4. 根据下列资料计算某市居民消费价格指数，分别计算 A、$B \cdots I$ 的数值。

商品类别和名称	计量单位	平均价格		权数 w	以上年为基础个体指数/%	以上年为基础类指数/%
		p_0（上年）	p_1（本年）			
总指数				1		I
（一）食品烟酒类				0.34		H
1. 粮食类				0.15		G
（1）细粮		15	12	0.9	E	—
（2）粗粮		10.5	8	0.1	F	—
2. 食用油				0.05		102
3. 鲜菜				0.10		115
4. 畜肉类				0.21		D
（1）猪肉		28	24	0.45	A	—
（2）牛肉		36	30	0.40	B	—
（3）羊肉		42	40	0.15	C	—
5. 水产品				0.13		105
6. 蛋类				0.03		98
7. 奶类				0.08		102
8. 鲜果				0.11		95
9. 烟草				0.06		98
10. 酒类				0.08		95
（二）衣着类				0.09		85
（三）居住类				0.13		126
（四）生活用品及服务类				0.06		98
（五）交通和通信类				0.10		96
（六）教育文化和娱乐类				0.14		102
（七）医疗保健类				0.10		106
（八）其他用品和服务类				0.04		101

5. 某家电公司手机、空调、电脑和彩电四种商品价格下调幅度及调价后一个月的销售额资料如下表。

商品名称	调价幅度 /%	销售额 / 万元
手机	-11.5	52
空调	-10.0	103
电脑	-8.0	350
彩电	-13.5	25

试问与本次调价前一个月的价格水平相比，上述四种商品价格平均下调了百分之几？由于价格下调使该商品在这四种商品的销售中少收入多少万元？

6. 某企业生产和销售甲、乙两种不同的产品，两种产品的销售资料情况如下表。

产品名称	单位	销售量		销售单价 / 元	
		基期	报告期	基期	报告期
甲	件	450	500	200	300
乙	千克	650	800	500	750

计算：（1）两种产品的销售额综合指数；（2）两种产品的拉氏物价指数和帕氏物量指数；（3）从绝对数和相对数两方面分析产量和价格的变动对销售额的影响。

三、案例分析题

数说"人文发展指数"那些事

人文发展指数，是由联合国开发计划署研发，按照特定方法，以"预期寿命、教育水平和生活质量"三项基础变量计算出来的综合指标，可以衡量各国、各地区的健康、教育和收入水平的高低。人文发展指数取值范围在 0～1 之间。一个国家的人文发展指数值越接近1，该国社会和经济发展水平越高；人文发展指数值越低，该国社会和经济发展水平越差。通常，人文发展指数值在 0.90 以上为超高水平；在 0.8～0.899 之间为较高水平；在 0.5～0.799 之间为中等水平；在 0.5 以下为较低水平。人文发展指数，突破了传统的单纯以国内生产总值多少来衡量经济发展程度的局限，将社会指标与经济指标相结合，多维度立体考评，更有利于促进全方位改善和提高人民生活水平。

2018 年，联合国开发计划署发布了人文发展报告，数据显示：在覆盖 189 个国家和地区的人文发展指数中，有 59 个国家和地区属于"高水平"，有 82 个国家和地区属于"较高水平"和"中等水平"，有 38 个国家和地区属于"低水平"（2010 年，有 46 个"高水平"，有 49 个"低水平"）。总体来看，1990—2018 年，世界各国的人文发展指数平均提高了 22%，人均预期寿命、教育水平和生活质量都得到很大提升。

人文发展指数，似乎是一个宏观的、庞大的、距我们生活很遥远的指标。但因为人文发展指数的观测点是健康、教育和收入水平，这三大指标又几乎如同阳光、空气和水一样，与我们的生活密不可分。因此，从这个意义上说，人文发展指数又与我们的生活息息相关。

人文发展指数的计算经历过多次调整和变化。比如，健康长寿指标是用人口出生时预期寿命来衡量的。预期寿命是人口平均预期寿命，它是对同期出生的一批人进行追踪调查，分别记录各年龄段死亡人数直至最后一个人寿命终结，并以假定"分年龄死亡率"不变为依据，计算出这批人预计能存活的年数。实际上"分年龄死亡率"会变，因此，平均预期寿命只是一个假定指标。又比如教育指数，最初是用成人识字率（占 2/3 权重）及小学、中学、大学综合入学率（占 1/3 权重）来测算的。2010 年，改用"25 岁以上人口平均受教育年限"和"学龄儿童预期受教育年限"两个指标，代替"成人识字率"和"毛入学率"。这一修改，既简单通俗又方便计算。再比如，收入水平最初用实际人均国内生产总值 GDP 来测量。2010 年，改用人均国民总收入 GNI 来衡量。人文发展指数具体计算时，首先计算出预期寿命、教育、收入三项指数，比如，预期寿命指数＝（实际值－设定的最小值）÷（设定的最大值－设定的最小值）；其次，将求得的预期寿命指数、教育指数、收入指数连乘并开 3 次方求得人文发展指数。

自 1990 年首次计算和发布人文发展指数以来，挪威和加拿大多次居首。其中，2000 年以前，加拿大多次领跑，2001 年后，挪威长期居前。1990—2018 年，29 年间，挪威 16 次居首，加拿大 9 次居首，日本 2 次居首，澳大利亚、冰岛各 1 次居首。第二及以下位次常发生变化，但排名靠前的国家和地区主要有：挪威、瑞典、丹麦、芬兰、冰岛、德国、加拿大、澳大利亚、新西兰、美国、瑞士、荷兰、韩国、日本、中国香港等。

[案例节选来源：宫春子，张春光.数说"人文发展指数"那些事[J].中国统计，2019（09）：65-67.]

根据上述案例内容，思考以下问题：
1. 人文发展指数编制的原则是什么？
2. 编制人文发展指数有什么意义？

学习目标

- ◆ 理解概率、随机变量和概率分布等概念；
- ◆ 理解和掌握离散型随机变量和连续型随机变量的概率分布基本理论；
- ◆ 理解和掌握二项分布和泊松分布的基本理论；
- ◆ 理解和熟练掌握正态分布和标准正态分布的基本理论；
- ◆ 理解和掌握 t 分布、χ^2 分布和 F 分布的基本理论。

重点与难点

- ◆ 区分各种分布的适用条件；
- ◆ 熟练应用正态分布解决各种实际问题。

【思政案例导入】

巨大量核酸检测是如何完成的

新冠病毒核酸检测是目前及早确定病人是否被感染，以及及早发现、及早隔离、及早治疗的最有效的检测方法。核酸检测灵敏度高，当然要求实验室的条件也非常高，并且完全手工操作，需要很多的步骤，工作量很大。要想在短时间内完成大量的人员检测，难度可想而知。2020 年上半年，为了能够更全面、更安全地复产复工，我国在部分省市开展了新冠病毒集中核酸检测的工作。当时因为时间紧，且需要检测的人员又比较多，日均检测量非常庞大，如何才能又快又准确地完成这项工作呢？采取"混合样本检测"的方式，是一种较佳的解决方法。所谓混合样本检测，是指将若干份样本混合成1份来进行检测，如果为阴性，该份混合样本中的所有样本全部通过；如果为阳性，则需要将混合样本中的每份样品单独检测。当然，混样检测也有其应用条件，就是只有实际中的阳性概率比较低时，采用该方法才能体现出它的优势。

从贝叶斯定理的角度来看，随机抽检一个被测者，由于检测之前此人的信息并不充分，故检测之前有真阳性 $P(A|B)$、假阳性 $P(AC|B)$、真阴性 $P(AC|BC)$ 和假阴性 $P(A|BC)$ 四种可能性，这些可能性的大小由该疾病的感染率及检测技术的准确率决定。其概率如表 6-1 所示。

表 6-1 感染概率表

分类	感染	未感染
阳性	0.000 98（真阳性）	0.009 99（假阳性）
阴性	0.000 02（假阴性）	0.989 01（真阴性）

实验中说的是"检测结果为阳性"，那么只有两种可能性：真阳性和假阳性。其发生的概率分别为 0.000 98 和 0.009 99，真阳性的概率仅为假阳性概率的十分之一，这说明即使检测为阳性，也不一定是患者，这就是所谓的"假阳性"。同理，此实验也说明存在着"假阴性"的现象，不过它的概率非常非常小，仅为 0.000 02，在此不加以讨论。

这个实验的实际意义包含两个方面：一方面是提高确定感染的准确率。如果不做检测，随机选取一人，此人被感染的概率为 $P(A)$=0.1%；若检测后为阳性反应，则根据检测得到的信息，此人被感染的概率为 $P(A|B)$=8.93%。感染的概率从 0.1% 提高到 8.93%，增加了近 90 倍，说明这种检测对于诊断一个人是否被感染非常有意义。另一方面是检出阳性并非就一定是患者。因为检测结果为阳性，此人感染的概率为 $P(A|B)$=8.93%，这说明即使某人检出阳性，仍不可过早下结论为患者，感染的可能性只有 8.93%，平均来看，100 个人中大约只有 8~9 人确患此病，此时医生需要通过再次检测或其他的方式加以判断，来最终确诊病情。

很多人会认为，既然一次检测显示为阳性但感染的概率还不到 9%，这个概率值比较低，甚至有可能是假阳性，是否可以将其忽略呢？不可以！这里要注意两个概率的数值，随机抽取一个人感染的概率为 0.1%，是比较小的概率，但是对于随机抽取的这个人，已知检测结果为阳性的情况下，此人感染的概率为 8.93%，8.93% / 0.1% = 89.3，感染的概率已经提升了 89.3 倍，即被确诊为患者的可能性大大增加，那这个数值就成为绝对不能忽视的结果了，因为它已经不是小概率数值了。

在人群中存在着"无症状"感染者，既然是"无症状"感染者，我们并不知道他是否真正是患者，只有通过核酸检测阳性才能够显示出来，才能够加以确诊。判断他为患者的

概率，相当于上述中的求 $P(A|B)$。利用混合样本核酸检测方式，大规模筛查"无症状"感染者，通过损失轻微灵敏度的代价，来大幅度提高检测速度，虽然不可能是百分之百的准确，但至少是一种比较可靠、比较稳妥的方法。我国政府通过大量的核酸检测，及时阻断可能的传染源，对消除社会恐慌，促进经济社会的全面恢复，起到了重要作用。

资料来源：嵇冉，王健. 巨大量核酸检测是如何完成的 [J]. 中国统计，2020（09）：19-21.

上述案例告诉我们，适当应用概率统计知识，可以快速完成全民核酸检测这类重大任务，提高工作效率。虽然前面的章节探讨了搜集、整理和描述统计数据的一些方法，但调查样本所得到的数据往往是某些随机变量的观察值。实际上，揭示这些随机变量的变化和概率分布规律，能够加深对所研究对象整体的认识，并根据样本数据对总体进行推断。因此，本章主要介绍与随机变量、概率和概率分布有关的内容，为后续的统计推断打下基础。

6.1 随机事件与概率分布

6.1.1 随机事件及其概率

1. 随机事件的概念

随机事件的概念是从概率统计中的试验和事件的概念发展而来的。在概率统计中，我们把在同一组条件下，对某种事物或现象所进行的观察或实验称作试验。试验要求满足如下三个条件：

第一，试验可以在同样的条件下重复进行；

第二，试验有多种可能的结果，并且能事先预测试验的所有可能结果；

第三，每次试验总是恰好出现可能结果中的 个，但是试验前却并不能肯定这次试验究竟会出现哪一种结果。

凡是同时具有上述三个特点的试验称为随机试验，对于试验观察到的结果称作随机事件。随机事件是指在随机试验中可能出现也可能不出现，而在大量重复试验中具有某种规律性的事件。

例如，抛一枚质地均匀的硬币 100 次，统计"国徽向上"的次数，抛掷硬币这件事是试验，而"国徽向上"就是一个随机事件。观察试验结果，可能是刻有国徽的正面朝上，也可能是刻有币值的一面朝上，这都是试验的结果。

另外，有些事件是必然事件或者不可能事件，它们与随机事件不同。为了加深对随机事件的理解，对于这三类事件进行如下的比较：

（1）随机事件，即在同一组条件下，每次试验可能出现也可能不出现的事件。因此，随机事件也叫偶然事件。

(2)必然事件，即在同一组条件下，每次试验一定出现的事件。

(3)不可能事件，即在同一组条件下，每次试验一定不出现的事件。

比如在抛掷 100 次硬币的试验中，观察"国徽朝上"的次数，则观察到"国徽朝上"的次数在 0～100 次之间的事件，都是随机事件；国徽朝上的次数小于 100 就是必然事件；而国徽朝上的次数大于 100 则是不可能事件。

随机事件简称为事件，通常用大写字母 A、B、C 等来表示。如果一个事件不能分解为两个或更多个事件，则称这个事件为基本事件。

2. 随机事件的概率

某随机事件 A 在试验中出现的可能性大小称为事件 A 的概率，习惯上记作 $P(A)$。基于对事件概率的不同理解，对于概率也有三种不同的定义：概率的古典定义、概率的统计定义和概率的主观定义。

拓展阅读

十赌九输的统计解析

(1) 概率的古典定义。概率的古典定义（古典概率）是指当随机事件中各种可能发生的结果及其发生的次数都是可以推算得知，所以无须经过任何统计试验即可计算出各种可能发生结果的概率的一种方法。古典概率具有如下基本特点：

① 可知性，指随机事件所有可能发生的结果及其发生次数都是可以推算的；

② 无须试验，指不必做统计试验就可以计算各种可能发生结果的概率；

③ 准确性，指依照古典概率方法计算得到的概率是没有误差的。

古典概率把某事件 A 发生的概率定义为事件 A 所包含的基本事件数 m 与所有可能的基本事件数 n 的比值，即

$$P(A) = \frac{\text{事件} A \text{所包含的基本事件数}}{\text{各种可能的基本事件数}} = \frac{m}{n}$$

例如，抛掷硬币的试验有两种可能的结果，出现正面和反面的机会都是相同的，均是 $\frac{1}{2}$；从放有重量和形状都完全相同、而颜色不同的 6 个球的箱子中任取一个球，则选取这 6 种颜色中某种颜色的可能性都是相同的，都是 $\frac{1}{6}$。这些都是古典概率的例子。

古典概率局限于随机试验只有有限个可能的结果，其应用受到了很大的限制。因此，人们又提出根据某一事件重复试验中发生的频率来定义其概率的方法，这就是统计定义的概率。

(2) 概率的统计定义。概率的统计定义（统计概率）是根据大量的、重复的统计试验结果来计算随机事件各种可能发生结果的频率，再把频率视为概率的一种方法。统计定义的概率的基本特点如下：

① 试验性，即必须经过统计试验结果才能计算出各种结果出现的频率，即试验概率；

②大量重复性,即试验次数必须足够大,重复进行每次试验的条件和程序必须相同;

③误差性,即每做一轮(100次或1 000次)试验,各种结果出现的频率都可能各不相同。

实际上,试验所得到的频率只能是概率的逼近值或估计值。从理论上来说,只有当试验次数不断增大时,这种误差才会逐渐减少;最后,当频率趋于稳定时,就是概率,即

$$P(A) = \frac{m}{n} = p$$

上式中,p 代表频率。

例如,某购物中心想了解顾客在付款时使用会员卡的情况,随机调查 200 名顾客,发现其中有 120 名顾客在付款时主动使用了会员卡,因此,可以认为该购物中心顾客使用会员卡的比例为 60%,不使用会员卡的顾客比例为 40%。

概率的统计定义也有其局限性。在实际应用中,要求在相同的条件下进行大量的重复试验;而事实上,许多现象并不能进行大量的重复试验。有些现象即使能重复试验,也很难保证试验条件完全一致。于是,人们提出了主观概率的概念。

(3)概率的主观定义。概率的主观定义(主观概率)是依据个人对随机事件的认识,主观地确定随机事件中各种可能发生结果的概率的一种方法。在实践中,有的随机事件如果既不能按古典概率的方法,也不能按统计概率的方法来计算其各种可能发生结果的概率,就只能依靠主观概率法来估计了。

对一些无法重复的试验,确定其结果的概率只能根据以往的经验人为确定。因此,主观概率是一个决策者对某事件是否发生,根据个人掌握的信息对该事件发生可能性的判断。主观概率是工商企业决策者经常使用的一种方法。

例如,某企业想投资一个新项目时,总希望对投资项目的成功可能性进行估计和评价。但是,对于一个新的建设项目缺少以前对于这类项目投资的经验,所以在确定投资该项目的成功可能性时,只能是在综合分析多方面信息的基础上,由研究分析人员主观地给出一个概率。例如,该企业投资项目成功的概率为 75%,则投资失败的可能性就是 25%。

6.1.2 随机变量与概率分布

1. 随机事件的数量化和随机变量

在前面的介绍中,我们把随机事件定义为在同一组条件下,每次试验可能出现也可能不出现的事件。这些事件有的可以直接采用数量标识来表示。例如,检验一批零件的结果,可以用不同的尺寸长度或直径来表示;抛掷一枚骰子,可能出现的点数为 1,2,3,4,5,6。显然,这些随机事件都可以采用数量标识来表示。

为了研究的方便,便于进行数学处理,常常需要把原来不采用数量标识的随机事件也转化为采用数量标识的方法来表示,这就是随机事件的数量化。例如,每检验一件产品的结果有合格或不合格两种可能性。我们把出现合格的结果指定为数字 0,把出现不合格的

结果指定为数字 1。这样就把出现数字"0 或 1"与"合格或不合格"一一对应,也可以把数字"0 或 1"与硬币"正面或反面"一一对应。通过这样的方法,我们可以实现随机事件的数量化。

在随机事件数量化以后,我们就可以把某随机事件 A 换成相应的数量标识 X,随机事件 A 出现的概率 $P(A)$ 相应地就变成为数量标识 X 出现的概率 $P(X)$。由于随机事件可能出现各种不同的情形,如抛掷硬币可能出现正面、反面,所以随机事件的数量标识 X 也是一个变量,我们将它称作随机变量。与所有其他的变量一样,随机变量也会有一定的取值范围。

如果能够把随机变量 X 的所有可能取值 x_1,x_2,x_3,…,x_n 都一一列举出来,而且能确定这些取值的相应概率 $P(x_1)$,$P(x_2)$,$P(x_3)$,…,$P(x_n)$,则我们就把 $P(x_i) = P(X = x_i)$ 称为随机变量 X 的概率函数。这样 X 就称为 $P(X)$ 的随机变量,而 $P(X)$ 则称为随机变量 X 的概率函数。

随机变量是在随机事件的基础上发展起来的一个概念。既然随机事件对应于一定的概率,随机变量也就对应于一定的概率,而且用随机变量来研究所对应的概率更全面、更系统。可以说,随机变量是用随机事件描述随机现象的数量关系的发展。

2. 随机变量的基本类型

随机变量按照所取数值的不同情况可以分为两种类型:离散型随机变量和连续型随机变量。

离散型随机变量是可以取可数个数值的随机变量。它既可以取有限个数值,也可以取无限个数值,但这些数值总是可以被一一列举出来。离散型随机变量的取值具有不连续性的特点。例如,某窗口排队的人数 X,就可能取到 1,2,3,…的整数,这就是一个离散型随机变量。常见的离散型随机变量的概率分布有二项分布和泊松分布等。

连续型随机变量可以取某一区间范围中的任何一个数值,所以其取值具有连续性和不间断的特点。例如,某公司当月的销售额和利润就是一个连续型随机变量。最常用的连续型随机变量的概率分布就是正态分布。

3. 两种随机变量的概率分布

离散型随机变量与连续型随机变量的概率分布是不同的。

(1) 离散型随机变量的概率分布。离散型随机变量的概率分布是由离散型随机变量 X 的取值 $x_i (i=1, 2, …, n)$ 及其相应的概率 $P(x_i)$ 所组成的。在统计学中,又把 $P(x)$ 称为 x 的概率分布函数。显然,离散型随机变量的概率分布函数 $P(x)$ 必须满足如下两个要求:

① $0 \leq P(x_i) \leq 1$

② $\sum P(x_i) = 1$

例 6-1:抛掷一个骰子(这是一个有 6 个面的正四方体,每一个面分别标上 1、2、3、

4、5、6个点），点数就表示相应的分数。显然，出现其中某个分数的概率都是 $\frac{1}{6}$，这一离散型随机变量的概率分布，如表 6-2 所示。

表 6-2　抛掷一枚骰子的概率分布

随机事件	x 取值	$P(x)$	累计概率
1	1	1/6	1/6
2	2	1/6	2/6
3	3	1/6	3/6
4	4	1/6	4/6
5	5	1/6	5/6
6	6	1/6	6/6

根据表 6-2 中的累计概率，我们就可以计算出离散型随机变量 X 的取值界于 x_1 和 x_2 的概率，即：

$$P(x_1 \leq X \leq x_2) = P(X \leq x_2) - P(X < x_1)$$

例如，抛掷骰子得到的分数在 2～5 分的概率是：

$$P(2 \leq X \leq 5) = P(X \leq 5) - P(X < 2) = \frac{5}{6} - \frac{1}{6} = \frac{4}{6} = \frac{2}{3}$$

（2）连续型随机变量的概率分布。连续型随机变量的概率分布无法直接用随机变量取某个数值的概率来描述。我们只能用随机变量落在取值区域内的各段区间上的相应概率大小来表示。因此，连续型随机变量的概率分布函数是随机变量取值落在某段区间内的概率大小，而不是随机变量取某个特定值的概率。一个连续型随机变量落在某段区间上的概率，可以用与这一区间相对应的面积来表示。因此，我们就采用某个适当函数在相应区间上进行积分的形式来表示其概率分布。这个能够通过积分来表示随机变量取某段区间上值的概率的函数，就称作是随机变量 X 的概率密度函数 $f(x)$。

随机变量 X 的概率密度函数 $f(x)$ 具有一定的特点。若变量 X 是个连续型的随机变量，其取值区域在 a 和 b 之间，即 $a \leq X \leq b$，则 X 的概率密度函数 $f(x)$ 就必须满足如下条件：

①概率密度函数 $f(x)$ 的曲线总是位于 x 轴上方，满足非负性，即 $f(x) \geq 0$。

②对应于 X 的取值区域在 a 和 b 之间，概率密度函数曲线以下的面积应当等于 1，即：

$$\int_a^b f(x) \mathrm{d}x = 1$$

此外，值得强调的是 $f(x)$ 并不是随机变量 X 取到某个值的概率，即 $f(x) \neq P(X = x)$，$f(x)$ 称为随机变量 X 的概率密度函数，它表示 X 的所有取值 x 及其频数 $f(x)$；而 $P(X = x)$ 表示随机变量 X 取到 x 值的概率，在随机变量连续分布的情况下，$P(X = x)$ 为零。

连续型随机变量的概率也可以用分布函数 $F(x)$ 来表示。分布函数定义如下：

$$F(x) = P(X \leqslant x) = \int_{-\infty}^{x} f(x) \mathrm{d}x$$

其中，$x \in (-\infty, +\infty)$。根据分布函数，$P(a<X<b)$ 可以写为：

$$P(a < X < b) = \int_{a}^{b} f(x) \mathrm{d}x = F(b) - F(a)$$

4. 随机变量的期望值和方差

（1）离散型随机变量的期望值和方差。设离散型随机变量 X 的概率分布为 $P(X = x_i) = p_i$，$i = 1, 2, \cdots$，则离散型随机变量 X 的期望值：

$$E(X) = \sum_{i=1}^{n} x_i p_i$$

离散型随机变量 X 的方差：

$$D(X) = \sum_{i=1}^{n} [x_i - E(X)]^2 p_i$$

（2）连续型随机变量的期望值和方差。设连续型随机变量 X 的概率密度函数为 $f(x)$，则连续型随机变量 X 的期望值如下：

$$E(X) = \int_{-\infty}^{+\infty} x f(x) \mathrm{d}x$$

连续型随机变量 X 的方差：

$$D(X) = \int_{-\infty}^{+\infty} [x - E(X)]^2 f(x) \mathrm{d}x$$

期望值也称作均值，它具有第三章中所讲的平均指标集中化趋势的含义，而随机变量的方差也同样反映了随机变量取值的离散化趋势。

6.2 常见离散型随机变量的概率分布

随机变量的概率分布反映了随机变量取值的分布特征和分布规律。不同的随机变量，其概率分布不同。下面我们首先介绍最常用的离散型随机变量的概率分布：二项分布和泊松分布。

6.2.1 二项分布

许多随机变量往往只可能取到两种不同的值。例如，抛硬币只能出现正面或反面，对某件产品进行质量检验的结果为合格或不合格。此时，如果把出现的结果看作随机变量 X，它就只有两种取值，分别是 a 和 b，则我们通常用 $P(X = a)$ 和 $P(X = b)$ 来分别表示随机变量 X 取 a 和 b 的概率，即取这两个值的可能性的大小。

设随机变量 X 取值为 a 的可能性是 $P(X=a)=p$，则有

$$P(X=b)=1-P(X=a)=1-p=q$$

同时，由于随机变量只能取到两个值中的一个，所以，

$$0<p<1,\ 0<q<1$$

对于每次试验中随机变量的取值具有上述特征的情形，如果重复做 n 次试验，观察某种结果出现的次数 k 的取值规律，这类试验就称为贝努利试验，而相应的随机变量分布就是二项分布。

如果随机变量 X 的密度函数为

$$P(x=k)=C_n^k p^k (1-p)^{n-k},(x=0,\ 1,\ 2,\ \cdots,\ n),$$

则称随机变量 X 服从二项分布，记为 $X \sim B(n,\ p)$。

系数 C_n^x 表示从 n 个元素中抽取 x 个元素的组合。计算公式为

$$C_n^k = \frac{n!}{k!(n-k)!}$$

显然，对于 $P\{X=k\} \geq 0$，$x=1,\ 2,\ \cdots,\ n$，则有

$$\sum_{k=0}^{n} C_n^k p^k q^{n-k} = (p+q)^n = 1$$

二项分布的均值为

$$E(X)=np$$

二项分布的方差为

$$D(X)=nP(1-P)=npq$$

社会经济生活中的很多事例都具有贝努利试验或二项分布的特点。归纳起来它们具有如下共同的性质：

（1）试验包含了相同的且互相独立的 n 次试验，每次试验与其他各次试验结果无关。

（2）每次试验只有两种可能的结果。

（3）每次试验中出现某种结果，如取值 a 或取值 b 的概率是固定不变的。整个 n 次试验的结果是可以计数的，n 次试验中出现某种结果的次数就是一个离散型的随机变量。

为了使用上的方便，统计学家已经编制了现成的二项分布表供我们使用。只要知道了 $(n,\ p)$ 的值，我们就可以根据不同的 $(n,\ p)$ 的值，直接从表中查得随机变量取某个值 k 时的概率。

例 6-2：已知 100 件产品中有 5 件次品，现从中任取一件，有放回地抽取 3 次。求在所抽取的 3 件产品中恰好有 2 件次品的概率。

设 X 为所抽取的 3 件产品中的次品数,则 $X\sim B$(3,0.05),根据二项分布公式有

$$P\{X=2\}=C_3^2(0.05)^2(0.95)^{3-2}=0.007\,125$$

经过计算,在所抽取的 3 件产品中恰好有 2 件次品的概率为 0.712 5%。

6.2.2 泊松分布

在经济管理中,我们经常关心某些事件所发生的次数。例如,一天内通过某高速公路收费站的车辆数目、某服务设施的使用人数、机器出现的故障次数、某公交车站的乘车人数等。这些事件发生的次数都是随机变量,而且取值都是整数:0,1,2,3,4 等。这类问题主要研究的是在某段时间间隔内或者在指定的面积或体积之内,某个随机

拓展阅读
泊松分布的来历

事件发生的次数为 k,即随机变量 X 取值为 k 的概率。这类概率分布称为泊松分布,主要用于描述在某一指定时间范围内或在一定的长度、面积、体积之内每一事件出现次数的分布。

泊松分布是由法国数学家西莫恩-德尼·泊松(Siméon-Denis Poisson)在 1838 年时提出。泊松分布的概率分布函数的计算公式如下:

$$P(X=k)=\frac{\lambda^k\mathrm{e}^{-\lambda}}{k!},\ k=0,1,2,3\cdots$$

上式中,λ 为约定时间间隔内事件发生的平均数,k 为约定时间间隔内事件发生的次数。

泊松分布的期望和方差分别为

$$E(X)=\lambda$$
$$D(X)=\lambda$$

例 6-3:某 4S 店近几年的销售记录表明,店内某品牌汽车的月平均销售量为 10 台,而且服从泊松分布。请问月销售量是 12 台的概率是多少?

由于该 4S 店某品牌汽车的月平均销售量服从泊松分布,且月平均销售量为 10 台,我们就可以得到:

$$E(X)=\lambda=10$$

现在要求,随机变量 X 取值为 12 的概率大小。根据泊松分布的概率分布函数的计算公式,得到:

$$P(X=12)=\frac{10^{12}\mathrm{e}^{-10}}{12!}=9.48\%$$

因此,月销售量是 12 台的概率是 9.48%。

统计学家已编制了现成的泊松分布表,只要确定了概率分布函数中的 λ,查表就可以

得到随机变量 X 取相应值 k 的概率。

在实际应用中,当贝努利试验的次数 n 很大,成功的概率 p 很小时,可用泊松分布来近似地计算二项分布的概率,特别是当 $p \leqslant 0.25$,$n > 20$,$np < 5$ 时,泊松分布与二项分布是非常接近的,用泊松分布近似二项分布的效果良好。

6.3 正态分布

6.3.1 正态分布的基本理论及特征

在自然界和社会经济现象中,许多随机变量的取值都具有连续性,其概率分布形似钟形曲线。我们把这类表现出中间大、两头小特征的随机变量称作正态随机变量,相应的分布称为正态分布。

例如,某地区的降雨量、某公司的年销售额、某城市人们的收入水平、某地区同年龄组的儿童身高、某班同学的考试成绩等很多变量,在正常情况下都服从正态分布。因此,正态分布在实际生活中具有非常广泛而重要的应用。

从统计的角度看,一个服从正态分布的随机变量 X 的分布函数具有如下的形式:

$$P(x \leqslant x_1) = F(x_1) = \int_{-\infty}^{x_1} f(x) \mathrm{d}x = \frac{1}{\sqrt{2\pi}\sigma} \int_{-\infty}^{x_1} \mathrm{e}^{-\frac{(x-\mu)^2}{2\sigma^2}} \mathrm{d}x$$

上式中记:

$$f(x) = \frac{1}{\sqrt{2\pi}\sigma} \mathrm{e}^{-\frac{(x-\mu)^2}{2\sigma^2}}, -\infty < x < +\infty$$

称为随机变量 X 的概率密度函数,其中 μ 是正态分布随机变量的数学期望,σ^2 是正态分布随机变量的方差,它们是正态分布的两个重要参数。随机变量 X 服从正态分布就记作:

$$X \sim N(\mu, \sigma^2)$$

即随机变量 X 服从均值为 μ、方差为 σ^2 的正态分布。由服从正态分布的随机变量的概率密度函数所描绘出的正态分布曲线如图 6-1 所示。

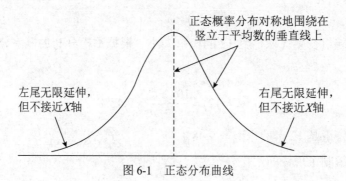

图 6-1 正态分布曲线

正态分布曲线具有下列几个重要的特征：

（1）正态分布曲线只有一个顶点，是单峰曲线，左右对称，其形状像钟形，通常称为钟形曲线。

（2）正态分布总体的均值就是正态曲线的中心。在 $X = \mu$ 处，概率密度函数 $f(x)$ 取到最大值；X 离 μ 越远，$f(x)$ 取值就越小。曲线的左右两个尾端趋向无穷小，但永远不会与横轴相交。

（3）概率密度函数 $f(x)$ 的分布曲线与 X 轴所围成的面积等于1。用数学式表示如下：

$$\int_{-\infty}^{+\infty} f(x)\mathrm{d}x = \int_{-\infty}^{+\infty} \frac{1}{\sqrt{2\pi}\sigma} e^{-\frac{(x-\mu)^2}{2\sigma^2}} \mathrm{d}x = 1$$

（4）当随机变量 X 的数学期望 μ 固定时，概率密度函数 $f(x)$ 的极大值为 $\frac{1}{\sqrt{2\pi}\sigma}$。由此可知，当 σ 越小时，此极大值越大，曲线越陡；当 σ 越大时，此极大值越小，曲线越平坦。而当 σ 固定、μ 变化时，曲线形状不变，只是位置左右移动。

一般来说，若某一变量受到多个随机因素的影响，而各个随机因素所起的作用又都不大时，这个变量 X 通常就服从正态分布。许多随机变量的分布都可以用正态分布来近似。

6.3.2 标准正态分布

当服从正态分布的随机变量，其参数均值 $\mu = 0$，方差 $\sigma^2 = 1$ 时，我们就把这种特定的正态分布称为标准正态分布。标准正态分布也可以是对变量 X 进行标准化处理的结果，即计算如下统计量：

$$Z = \frac{X - \mu}{\sigma}$$

则变量 Z 服从均值为 0 和标准差为 1 的标准正态分布，记作 $Z \sim N(0,1)$。

标准正态分布的密度函数可表示为：

$$f(x) = \frac{1}{\sqrt{2\pi}} e^{-\frac{x^2}{2}}, -\infty < x < +\infty$$

$$F(x_1) = \frac{1}{\sqrt{2\pi}} \int_{-\infty}^{x_1} e^{-\frac{x^2}{2}} \mathrm{d}x$$

在统计中，标准正态分布具有特别的重要性。因为对于任何一个正态分布，我们总可以通过线性变换把它变换为标准正态分布。例如，设随机变量 $X \sim N(\mu, \sigma^2)$，只要令 $Z = \frac{X - \mu}{\sigma}$，通过线性变换，随机变量 Z 同样也服从正态分布，而且可以得知随机变量 Z 的数学期望和方差分别为 $E(Z) = 0$，$D(Z) = 1$。由此可见，随机变量 Z 服从 $Z \sim N(0,1)$ 的标准正态分布。因此，标准正态分布也称为 Z 分布。

为了使用上方便，统计学上编制了标准正态分布函数值表，要想得到标准正态分布的累积分布函数值只要查表就可以了。

6.3.3 正态分布曲线的其他特性

对于标准正态分布曲线，以 $Z=0$ 为中点，Z 取值落在（-1，+1），（-2，+2）和（-3，+3）这三个区间上的概率通常是我们最关注的。查表得到正态曲线中点与 $Z=1$ 之间的曲线下的面积是 0.341 3，根据对称性，可以得到服从标准正态分布的随机变量落在（-1，+1）区间上的概率是 0.682 6；同理，查表可以得到正态曲线中点与 $Z=2$ 之间的曲线下的面积是 0.477 25，所以服从标准正态分布的随机变量落在（-2，+2）区间上的概率是 $2×0.477\ 25=0.954\ 5$；采用同样的方法，查表可以得知随机变量落在（-3，+3）区间上的概率是 0.498 65，所以服从标准正态分布的随机变量落在（-3，+3）区间上的概率是 0.997 3，如图 6-2 所示，即

$$P(-1 \leqslant x \leqslant 1) = P(-1 \leqslant x \leqslant 0) + P(0 \leqslant x \leqslant 1) = 2P(0 \leqslant x \leqslant 1) = 2 \times 0.341\ 3 = 0.682\ 6$$

$$P(-2 \leqslant x \leqslant 2) = P(-2 \leqslant x \leqslant 0) + P(0 \leqslant x \leqslant 2) = 2P(0 \leqslant x \leqslant 2) = 2 \times 0.477\ 25 = 0.954\ 5$$

$$P(-3 \leqslant x \leqslant 3) = P(-3 \leqslant x \leqslant 0) + P(0 \leqslant x \leqslant 3) = 2P(0 \leqslant x \leqslant 3) = 2 \times 0.498\ 65 = 0.997\ 3$$

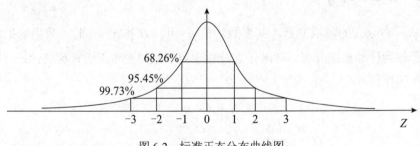

图 6-2 标准正态分布曲线图

由于任何服从正态分布的随机变量 X 都可以用公式 $Z = \dfrac{X-\mu}{\sigma}$ 变换成标准正态分布，所以服从标准正态分布的随机变量 Z 取值落在（-1，+1）区间的概率，相当于服从一般正态分布的随机变量 X 取值落在 $X=\mu$ 的正态曲线中心点左右各一个标准差 σ 之间的概率；同样，服从标准正态分布的随机变量 Z 取值（-2，+2）区间的概率，相当于服从一般正态分布的随机变量 X 取值落在 $X=\mu$ 的正态曲线中心点左右各两个标准差 2σ 之间的概率；而服从标准正态分布的随机变量 Z 取值落在（-3，+3）区间的概率，相当于服从一般正态分布的随机变量 X 取值落在 $X=\mu$ 的正态曲线中心点左右各三个标准差 3σ 之间的概率。

由此，我们可以得到，服从正态分布的随机变量落在某些特

拓展阅读

神奇的正态分布

定范围内的概率肯定服从如下的规律：

（1）正态随机变量取值落在均值加减 1 个标准差范围内的概率约是 68.26%；

（2）正态随机变量取值落在均值加减 2 个标准差范围内的概率约是 95.45%；

（3）正态随机变量取值落在均值加减 3 个标准差范围内的概率约为 99.73%。

其中，第三条规律被称为"3σ 理论"，它在全面质量管理中有非常重要的应用。由于 $P(\mu-3\sigma < X < \mu+3\sigma) = 0.9973$ 意味着当某个表示质量特性的随机变量 $X \sim N(\mu, \sigma^2)$ 时，其质量特性指标值落在 $(\mu-3\sigma, \mu+3\sigma)$ 以外的概率仅为 0.27%。这是一个小概率事件，通常在一次试验中是不会发生的，一旦发生就可以认为是质量出现了异常，所以在质量检验和过程控制中运用"3σ 理论"是非常有效的。

在质量管理理论中还有著名的"6σ 理论"，其依据主要来自于上述正态分布曲线的特性。因为根据正态分布理论，其特征值落在 $(\mu-6\sigma, \mu+6\sigma)$ 以外的概率为十亿分之二，所以 6σ 的质量管理理论把质量管理的水准从"百分之几"精确到"百万分之几"甚至"十亿分之几"，从而实现了产品质量的全面提升。

6.3.4 正态分布的应用

下面，我们通过几个例子来介绍正态分布理论在实际生活中的应用。

例 6-4：某企业工人完成某批工件的加工时间服从正态分布，平均时间为 30 小时，标准差为 15 小时。现计算：

（1）如果用户要求的交货期限是 25 小时，则按时交货的概率是多少？

（2）如果用户要求的交货期限是在 25 小时到 35 小时之间，则按时交货的概率又是多少？

根据题意，把企业工人完成该批工件所需要时间看作随机变量 X，则随机变量 $X \sim N(30, 15^2)$。

若交货期限是 25 小时，意味着加工时间必须小于或等于 25 小时。因此，临界值 $X_1 = 25$，相应的 Z 值：

$$Z_1 = \frac{X_1 - \mu}{\sigma} = \frac{25 - 30}{15} = -0.33$$

从正态分布表中可以查到 $Z \leq 0.33$ 时，相应的概率或左边的面积是 0.6293，所以当交货期限是 25 小时，按时交货的概率如下：

$$P(X \leq 25) = P(Z \leq -0.33) = 1 - P(Z \leq 0.33) = 1 - 0.6293 = 0.3707 = 37.07\%$$

同理，当交货期限在 25 小时到 35 小时之间时，意味着加工时间必须大于等于 25 小时，且小于等于 35 小时。此时，$X_2 = 35$，相应的 Z 值：

$$Z_2 = \frac{X_2 - \mu}{\sigma} = \frac{35 - 30}{15} = 0.33$$

$$P(25 \leq X \leq 35) = P(-0.33 \leq Z \leq 0.33) = P(Z \leq 0.33) - P(Z \leq -0.33)$$
$$= 2P(Z \leq 0.33) - 1 = 25.86\%$$

因此，当交货期限在 25 小时到 35 小时之间时，按时交货的概率是 25.86%。此外，可以通过查表得到正态随机变量落在任意两个数值之间的概率大小。

例 6-5：某地居民的月收入服从正态分布，均值为 4 500 元，标准差为 1 000 元，当地政府拟实施一项社会保障计划，准备对月收入最低的 5% 的居民提供补贴，请问享受补贴的标准应定为多少合适？

由于当地政府准备对月收入最低的 5% 的居民提供补贴，因此，应该查 $\alpha = 0.95$ 时 Z 的临界值，$Z = 1.645$，根据对称性可知，

$$-1.645 = \frac{x - \mu}{\sigma} = \frac{x - 4\,500}{1\,000}$$

因此，$x = 2\,855$ 元，享受补贴的标准应定为 2 855 元比较合适。

6.4 统计量的抽样分布

6.4.1 与抽样分布有关的几个概念

1. 总体分布

总体分布是总体中各单位的观察值所形成的频数或频率分布。如果能把对总体中每一个单位测量的结果罗列出来就可得到总体分布。但由于总体单位数量非常庞大，所以总体分布通常是未知的。不过，我们可以根据实际问题的研究背景来假定总体服从某种分布。

2. 样本分布

样本分布是一组样本中各单位观察值的频数或频率分布。同一变量的不同样本或同一样本的不同变量，其分布都是不同的。由于样本来源于总体，并包含了一部分关于总体的信息，所以样本分布是一种经验分布。当样本容量逐渐增大时，样本分布会逐渐接近于总体分布。

3. 抽样分布

抽样分布是指某一个样本统计量的全部可能取值的概率分布。它是由样本统计量的所有可能的取值以及与之相对应的概率所组成的。具体地说，抽样分布就是从容量为 N 的总体中抽取容量为 n 的样本时，所有可能的样本统计量所形成的分布。假设从容量为 N 的有限总体中最多可以抽取 m 个容量为 n 的样本，那么所有 m 个样本统计量所形成的频率分布

就是抽样分布。一般地说，所有可能计量的抽样分布实际上是一种理论概率分布。

抽样分布提供了样本统计量稳定的信息，是进行统计推断的理论基础，也是抽样推断科学性的重要依据，因此，统计上常用抽样分布来近似总体分布。例如，我们可以使用样本的均值和标准差的分布来描述总体均值和标准差的分布，使用样本的比例分布来描述总体比例的分布。

厘清总体分布、样本分布与抽样分布三个概念非常重要。例如，调查一所中学的所有学生 5 000 人的身高，这就构成了总体分布；从中随机抽取 300 个人，这 300 个人的身高就组成一个样本分布；之后再抽取 50 次 300 人组成的样本，从 50 次样本中计算得到的平均身高就可形成抽样分布。

6.4.2　几种典型的抽样分布

1. 样本均值的抽样分布

理论上可以证明，若总体服从均值为 μ，方差为 σ^2 的正态分布，则从总体中抽取出的样本的均值仍然服从正态分布。下面，研究样本均值的抽样分布特征。

假设我们从均值为 μ，方差为 σ^2 的总体中抽取一组样本 x_1, x_2, $\cdots$, x_n，它们相互独立，且具有相同的分布函数，我们来研究样本均值 $\overline{X}$ 的数字特征。

（1）样本均值 $\overline{X}$ 的数学期望。利用期望值的运算性质，对于随机变量样本均值 $\overline{X}$ 的数学期望（均值），则有

$$E(\overline{X}) = \frac{1}{n}E(x_1 + x_2 + \cdots + x_n) = \frac{1}{n}(E(x_1) + E(x_2) + \cdots + E(x_n))$$

由于每一个 x_i 都具有相同的分布函数，故它们都具有相同的期望值，所以

$$E(\overline{X}) = \mu$$

（2）样本均值 $\overline{X}$ 的方差。对于 $\overline{X}$ 的方差 $D(\overline{X})$，根据方差的运算性质，则有

$$D(\overline{X}) = \frac{1}{n^2}D(x_1 + x_2 + \cdots + x_n)$$

因为 x_1, x_2, $\cdots$, x_n 相互独立，则有

$$D(\overline{X}) = \frac{1}{n^2}(D(x_1) + D(x_2) + \cdots + D(x_n))$$

又因为 x_1, x_2, $\cdots$, x_n 具有相同的分布，方差都为 σ^2，故

$$D(\overline{X}) = \frac{1}{n^2}(\sigma^2 + \sigma^2 + \cdots + \sigma^2) = \frac{\sigma^2}{n}$$

于是，可以得出，当随机变量 $X \sim N(\mu, \sigma^2)$ 时，则从中所抽取出的样本均值 $\overline{X}$ 也服从正态分布，而且

$$\overline{X} \sim N\left(\mu, \frac{\sigma^2}{n}\right)$$

由此得到，样本均值 $\overline{X}$ 的抽样分布特征是：样本均值仍然是一个随机变量，其均值仍为 μ，方差为 $\frac{\sigma^2}{n}$。我们发现，样本均值 $\overline{X}$ 的方差比原总体的方差要小，而且样本容量 n 越大，样本均值 $\overline{X}$ 的方差或标准差就越小。$\overline{X}$ 的标准差通常又称作样本的标准误，记为

$$\sigma_{\overline{X}} = \frac{\sigma}{\sqrt{n}}$$

由此，我们可以定义一个新的随机变量 U，在统计估计和推断中非常有用，即

$$U = \frac{\overline{X} - \mu}{\frac{\sigma}{\sqrt{n}}} \sim N(0,1)$$

上述结论是针对正态总体而言的。实际上，即使对于非正态总体而言，随着样本容量的增加，$\overline{X}$ 的抽样分布也会近似地接近于正态分布。事实上，只要样本足够大（通常要求样本容量不小于45），即使是从非正态分布的总体中抽样，根据统计学中的中心极限定理，样本均值的抽样分布与从正态分布总体中的抽样所得到的结果也近似地相同。

2. 样本方差的分布

在抽样分析中，样本方差 S^2（注意：这里所讨论的样本方差与上节所讨论的样本均值的方差是不同的）也很常用。但是，样本方差的抽样分布比较复杂，只有当总体服从正态分布 $N(\mu, \sigma^2)$ 时，才可以求得 $\frac{(n-1)S^2}{\sigma^2}$ 服从一种简单的分布形式，这就是 χ^2 分布（将在下一节中介绍）。

可以证明，样本方差的数学期望就是总体的方差，即

$$E(S^2) = \sigma^2$$

事实上，若设总体的均值和方差分别为 μ 和 σ^2，而样本的方差为

$$S^2 = \frac{1}{n-1}\sum_{i=1}^{n}(x_i - \overline{X})^2 = \frac{1}{n-1}\left(\sum_{i=1}^{n}x_i^2 - n\overline{X}^2\right)$$

x_i 的分布与总体分布相同，故

$$E(x_i) = \mu, \quad D(x_i) = \sigma^2$$

上式变为：

$$E(x_i^2) = D(x_i) + (E(x_i))^2 = \sigma^2 + \mu^2, \quad i = 1, 2, \cdots, n$$

同样

$$E(\overline{X}^2) = D(\overline{X}) + (E(\overline{X}))^2$$

前面已经证明

$$E(\overline{X}) = \mu, \quad D(\overline{X}) = \frac{\sigma^2}{n}$$

故
$$E(\overline{X}^2) = \frac{\sigma^2}{n} + \mu^2$$

因此，有
$$E((n-1)S^2) = \sum_{i=1}^{n} E(x_i^2) - nE(\overline{X}^2)$$

用前面计算的结果代入上式右端，得到

$$E((n-1)S^2) = n(\sigma^2 + \mu^2) - n\left(\frac{\sigma^2}{n} + \mu^2\right) = n\sigma^2 - \sigma^2 = (n-1)\sigma^2$$

即
$$E(S^2) = \sigma^2$$

3. 样本比例的分布

经济管理中还需要研究总体或样本中具有某种属性的个体占全体单位数的百分比问题，即需要研究总体或样本的比例分布问题。总体中具有某种属性的单位数与总体全部单位数之比称为总体的比例，也称总体成数，记作 P。总体成数也是总体的一个参数，与总体均值和方差一样，它是固定的，但是未知的。而样本中具有某种属性的单位数与样本总数之比称为样本比例，或称样本成数，记作 p。

若从总体中随机抽取出容量为 n 的样本，发现其中具有某种属性的单位数为 m，则样本中具有某种属性的单位比例就为 $p = \frac{m}{n}$。

样本比例是一个随机变量，当样本容量 n 很大时，近似地服从正态分布。其分布的数学期望和方差分别为

$$E(p) = E\left(\frac{m}{n}\right) = \frac{1}{n}E(m) = \frac{1}{n}nP = P$$

$$\sigma_p^2 = \sigma^2(p) = \sigma^2\left(\frac{m}{n}\right) = \left(\frac{1}{n}\right)^2 \sigma^2(m) = \left(\frac{1}{n}\right)^2 [nP(1-P)] = \frac{P(1-P)}{n}$$

由此可见，样本比例 p 的数学期望就是总体比例 P，样本比例的方差则等于 $\frac{P(1-P)}{n}$。因此，随机变量样本比例 p 的随机分布为

$$p \sim N\left(P, \frac{P(1-P)}{n}\right)$$

但是，要使样本成数的抽样分布近似于正态分布，样本容量 n 必须足够大，并且要满足 np 和 $n(1-p)$ 都大于 5。

4. 两个样本平均数之差的分布

统计学中还经常遇到分别来自于两个正态总体的样本均值差的分布问题。如果有两个正态分布的总体 X_1 和 X_2，其均值分别为 μ_1 和 μ_2，方差分别为 σ_1^2 和 σ_2^2，若从这两个正态总体中分别抽取容量为 n_1 和 n_2 的两个独立样本，则这两个样本平均数之差也一定服从正态

分布，其数学期望为 $(\mu_1 - \mu_2)$，方差为 $\left(\dfrac{\sigma_1^2}{n_1} + \dfrac{\sigma_2^2}{n_2}\right)$，即 $(\overline{X}_1 - \overline{X}_2) \sim N\left(\mu_1 - \mu_2, \dfrac{\sigma_1^2}{n_1} + \dfrac{\sigma_2^2}{n_2}\right)$。

6.4.3　t 分布、χ^2 分布和 F 分布

1. t 分布

t 分布是英国统计学家威廉·西利·戈塞特（William Sealy Gosset）在 1900 年提出的一种分布。t 分布是小样本分布，一般 $n < 30$，该分布适用于当总体标准差未知时，用样本标准差代替总体标准差、由样本平均数推断总体平均数以及对两个小样本之间差异的显著性检验等。

在对总体的均值进行推断时，通常情况下总体方差是未知的，这就意味着，统计量 $U = \dfrac{\overline{x} - \mu}{\sigma / \sqrt{n}}$ 中含有未知参数 σ，如果我们用样本方差 $s^2 = \sum_{i=1}^{n} \dfrac{(x_i - \overline{x})^2}{(n-1)}$ 来替换总体方差 σ^2，则上式变为 $t = \dfrac{\overline{x} - \mu}{s / \sqrt{n}}$，它不服从标准正态分布，而服从 t 分布。在总体方差 σ^2 未知时，推断总体均值需使用 t 统计量。

自由度为 n 的 t 分布，记为 $t(n)$，是由 $N(0,1)$ 分布和 $\chi^2(n)$ 分布组成的，其表达式如下：

$$T = \dfrac{X}{\sqrt{\dfrac{Y}{n}}}$$

其中，$X \sim N(0,1)$，$Y \sim \chi^2(n)$，且 X 与 Y 相互独立。其密度函数如下：

$$f_n(x) = \dfrac{\Gamma\left(\dfrac{n+1}{2}\right)}{\sqrt{n\pi}\,\Gamma\left(\dfrac{n}{2}\right)} \left(1 + \dfrac{x^2}{n}\right)^{-\dfrac{n+1}{2}}, \quad -\infty < x < +\infty$$

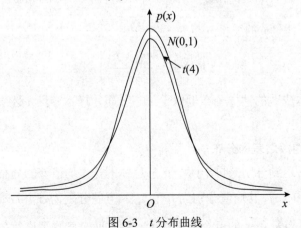

图 6-3　t 分布曲线

式中，Γ函数是含参变量的以无穷乘积函数定义的反常积分。

t分布曲线如图6-3所示，具有以下几个性质：

（1）t分布是对称分布，且均值为0。t分布与正态分布一样也是对称的。一般地，t分布比正态分布显得更加平坦一些。

（2）t分布是一个分布族，对于不同的样本容量都对应不同的分布。

（3）当样本容量n较小时，t分布的方差大于1；当n增大到大于或等于30时，t分布的方差就趋近于1，t分布也就趋近于标准正态分布。

（4）与标准正态分布相比，t分布的中心部分较低，2个尾部较高。随着样本数的增加，t分布的形状由平坦逐渐变得接近于标准正态分布。

（5）变量t的取值范围在 $-\infty$ 到 $+\infty$ 之间。

设 $T \sim t(n)$，若对于显著性水平 α: $0 < \alpha < 1$，存在 $t_\alpha(n) > 0$，满足 $P\{T \geq t_\alpha(n)\} = \alpha$，则称 $t_\alpha(n)$ 为 $t(n)$ 的上侧分位点，并且 $t_{1-\alpha}(n) = -t_\alpha(n)$，如图6-4所示。

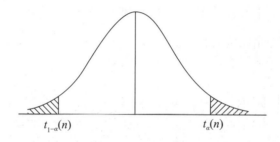

图6-4　$t_\alpha(n)$分布分位点示意图

在使用t分布表时，必须同时具备置信度和自由度两个条件。其中，置信度表示被估计的总体参数落入置信区间的概率。然而，t分布给出的是显著性水平（也称置信水平）α值，即表示所估计的总体参数不落入置信区间的概率或落入置信区间以外的可能性。显著性水平α的数值是由100%减去给定的置信度后得到的。另外，查表时还要指定自由度。

不同容量大小的样本对应于不同的t分布，这是因为t分布与自由度有关。所谓自由度就是可以自由选样的数值个数。比如，样本的大小是n，在样本的均值确定的条件下，对样本中的数据能够自由决定数值的个数就只有n−1个了。实际上，当把n−1个数值选定以后，第n个数据的值也就自动确定了。由此可见，大小为n的样本的自由度是n−1。

2. χ^2分布

χ^2分布是海尔墨特（Hermert）和卡·皮尔逊（K. Pearson）分别于1875年和1890年推导出来的。它主要适用于拟合优度检验和独立性检验，以及对总体方差进行估计和检验等。

χ^2分布的定义：设n个随机变量 X_1, X_2, …, X_n 为X的一个样本，并且 X_1, X_2, …, X_n 相互独立，且均服从标准正态分布 $N(0, 1)$，它们的平方和记为 χ^2，则称随机变量

$$\chi^2 = X_1^2 + X_2^2 + \cdots + X_n^2 = \sum_{i=1}^{n} X_i^2 \text{。}$$

随机变量服从自由度为 n 的 χ^2 分布（也称为卡方分布），记为 $\chi^2 \sim \chi^2(n)$。

其分布密度函数为

$$f(x) = \begin{cases} \dfrac{x^{\frac{1}{2}(n-2)}}{2^{\frac{n}{2}} \Gamma(n/2)} \exp\left(-\dfrac{x}{2}\right), & (x \geq 0) \\ 0, & (x < 0) \end{cases}$$

χ^2 分布曲线如图 6-5 所示，具有以下几个特点：

（1）χ^2 分布是一个以自由度 n 为参数的分布族，自由度 n 决定了 χ^2 分布的形状，不同的 n 对应于不同的 χ^2 分布。随着自由度 n 的不断增大，χ^2 分布的概率密度曲线逐渐趋于对称；当 n 趋向于无穷时，χ^2 分布的极限分布是正态分布，如图 6-5 所示。

（2）χ^2 分布是一种非对称分布，一般为右偏分布。

（3）χ^2 分布的变量值始终为正。

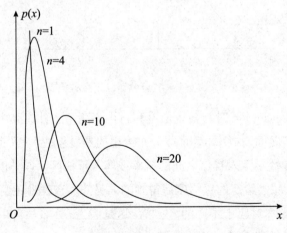

图 6-5　χ^2 分布曲线

χ^2 分布具有以下几个性质：

（1）均值 $E\chi^2(n) = E(\sum_{i=1}^{n}(X_i)^2) = nE[(X_1)^2] = n$

方差 $D\chi^2(n) = nD[(X_1)^2] = 2n$

（2）χ^2 分布满足可加性。若 $\chi_1^2 \sim \chi^2(n_1)$，$\chi_2^2 \sim \chi^2(n_2)$，且它们相互独立，则 $\chi_1^2 + \chi_2^2 \sim \chi^2(n_1 + n_2)$。

3. F 分布

F 分布是以统计学家 R. A. Fisher 姓氏的第一个字母命名的，可用于方差分析、协方差分析和回归分析等。

设随机变量 $X \sim \chi^2(n)$，随机变量 $Y \sim \chi^2(m)$，且 X 与 Y 相互独立，则称随机变量 $F_{n,m} = \dfrac{\dfrac{X}{n}}{\dfrac{Y}{m}}$ 服从第一自由度为 n，第二自由度为 m 的 F 分布，记为 $F_{n,m} \sim F(n, m)$。其密度函数为

$$f(x) = \begin{cases} \dfrac{(n/m)^{\frac{1}{2}n} x^{\frac{1}{2}(n-2)} (1+(n/m)x)^{-\frac{1}{2}(n+m)}}{B(n/2, \dfrac{m}{2})}, & (x \geq 0) \\ 0, & (x < 0) \end{cases}$$

$F_{n, m} \sim F(n, m)$ 的数学期望与方差为

$$E(F_{n, m}) = \dfrac{m}{m-2}, \quad (m > 2)$$

$$Var(F_{n, m}) = \dfrac{m^2(2n+2m-4)}{n(m-2)^2(m-4)}, \quad (m > 4)$$

F 分布具有以下几个特点：

（1）随机变量 F 的取值范围在 0 到 $+\infty$ 之间，即它总为非负值。

（2）F 曲线下的面积表示概率，而且总面积等于 1。

（3）F 分布由一系列连续型分布构成，它取决于两个参数，即分子自由度和分母自由度。

（4）F 分布呈正向倾斜，而且随着分子自由度和分母自由度的增加，其曲线变得越来越对称，如图 6-6 所示。

（5）$F_{1-\alpha}(m, n) = \dfrac{1}{F_\alpha(n, m)}$。

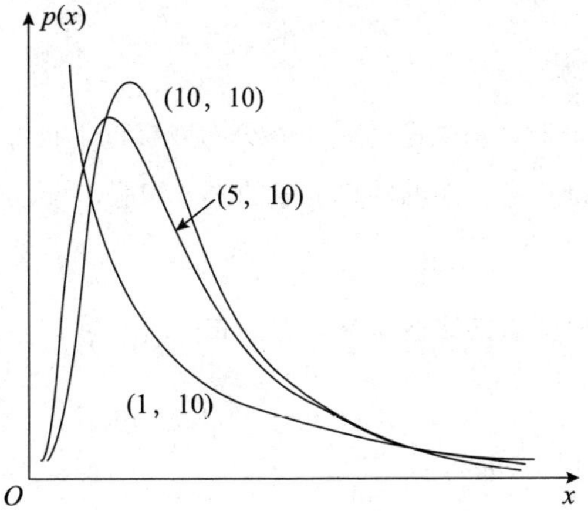

图 6-6 F 分布曲线

F 分布最重要的应用来自于统计学中一个重要的结论：当两个正态分布的总体的方差相等，即 $\sigma_1^2 = \sigma_2^2$ 时，若两个样本的大小分别为 n_1 和 n_2，则两个样本的方差之比服从自由度为 n_1-1，n_2-1 的 F 分布，即

$$F = \frac{S_1^2}{S_2^2} \sim F(n_1-1, \ n_2-1)$$

这一结果常用来检验两个正态总体的方差是否相等的假设，其在方差分析时具有重要的应用价值。

本章小结

1. 随机变量分为两种类型：离散型随机变量和连续型随机变量。常见的离散型随机变量的概率分布主要有二项分布和泊松分布等。其中，二项分布所研究的是每次试验只有两种可能的结果，同时又重复、互相独立的 n 次试验的情况下出现某种结果的次数，我们把这类试验称为贝努利试验，而相应的随机变量的分布就是二项分布。泊松分布所研究的是在某段时间间隔内某个随机事件发生的次数，即随机变量 X 取某个值的概率，这类概率分布就称为泊松分布。

2. 最常见的连续型随机变量的概率分布就是正态分布，连续型随机变量的概率分布需要用概率密度函数 $f(x)$ 来描述。正态分布有两个基本参数：数学期望 u 和方差 σ^2。当参数 $u=0$，$\sigma^2=1$ 时，我们就把这种特定的正态分布称为标准正态分布，其概率密度函数和分布函数都具有最简单的形式。正态分布曲线有一系列的特性，在实践中具有广泛的应用。

3. 统计中最典型的几种抽样分布包括：样本均值的抽样分布、样本方差的分布、样本比例的分布、两个样本平均数之差的分布。

4. 样本均值 $\bar{X}$ 的抽样分布特征是：样本均值仍然是一个随机变量，其均值仍为 μ，方差为 $\frac{\sigma^2}{n}$。

5. 当样本容量小于 30 时，只要总体是正态分布或接近于正态分布的，样本均值就服从 t 分布。n 个服从于标准正态分布的随机变量的平方和服从 χ^2 分布。两个相互独立，且各自服从于 χ^2 分布的随机变量的比值服从于 F 分布，统计量 $F = \dfrac{\dfrac{X}{n_1}}{\dfrac{Y}{n_2}}$ 为满足于第一自由度为 n_1 和第二自由度为 n_2 的 F 分布。

练习题

即练即测

一、思考题

1. 什么是离散型随机变量？分别举例说明服从二项分布和泊松分布的随机变量的例子。
2. 什么是连续型随机变量？
3. 什么是正态分布？举例说明服从正态分布的随机变量的例子。
4. 正态分布具有哪些特性？
5. 什么是总体分布、样本分布和抽样分布？三者有什么区别？
6. t 分布有什么性质？

二、计算操作题

1. 某商店每月销售服装的数量服从正态分布，均值为 1 000 件，标准差为 300 件。试求当月服装销售量符合下面条件的概率：

（1）超过 1500 件；（2）少于 800 件；（3）600 件至 1400 件。

2. 某商店负责供应附近 1 000 户居民的冬季用煤，已知当地用户每户冬季平均用煤量为 1 800 千克，标准差为 400 千克。该商店计划至少满足 90% 居民的用煤需求，请问在满足用煤需求的所有居民中，其最大耗煤量是多少千克？

3. 某机器生产的螺栓的长度服从正态分布，其均值为 11cm，标准差为 0.15cm，现规定长度范围在 11±0.30 内为合格品，求螺栓为不合格品的概率是多少？

三、案例分析题

赌徒谬误的统计解析

所谓"赌徒谬误"是指根据某事件近期发生情况，而觉得某个具有确定发生概率的事件，其发生的可能性会增加或减少，即人们在预测未来时倾向于把过去的表现作为判断的依据，也就是根据事情最近是否发生过，而认为它应该更可能或更不可能发生。这是人们习惯性地误解随机事件的惯常表现。一个简单的例证就是往往会错误地相信，既然一个硬币已连续抛出几次正面，那么下一次抛出反面的可能性会增大。假如你和他人玩掷硬币游戏，当对方一连掷出 5 次正面时，你是否会不自觉地认为他下一次掷出反面的可能性会更大呢？千万不要这样认为，这正是"赌徒谬误"的表现，即使对方一连掷出 8 次、10 次正面，下次掷出反面的可能性大小（概率）仍为 0.5。

"赌徒谬误"在现实生活中的表现比比皆是：当你看到邻居家一连生了 4 个女孩后，是否觉得再生一胎是男孩的可能性会更大呢？当你一连 3 次酒后驾驶被查，第 4 次酒驾被查的可能性会降低吗？对诸如此类问题的肯定回答都是"赌徒谬误"的表现。人们总是期待好运气出现在坏运气之后，有人在买大乐透彩票时总是盯着历史上出现次数最少的号码买，这便是例证。彩民从30个号码中选取7个的所有方法是2035800种，并且每一种的概率都是相同的，比起选取1、2、3、4、5、6、7或1、5、9、13、17、21、25等看起来有规律的号码，绝大多数彩民更愿意选取看上去更无规律且更随机的号码。这种现象背后同样体现着"赌徒谬误"的影响。

美国著名演讲家、幽默作家阿蒂默斯·沃德（Artemus Ward）指出："令我们身陷困境的不是那些我们不懂的事，而是那些我们自以为理解的事。""赌徒谬误"就印证了这一点，从认识论角度看，产生"赌徒谬误"的根源主要来自对概率统计原理的误解。

[案例节选来源：胡顺奇.赌徒谬误的统计解析[J].中国统计，2015（06）：28-29.]

根据上述案例内容，思考以下问题：

1. "赌徒谬误"产生的原因是什么？
2. 如何避免"赌徒谬误"？
3. 生活中还有哪些"赌徒谬误"的案例？

学习目标

- 掌握抽样的基本方法；
- 理解抽样误差和抽样平均误差，了解评价点估计量优良性的标准；
- 掌握区间估计的基本原理，理解在不同条件下选择合适的区间估计方法；
- 掌握假设检验的基本原理，根据假设检验对实际问题进行统计推断。

重点与难点

- 区间估计和假设检验；
- 抽样平均误差的计算。

【思政案例导入】

第十一次中国公民科学素质抽样调查主要结果

党的十八大以来，党中央、国务院高度重视科普工作，在习近平总书记关于"科学普及与科技创新同等重要"的重要指示精神指引下，我国科普能力大幅提高，科普供给水平明显提升，公民科学素质建设成效显著。为全面了解掌握新时代我国公民科学素质的发展状况，总结评估《全民科学素质行动计划纲要（2006—2010—2020年）》（以下简称《科学素质纲要》）的实施情况，为编制《全民科学素质行动规划纲要（2021—2035年）》提供支撑，中国科协于2020年4月至10月组织开展了第十一次中国公民科学素质抽样调查。

本次调查范围覆盖我国31个省区市和新疆生产建设兵团的18～69岁公民，回收有效样本30.98万份，首次实现了对419个地市级单位全覆盖。调查显示，2020年我国公民具备科学素质的比例达到10.56%，比2015年的6.20%提高了4.36个百分点，比《科学素质纲要》颁布前2005年的1.60%提高了8.96个百分点，圆满完成了《中华人民共和国国民经济和社会发展第十三个五年规划纲要》提出的2020年公民具备科学素质的比例超过10%的目标任务。我国公民科学素质水平的持续快速提升，为决胜全面建成小康社会、决战脱贫攻坚奠定了坚实的公民科学素质基础，这也标志着我国公民科学素质水平已跨入新的发展阶段，为我国建设科技强国、加快现代化建设提供了坚实支撑。

从省份看，31个省、区、市和新疆生产建设兵团的公民科学素质水平全部达到或超过"十三五"预期发展目标。"十三五"期间，各地公民科学素质水平快速提升，均达到或超过发展目标的预测区间。全国共有16个省份的公民科学素质水平超过了10%。其中，上海和北京的公民科学素质水平超过24%，位居前两位；天津、江苏、浙江、广东、福建、山东、湖北、安徽8个省市的公民科学素质水平超过全国10.56%的总体水平；另外，辽宁、重庆、河南、湖南、陕西、河北6个省市的公民科学素质水平也都超过10%。

从城市看，在4个直辖市和333个地市级行政区划的城市中，有121个城市的科学素质水平超过10%，具备建设创新型城市科技人力资源基础。其中，上海、北京和深圳三地的公民科学素质水平均超过20%；南京、杭州、广州、天津、武汉等9个城市的公民科学素质水平居于15%~20%；济南、合肥、厦门、成都、福州、西安、沈阳、郑州等109个城市的公民科学素质水平在10%~15%，成为我国未来公民科学素质发展的中坚力量。

从区域看，东部地区公民科学素质水平持续领跑，长三角、珠三角城市群处于领先地位。东部、中部和西部地区的公民科学素质水平分别为13.27%、10.13%和8.44%，与2015年相比分别增长了5.26个、4.68个和4.11个百分点。京津冀、长三角和珠三角三大城市群的公民科学素质水平分别为14.24%、15.54%和15.21%，与2015年相比分别增长了5.46个、6.43个和6.26个百分点。

从人群看，不同分类人群科学素质水平均有大幅提升。城镇居民和农村居民具备科学素质的比例分别为13.75%和6.45%，比2015年分别提高了4.03个和4.02个百分点。男性公民和女性公民具备科学素质的比例分别为13.12%和8.82%，比2015年分别提高了4.08个和5.44个百分点，男女性别差距缩小了1.36个百分点。

资料来源：中国公民科学素质调查课题组. 第十一次中国公民科学素质抽样调查主要结果发布[J]. 科普研究，2021，16（01）：94-95.

根据第十一次中国公民科学素质抽样调查结果，可以看出目前我国公民科学素质水平较之前有大幅提升。实际上，抽样调查不仅是搜集统计资料的方法，也是一种科学的估计和推断方法。本章主要介绍抽样推断的意义、抽样方案设计、抽样误差与抽样平均误差、参数估计及假设检验等内容。

7.1 抽样推断的概念与要求

7.1.1 抽样推断的概念

抽样推断是在抽样调查的基础上,利用样本的实际资料计算样本指标,并据以推算总体数量特征的一种统计分析方法。统计分析的主要任务就是要反映现象总体的数量特征。但在实际工作中,不可能也没有必要每次都对总体的所有单位进行全面调查,在很多情况下只需抽取总体的一部分单位作为样本,通过分析样本的实际资料,计算样本指标来估计和推断总体的数量特征,以达到对现象总体的认识。在抽样推断中,涉及以下几组需掌握的基本概念。

1. 总体和样本

(1)总体。总体是指所要认识的研究对象全体,它是由所研究范围内具有某种共同属性的全部总体单位所组成的集合体。总体所包含的单位数量通常用 N 表示。

(2)样本。样本是从总体中随机抽取出来的,由代表总体的一部分单位组成的集合体。样本中所包含的单位数量称为样本容量,通常用 n 表示。相对于 N 来说,n 是很小的数(样本容量小于 30 的称为小样本;反之,则称为大样本)。

总体是整体,样本是部分。总体是我们的研究对象,所以它是唯一的、确定的;而样本则是随机抽取的,每抽取一次,都会选出不同的一组样本结果,所以它是变动的、不确定的。

2. 总体参数和统计量

(1)总体参数。总体参数是根据总体各单位的标志值或标志属性计算出来的总体指标。对于总体中的数量标志,常用的总体参数有总体标准差 σ(或总体方差 σ^2)和总体平均数 μ。对于总体中的质量标志,常用的总体参数有总体成数和总体成数标准差(或方差)。总体成数表示某种性质的单位数在总体全部单位数中所占的比重,即 $p = \dfrac{n_1}{n}$,则总体中不具有某种性质的单位数在总体中所占的比重为 $q = 1 - p$。

(2)统计量。统计量是用来对样本数据进行分析、检验的变量。统计量依赖且只依赖于样本 $x_1, x_2, \cdots, x_n$;它不含总体分布的任何未知参数。从样本推断总体通常是通过统计量进行的。

7.1.2 抽样推断的要求

抽样推断是按照随机原则从调查对象中抽取一部分单位进行调查,用调查所得的指标数值,对调查对象相应指标数值作出具有一定可靠性的估计和推断的一种统计调查方法。

抽样推断的要求如下:

（1）按随机原则抽取样本。遵守随机原则，即从全部总体中抽取一部分单位作为样本，这是抽样推断的基本要求，也是抽样推断的基础。随机性原则又称等机会原则或等可能性原则，它是指在抽样调查中，调查单位的抽取不受主观因素的影响，保证调查对象的每一个单位都有同等的被抽中的可能性。按照这一原则选取样本，完全排除了主观意识的作用，所以抽样调查是科学的非全面调查。由于随机原则保证每个调查单位有同等的机会被选取，这样就有更大的可能性使抽取的样本结构类似于总体结构，即样本分布近似于总体分布，从而使样本对总体具有更大的代表性。

（2）以部分单位的指标值去推断总体的指标值。抽样推断科学地论证了样本指标与相应的总体参数之间存在的内在联系，两者的误差分布也是有规律可循的，它提供了一套利用抽样推断的部分信息来推断总体数量特征的方法，这就大大提高了调查分析的认识能力，为信息的收集创造了条件。

（3）抽样误差可以事先计算，并且可以控制。在抽样推断过程中会产生一定的由随机因素引起的代表性误差，即抽样误差。抽样误差是不能避免的，但可以事先通过一定的统计方法估计和计算，并且能通过各种有效的办法把抽样误差控制在一定的范围内。抽样推断的科学性，也正体现在抽样估计和推断的结论能够提供客观的可以控制的精确度和可靠程度。

7.2 抽样方案设计与抽样方法

7.2.1 抽样方案设计

即练即测

抽样方案设计就是依据调查目的，在给定的人力、物力、财力等条件下，在从一定总体中抽取样本资料前，预先确定抽样程序和方案，在保证所抽取的样本有充分代表性的前提下，力求取得最经济、最有效的结果。

抽样方案设计要遵循四项原则，分别是目的性、可测性、可行性和经济性原则。

（1）目的性原则。目的性原则是指抽样方案设计时应明确抽样目标，使整个方案的设计紧紧围绕达成抽样目标而展开。

（2）可测性原则。可测性原则是指作为具体的细分目标，可用操作化的语言加以定义，它所规定的内容可以通过实际观察加以直接测量而获得明确结论。

（3）可行性原则。可行性原则是用来衡量抽样方案是否可行，即从人力、物力、财力、技术等方面来说，抽样方案的设计都要是可行的。抽样方案的设计目的是抽取样本来推断总体，如果方案不能实施，就是没有价值的非科学决策，这类决策就没有任何实际意义。

（4）经济性原则。经济性原则体现为最大收益和最小成本原则，是从经济效益的角度来考察抽样方案的设计。经济性原则通过分析比较各抽样方案的成本和抽样误差,选择"性价比"较高的抽样方案。

7.2.2 抽样方法

为了保证从抽样结果能较正确地推断出总体的数量特征,抽样时要尽量遵守随机性的原则,以保证样本具有一定的代表性。所谓随机性的原则就是要保证总体中每一个单位都有同等的被抽中的机会。但是,在实践中由于受到费用、时间和总体分布的特征等因素的限制,要完全保证满足随机性的原则是很困难的。因此,在抽样时必须根据所研究总体的特征和研究的目的要求,对抽取样本的程序和方法进行周密的设计和安排,这也被称为抽样方法或抽样的组织方式。

抽样方法有很多种,其中基本的抽样方法有以下几种:简单随机抽样、等距抽样、分层抽样、整群抽样和多阶段抽样等。

1. 简单随机抽样

简单随机抽样是指按照随机性的原则,保证总体中每个单位被抽中的机会都相等的一种抽样方法,这样的抽样方式也被称为纯随机抽样。简单随机抽样对总体不做任何分类或排序,完全按随机原则抽样。比如,从仓库存放的所有同类产品中随机抽取若干箱产品进行质量检验,就是采取简单随机抽样。

简单随机抽样有两种抽取元素的具体方法,即重复抽样与不重复抽样。从含有 N 个元素的总体中抽取一个元素后,把这个元素放回到总体中,再抽取第二个元素,直至抽取 n 个元素为止,这样的抽样方法称为重复抽样。在重复抽样中,每个元素有可能被重复抽中。

从含有 N 个元素的总体中抽取一个元素后,这个元素不再被放回总体,然后再从剩下的元素中抽取第二个元素,直至抽取出 n 个元素为止,这样的抽样方法称为不重复抽样。不重复抽样时,总体中每个元素不会被重复抽中。

对有限总体进行简单随机抽样时,重复抽样和不重复抽样这两种方法可能产生的抽样误差是不同的。重复抽样的误差要大于不重复抽样的误差。因此,在实际工作中采用不重复抽样不仅方便,而且还可以获得较好的精确度。

尽管简单随机抽样最符合随机性原则,但它并不能保证所取得的样本单位在总体中的分布保持均匀,所抽的样本也许缺乏代表性,这样抽样误差就会较大。为减少抽样误差,保证抽样结果的精确性,就需要抽取较多的样本数。因此,简单随机抽样仅适合于总体中各单位之间的差异较小的情形。此外,这种方法在实践中也有很大的局限性,因为这种抽样方法是直接从总体中随机抽取样本的,需要事先将总体中的各单位进行编号。如果总体单位的数量较多且分散时,实施起来就会比较困难,所以简单随机抽样又只适用于总体单位数较少且分布比较集中的情形。

2. 等距抽样

等距抽样又称为系统抽样或机械抽样。这种方法先将总体中各单位按某一标志顺序排列，然后每隔一定的间距来抽取样本单位。

等距抽样按照排队时所依据的标志不同，可以分为无关标志排队和有关标志排队。无关标志排队就是按照与调查研究无关的标志进行排序。例如，在研究居民的平均收入水平时，按其姓氏笔画顺序进行排序就是一种无关标志排队。有关标志排队是按照与调查研究的目的或内容有关的标志进行排序。例如，若要研究某个单位职工的平均工资水平，先对职工按其工资高低进行排序，然后再抽样的方法就是一种有关标志排队。

等距抽样的关键是确定在第一个间距内抽样单位的位置。如果总体是按无关标志排队的，可以在第一个间隔内随机抽取样本单位。如果总体是按有关标志排队的，则可以选择第一个间隔内居中的那个作为首个抽样单位，在样本的第一个单位确定后，其余各抽样单位就可以按每隔一个等间距来确定，这样就可以保证样本单位在总体中能均匀分布。等距抽样的估计误差可以按照简单随机抽样的公式进行计算。

等距抽样的优点是抽样方式简单、容易实施，所以应用较广。等距抽样能使样本在总体中均匀分布，所以抽样调查的精确度一般要高于简单随机抽样，但由于等距抽样中第一个样本单位的位置确定以后，其余样本单位的位置也就自动确定了，所以要避免由于抽样时所采用的间距与研究对象本身的周期性重合而引起的系统性偏差。

3. 分层抽样

分层抽样又称分类抽样或类型抽样，是指先将总体的单位按某种特征分为若干次级总体（层），然后再在每一层内用简单随机抽样法或等距抽样法抽取出所需要的样本单位，从而组成一个样本的方法。一般地，在抽样时将总体分成互不交叉的层，然后按一定的比例，从各层次独立地抽取一定数量的个体，将各层次取出的个体合在一起组成样本，这种抽样方法就是分层抽样。

分层抽样尽可能地利用事先掌握的信息，并充分考虑了保持样本结构与总体结构的一致性，这对提高样本的代表性是很重要的。当总体是由差异明显的几部分组成时，往往选择分层抽样的方法。

分层抽样是一种常用的抽样方法。它具有以下优点：第一，分层抽样不仅可以对总体进行估计，还可以对各层的子总体进行估计；第二，分层抽样可以按自然区域或行政区域进行分层，使抽样的组织和实施都比较方便；第三，分层抽样的样本分布在各个层内，从而使样本在总体中的分布比较均匀；第四，分层抽样可以提高估计的精度。

分层抽样中一个重要问题是如何分层？分层抽样中分多少层，要视具体情况而定。分层的总原则是保证层内样本的差异要小，而层与层之间的差异尽可能地大，否则将失去分层的意义。分层随机抽样的大小依赖于层内的同质性。如果层内是同质的（相似的），该层有较低的方差，那么用较小的样本容量可以获得该层特征的一个估计；反之，则需要较大的样本容量。

分层抽样又分为等比例分层抽样法、等数分层抽样法和最优分配分层抽样法。其中，后两种都属于不等比例的分层抽样法。等比例分层抽样法要求每一层所抽取样本数在样本总数中所占比例要与这一层单位数在总体所占比例相一致。等数分层抽样法是在每一层中都抽取相同单位样本数的抽样方法。对总体中各层单位数基本相等或差异不大的情形，用这种方法所产生的抽样误差就比较小。最优分配分层抽样法是一种按照各层单位的差异大小来决定每层样本数的抽样方法。对于标志变动程度大的层，抽样单位数应当要多一些；反之，适当少一些。用这种方法抽样可以使抽样误差最小，但是由于在决定样本数前，难以确定各层内单位的变动程度，所以这种方法实际上很少采用。

分层抽样法最适宜于总体情况比较复杂，各层次或类型之间的差异较大，而总体单位数又比较多的情形。分层抽样法通过分层就可以保证同一层中各单位之间的差异较小，所抽取的单位对于该层的其他单位就会有较好的代表性，而且又能保证各层都有一定的单位选入样本，所以用较少的单位就可以取得较好的抽样效果。

4. 整群抽样

整群抽样就是将总体中的单位按一定的标志或要求分成若干群，然后以群为单位，随机地抽取几个群，对已抽中的群进行全面调查或抽样调查的一种抽样方式。例如，一个企业销售经理想了解其产品在全国的销售情况，从全国各地代理商中随机抽取是理想的方法，但问题是一个合理的有代表性的样本应遍布全国各地，对如此分散的代理商逐个进行访问，工作量之大可想而知。一个简便的方法是，在全国各地抽取几个城市，然后对该城市所有的代理商进行全面调查，这就是整群抽样。

采用整群抽样时，抽取的样本单位比较集中，所以抽样调查实施起来就比较简单方便，可以节省人力、物力和财力。同时，现实中被调查的最基本单元往往缺乏现成的抽样框（又称"抽样框架""抽样结构"，是指对可以选择作为样本的总体单位列出名册或排序编号，以确定总体的抽样范围和结构），或很难编制抽样框，但这些单元的某种组合的抽样框易得。在这种情况下，利用这些组合的抽样框进行抽样就十分便利，在费用和时间上都会有所节省。因此，整群抽样适宜于总体中所包括的单位数很多，而对其中单位的情况缺乏了解，直接对单位进行抽样时的误差难以控制，在风险较大的情况下进行调查时，采用整群抽样可以获得较好的结果。

一般情况下，整群抽样比简单随机抽样的样本代表性要差一些，对于这个问题可以通过多抽取一些群来加以弥补。另一个关键是如何把总体划分为不同的群。为了使整群抽样的样本具有一定的代表性，应当使群与群之间的差异尽可能的小，而群内单元的差异尽可能的大。这一点恰好与分层抽样相反，这意味着每个群有足够的代表性。

进行整群抽样时，所得到结果的可靠性程度取决于群与群之间差异的大小及抽选的单位数的多少。如果群与群之间差异较小，而抽选的样本群数较多时，则抽样的误差就较小；

反之,若群与群之间的差异较大,而抽选的样本群数又较少时,抽样的误差就比较大。

5. 多阶段抽样

前面介绍的几种抽样方式的共同特点是从总体中进行一次抽样就可产生一个完整样本的抽样方法,通常将之称为单阶段抽样。但是在实践中,总体所包括的单位数很多,分布很广,要通过一次抽样就选出有代表性的样本是很困难的。此时我们可将整个抽样过程分为几个阶段,然后分阶段进行多次抽样,最终得到所需要的有代表性的样本,这种抽样方法称为多阶段抽样。

比如,在某省 100 多万农户中抽取 1 000 户调查农户生产性投资情况,第一阶段是从省内部县中抽取 5 个县,第二阶段是从抽中的 5 个县中各抽 4 个乡,第三阶段是从抽中的 20 个乡中各抽 5 个村,第四阶段是从抽中的 100 个村中各抽 10 户,最终获得 1 000 户调查农户组成样本。

多阶段抽样时的阶段数不宜过多,一般采用二、三个阶段,至多四个阶段为宜。多阶段抽样时,前几个阶段的抽样都是通过整群抽样的方式进行的。为保证抽样结果的代表性,抽取的群数和抽样的方式都要注意样本单位分布的均匀性。为此,在第一阶段抽样时通常多抽一些群数。对于群间差异大的阶段,应当多抽一些;反之,则少抽一些。在每一阶段抽取群时,可以采用简单随机抽样法或等距抽样法。不同的阶段既可以用同一种抽样方式,也可以用不同的抽样方式。

7.3 抽样误差与抽样平均误差

7.3.1 抽样误差与抽样平均误差的概念

1. 抽样误差的概念

抽样误差是指样本指标和总体指标之间数量上的差别,以数学符号 $|x-u|$ 或 $|p-P|$ 来表示。抽样调查是用样本指标推断总体指标的一种调查方法,而推断的依据就是抽样误差。因此,怎样计算、使用和控制抽样误差是抽样调查的重要问题。理解抽样误差可以从以下两方面着手:

(1) 抽样误差是指由于抽样的随机性而产生的那一部分代表性误差,不包括登记误差,也不包括可能发生的偏差(系统性误差)。

代表性误差是指由于样本结构与总体结构不同(就被研究标志而言,样本单位的构成与总体单位的构成不一致),样本不能完全代表总体而产生的样本指标与总体指标之间的误差。代表性误差有两种:一种是偏差,也称系统性误差,是指破坏了抽样的随机原则而产生的误差,如抽选到一个单位后,调查者认为它偏低或偏高,把它剔除掉而产生的偏差。

偏差在进行抽样调查时应该设法避免，它不包括在抽样误差的范围之内。另一种是指遵守了随机原则但可能抽到各种不同的样本而产生的误差。这种误差是必然会产生的，但可以对它进行计算，并设法加以控制，抽样误差就是指这种随机误差。登记误差是指在调查过程中由于主客观原因引起的登记、汇总或计算等方面的差错而造成的误差。

（2）随机误差有两种：抽样实际误差和抽样平均误差。抽样实际误差是一个样本指标与总体指标之间的差别，这是无法测算的误差。抽样平均误差是指所有可能出现的样本指标的标准差。在讨论抽样误差时，指的就是抽样平均误差。

2. 抽样平均误差的影响因素

抽样平均误差是指所有可能出现的样本指标与总体指标的平均离差。抽样实际误差是无法知道的，但抽样平均误差是可以计算的。抽样平均误差的大小主要受以下三个因素的影响：

（1）全及总体标志的变动程度。全及总体标志变动程度越大，抽样平均误差就越大；反之，全及总体标志变动程度越小，则抽样平均误差越小，两者呈正向关系。例如，总体各单位标志值都相等，即标准差为零时，那么抽样指标就等于全及指标，抽样平均误差也就不存在了。

（2）抽样单位数的多少。在其他条件不变的情况下，抽取的单位数越多，抽样平均误差越小；样本单位数越少，抽样平均误差越大。抽样平均误差的大小和样本单位数呈反向关系，这是因为抽样单位数越多，样本单位数在全及总体中的比例越高，抽样总体会愈接近全及总体的基本特征，总体特征就愈能在抽样总体中得到真实地反映。假定抽样单位数扩大到与总体单位数相等时，抽样调查就变成全面调查，抽样指标等于全及指标，实际上就不存在抽样误差。

拓展阅读
从美国大选民意调查普遍预测失败想到的

（3）抽样组织的方式。抽样平均误差除了受上述两个因素影响之外，还受不同的抽样组织方式的影响。抽样的组织方式包括前面讲到的简单随机抽样、等距抽样、分层抽样、整群抽样和多阶段抽样等。

7.3.2 抽样平均误差的计算

1. 抽样平均数的抽样平均误差

抽样平均误差就是一系列抽样指标的标准差，通常用符号 $\sigma_{\bar{x}}$ 表示。按照抽样平均误差的概念，它的计算公式如下：

$$\sigma_{\bar{x}} = \sqrt{\frac{\sum(\bar{x}-\mu)^2}{K}}$$

式中，$\bar{x}$——抽样平均指标；

μ——全及平均指标；

K——全部可能的样本个数。

上述公式只是为了说明抽样平均误差的实质，实际计算时一般不用这个公式。这是由于以下两方面的原因：首先，在实际工作中从全及总体一般只抽取一个抽样总体，不可能抽取所有可能的抽样总体并计算它们的抽样平均数；其次，在进行抽样调查的全过程中，全及平均指标 μ 是未知的，因而上述抽样平均误差的公式是无法用于实际计算的。

在重复抽样和不重复抽样条件下，抽样平均数的抽样平均误差的计算也不同。

（1）重复抽样条件下抽样平均数的抽样平均误差。在重复抽样的情况下，抽样平均误差与全及总体的标准差成正比关系，与抽样总体单位数平方根成反比关系。即在重复抽样的情况下，抽样平均数的抽样平均误差计算公式如下：

$$\sigma_{\bar{x}} = \sqrt{\frac{\sigma^2}{n}} = \frac{\sigma}{\sqrt{n}}$$

上式中，σ 代表全及总体的标准差，n 代表抽样总体单位数，也就是样本容量。上式表明抽样平均数的平均误差仅为全及总体标准差的 $\frac{1}{\sqrt{n}}$。例如，当样本单位数为 100 时，则抽样平均误差为总体标准差的 $\frac{1}{10}$。这说明，一个总体的某一标志的变动度可能很大，但抽取若干单位加以平均之后，抽样平均数的标准差比总体的标准差大大地缩小了，所以抽样平均数作为估计量是有效的。

从上式还可以看出，抽样平均误差与总体标志变动度的大小成正比，而和样本单位的平方根成反比。例如，在总体标志变动度不变的情况下，抽样平均误差要减少 1/2，则样本单位数必须增大到原来的 4 倍；同理，抽样平均误差要减少到原来的 1/3，则样本单位数就要扩大到原来的 9 倍。

例 7-1：假设总体有 4 个人，他们的年龄分别为 20 岁、30 岁、40 岁和 50 岁，分别用 x_1, x_2, x_3, x_4 表示，现在将这四个人随机抽出 2 个人来推断总体平均年龄，若采用重复抽样的方法，共有 4×4=16 种可能的结果，具体结果见表 7-1。

表 7-1 样本均值和样本标准差计算过程

序号	样本 1	样本 2	样本均值 $\bar{x}$	抽样离差 $\Delta = \bar{x} - u$	离差平方 Δ^2
1	$x_1 = 20$	$x_1 = 20$	20	−15	225
2	$x_1 = 20$	$x_2 = 30$	25	−10	100
3	$x_1 = 20$	$x_3 = 40$	30	−5	25
4	$x_1 = 20$	$x_4 = 50$	35	0	0
5	$x_2 = 30$	$x_1 = 20$	25	−10	100

续表

序号	样本1	样本2	样本均值 $\bar{x}$	抽样离差 $\Delta = \bar{x} - u$	离差平方 Δ^2
6	$x_2 = 30$	$x_2 = 30$	30	−5	25
7	$x_2 = 30$	$x_3 = 40$	35	0	0
8	$x_2 = 30$	$x_4 = 50$	40	5	25
9	$x_3 = 40$	$x_1 = 20$	30	−5	25
10	$x_3 = 40$	$x_2 = 30$	35	0	0
11	$x_3 = 40$	$x_3 = 40$	40	5	25
12	$x_3 = 40$	$x_4 = 50$	45	10	100
13	$x_4 = 50$	$x_1 = 20$	35	0	0
14	$x_4 = 50$	$x_2 = 30$	40	5	25
15	$x_4 = 50$	$x_3 = 40$	45	10	100
16	$x_4 = 50$	$x_4 = 50$	50	15	225
合计	—	—	560	—	1 000

根据例 7-1 的数据资料，可以计算得知：

①总体参数

总体均值：$\mu = \dfrac{x_1 + x_2 + x_3 + x_4}{4} = \dfrac{20 + 30 + 40 + 50}{4} = 35$

总体方差：$\sigma^2 = \dfrac{\sum(x_i - \mu)^2}{N} = \dfrac{(20-35)^2 + (30-35)^2 + (40-35)^2 + (50-35)^2}{4} = 125$

总体标准差：$\sigma = 11.18$

②样本统计量

样本容量：$n = 2$

求样本均值的平均数，就是对抽到的 16 个样本均值再求平均数。

样本均值的平均数：$E(\bar{x}) = \dfrac{20 + 25 + 30 + \cdots + 50}{16} = \dfrac{560}{16} = 35 = u$

样本均值的方差：$\sigma_{\bar{x}}^2 = \dfrac{\sum(\bar{x} - u)^2}{N^n} = \dfrac{\sum \Delta^2}{N^n} = \dfrac{1000}{16} = 62.5 = \dfrac{\sigma^2}{n}$

样本均值的标准差：$\sigma_{\bar{x}} = \sqrt{62.5} = 7.91 = \dfrac{\sigma}{\sqrt{n}}$

由此可见，样本均值的标准差（抽样平均误差）是总体标准差的 $\dfrac{1}{\sqrt{n}}$ 倍。

（2）不重复抽样条件下抽样平均数的抽样平均误差。在不重复抽样的情况下，抽样平均数的抽样平均误差的计算公式如下：

$$\sigma_{\bar{x}} = \sqrt{\frac{\sigma^2}{n}\left(\frac{N-n}{N-1}\right)}$$

上式中，$\frac{N-n}{N-1}$ 表示修正系数。当总体单位数 N 很大时，可以近似地表示为 $\left(1-\frac{n}{N}\right)$。

故不重复抽样的抽样平均误差可表示为

$$\sigma_{\bar{x}} = \sqrt{\frac{\sigma^2}{n}\left(1-\frac{n}{N}\right)}$$

上式可以看出，不重复抽样平均误差等于重复抽样平均误差乘以校正因子 $\left(1-\frac{n}{N}\right)$。$\left(1-\frac{n}{N}\right)$ 一定是大于 0 而小于 1 的正数，$\sqrt{\frac{\sigma^2}{n}}$ 乘上这个小于 1 的正数，必然小于原来的数，所以不重复抽样平均误差的数值一定小于重复抽样的抽样平均误差。

在一般情况下，总体单位数很大，抽样比例 $\frac{n}{N}$ 很小，则 $\left(1-\frac{n}{N}\right)$ 接近于 1，因此，$\sqrt{\frac{\sigma^2}{n}\left(1-\frac{n}{N}\right)}$ 与 $\sqrt{\frac{\sigma^2}{n}}$ 的数值是接近的。在实际工作中，在没有掌握总体单位数的情况下或者总体单位数 N 很大时，一般均用重复抽样平均误差公式来近似计算不重复抽样的平均误差。

2. 抽样成数的抽样平均误差

由于成数的平均数是成数本身 P，成数的方差是 $P(1-P)$。根据抽样平均误差与总体标准差平方之间的关系，重复抽样之抽样成数的平均误差计算公式如下：

$$\sigma_p = \sqrt{\frac{P(1-P)}{n}}$$

不重复抽样之抽样成数的平均误差计算公式如下：

$$\sigma_p = \sqrt{\frac{P(1-P)}{n}\left(1-\frac{n}{N}\right)}$$

在上面计算抽样平均误差的转化公式里，无论是平均数的标准差 σ，还是总体比例的方差 $P(1-P)$，都是针对全及总体而言的。但是在抽样调查的实践中，这两个指标一般都是未知的，因此，通常可以采用以下 4 种方法解决。

（1）用过去调查所得到的资料。可以用全面调查的资料，也可以用抽样调查的资料。如果有几个不同的总体方差的资料，则应该用数值较大的。

（2）用样本方差的资料代替总体方差。概率论的研究从理论上证明了样本方差可以非常接近总体方差。这是实际工作中经常用的一种方法，但它只能在调查之后才能计算样本方差。

（3）用小规模调查资料。如果既没有过去的资料，又需要在调查之前就估计出抽样平均误差，迫不得已时可以在大规模调查之前，组织一次小规模的试验性调查。

（4）用估计的资料。例如，在农产量抽样调查中可以用农产量预估的资料，根据预估产量的资料计算出总体方差。

7.4 参数估计

统计学的基本问题就是根据样本对总体进行统计推断。统计推断包括两个部分：一是参数估计，二是假设检验。参数估计问题就是根据样本数字特征来估计总体参数。参数估计有两种形式：点估计和区间估计。

7.4.1 点估计

1. 点估计的概念

点估计是根据样本资料给出总体参数的单一估计值，或直接以样本估计量作为相应总体参数估计值的一种参数估计方法。如以样本均值作为总体均值的估计值，以样本比例作为总体比例的估计值。例如，根据从某城市居民中随机抽取的300个样本家庭的资料，计算得到这些样本家庭的人均月收入为5 000元，标准差是1 500元。如果采用点估计的方法，我们就可以直接将样本得到的结果作为总体参数的估计值，认为该市居民的人均月收入就是5 000元，标准差是1 500元。可见，点估计就是将统计量的具体值作为总体参数的估计值。显然，点估计必然会有误差产生，这种误差就称为抽样误差。

拓展阅读
水库中有多少条鱼

点估计的优点是计算简便，而且进行点估计时无须知道总体分布。点估计的缺点是通过此方法所得的估计值与参数真值之间的偏差以及估计的可靠性均未知，只适用于对估计的准确程度与可靠程度要求不太高的情形。

2. 点估计的优良性标准

样本统计量是一个随机变量，不同的样本会得到不同的估计量。在这些估计量中，并非所有的估计量都是优良的。因此，为了保证用于估计总体指标的估计量准确可靠，需要通过一些标准来衡量所求的估计量是否为优良估计量。在评价一个估计量是否是总体参数的合适估计量的时候，通常需要以无偏性、有效性和一致性三方面为标准来考察。

（1）无偏性。无偏性是判断优良估计量的一个重要标准。无偏性是指个别样本由于随机原因可能偏大或偏小，然而一个好的估计量平均来看应该等于所估计的那个指标或参数，其直观意义就是估计量的值应在参数的真值周围浮动而无系统误差，即如果估计量的数学期望等于被估计的总体指标，就称该估计量为无偏估计量。

一般地，无偏性的定义为：设 θ 为被估计参数，若有估计量 $\hat{\theta}(x_1, x_2, \cdots, x_n)$，对一切 n，有 $E(\hat{\theta}) = \theta$，则称 $\hat{\theta}$ 为 θ 的无偏估计量。同时，若 $E(\hat{\theta}) - \theta = b$，则称 b 为估计量 $\hat{\theta}$ 的偏差。若 $b \neq 0$，则称 $\hat{\theta}$ 为 θ 的有偏估计量；若 $b = 0$，则称 $\hat{\theta}$ 为 θ 的无偏估计量。如果 $\lim\limits_{n\to\infty} b = 0$，则称 $\hat{\theta}$ 为 θ 的渐近无偏估计量。

（2）有效性。即使是符合无偏性要求估计的统计量，在抽取个别样本时也会产生误差。为了使误差尽可能地小，要求估计量围绕其真值的变动愈小愈好，也就是说要求统计量的离散程度要小，或者说其方差要小。因此，估计量的有效性是指对总体指标 θ 进行估计时，若存在两个无偏估计量 $\hat{\theta}_1$ 和 $\hat{\theta}_2$，其中估计量 $\hat{\theta}_1$ 的估计误差平均来说小于估计量 $\hat{\theta}_2$ 的估计误差，则称估计量 $\hat{\theta}_1$ 比 $\hat{\theta}_2$ 有效。

一般地，有效性的定义为：设 $\hat{\theta}_1$ 和 $\hat{\theta}_2$ 是未知参数 θ 的两个估计量，若对任意的正常数 c，存在：

$$P(|\hat{\theta}_1 - \theta| < c) \geq P(|\hat{\theta}_2 - \theta| < c)$$

则称 $\hat{\theta}_1$ 比 $\hat{\theta}_2$ 更有效。有效性反映了估计量分布的集中程度，估计量的分布越是集中在参数真值附近，则其估计效率就越高。

（3）一致性。一致性是指用样本指标估计总体指标时，随着样本容量的增大，估计量越来越接近总体指标的真值，所以就称这个估计量为相合估计量或一致估计量。实际上，一致性就是要求统计估计量随样本容量 n 的不断增加，稳定地趋近于总体参数指标。在 $n \to \infty$（有限总体 $n \to N$）时，估计值应与总体参数完全一致。

因此，对点估计的一致性定义如下：设 $\hat{\theta}(x_1, x_2, \cdots, x_n)$ 为未知参数 θ 的估计量，若 $\hat{\theta}$ 依概率收敛于 θ，则 $\hat{\theta}$ 为 θ 的一致估计量。

一致性是从极限意义上来说明统计量与总体参数关系的。这种性质只有当样本容量很大时才起作用。另外，符合一致性的统计量也不止一个，所以仅考虑一致性也是不够的。事实上，我们也可以证明，当总体为正态分布时，中位数这一统计量也符合一致性的要求。在样本容量很小的情况下，一致性并不适合作为评价估计量好坏的标准。

在选择总体参数的估计量时，必须同时考虑到上述三个标准。只有同时满足无偏性、有效性和一致性三个标准要求的估计量才是优良的估计量。

7.4.2 区间估计

1. 区间估计的概念和步骤

点估计用一个固定的估计量作为对未知参数的估计值，具有较大的风险。因为估计量来自于一个随机抽取的样本，结果也就带有随机性。样本估计量刚好等于所估计的总体参数的可能性极小。但是如果说所估计的总体参数就落在估计值附近，即所估计的总体参数落在以点估计所得到的估计值为中心的某一个小区间内，那就比较有把握了。这种方法就是区间估计。

前面已经讨论过，一个足够大样本均值的抽样分布是正态的，并且所抽到的样本均值落在总体均值两侧左右各一个标准差范围内的概率是 0.682 6，落在总体均值两侧左右各两个标准差范围内的概率是 0.954 5，落在总体均值两侧左右各三个标准差范围内的概率是 0.997 3 等。由此可见，我们可以按照概率来估计总体均值落在某一区间范围内，把这种对总体均值的估计称作区间估计。

从上述说明可以看到：①如果所估计的区间越大，参数被包含在该区间内的概率就越大；②如果样本的方差越小，则在相同的概率下区间估计所得到的结果就越小，或者说越精确。

一般地，设 θ 为总体的一个未知参数，θ_1，θ_2 分别为由一组样本所确定的对 θ 的两个估计量，对于给定的 $0<\alpha<1$，若 $P(\theta_1 \leqslant \theta \leqslant \theta_2)=1-\alpha$，则称区间 $[\theta_1, \theta_2]$ 为置信度是 $(1-\alpha)$ 的置信区间。置信区间的直观意义是多次抽样形成的多个置信区间中，有 $(1-\alpha)$ 包含总体参数真值。其中，θ_1，θ_2 分别为置信区间的下限和上限；$(1-\alpha)$ 称为置信度或置信概率，表示区间估计的可靠度；α 称为显著性水平或置信度水平。

常用的置信度 $(1-\alpha)$ 有 0.80，0.90，0.95，0.99 等。一般来说，对于估计要求比较可靠的问题，置信程度也要求高一些。在社会经济现象中，通常采用 95% 的置信度就可以了。置信度反过来也表示可能犯错误的概率。如置信度为 95%，则犯错误的概率就为 1-95%=5%。这一概率就是置信度水平 α，也可理解为风险率或风险水平。

此外，对于等式 $P(\theta_1 \leqslant \theta \leqslant \theta_2)=1-\alpha$，不应理解为 θ 落在某一固定区间的概率。因为这里 θ 是一个参数，而不是随机变量，而 θ_1，θ_2 是根据抽样的结果计算出来的，因此，$[\theta_1, \theta_2]$ 是一个随机区间。上述概率 $(1-\alpha)$ 就可以理解为随机区间 $[\theta_1, \theta_2]$ 中包括参数 θ 的概率。

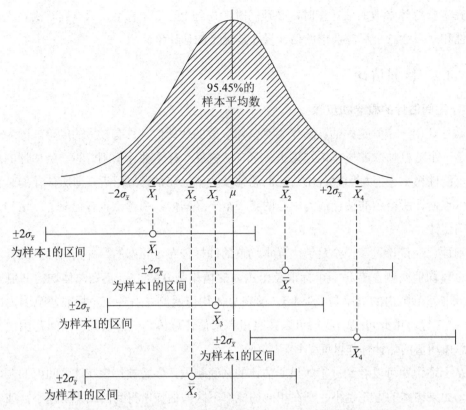

图 7-1 根据不同样本所得到的置信度为 95.45% 的置信区间

图 7-1 显示了根据不同样本所得到的置信度为 95.45% 的置信区间与总体均值的位置关系。从所有样本得到的置信区间中有 95.45% 的区间将包括总体均值，所以可以说所得到的估计区间包括总体均值具有 95.45% 的置信度。

2. 单个总体的参数的区间估计

（1）当正态总体方差已知时，总体均值的区间估计。根据前面章节关于样本均值分布的讨论结果，对于任意一个服从正态分布的随机变量 X，总有

$$\frac{\overline{X}-\mu}{\frac{\sigma}{\sqrt{n}}} \sim N(0,1)$$

在给定了估计置信度为 $(1-\alpha)$ 时，可以得到

$$P\left(\left|\overline{X}-\mu\right| < Z_{\alpha/2} \cdot \frac{\sigma}{\sqrt{n}}\right) = 1-\alpha$$

我们可以根据这一原理，用样本均值来推断总体均值的区间估计值。若样本的均值为 $\overline{X}$，同时，若规定置信度为 $(1-\alpha)$，则总体均值的区间估计公式如下：

$$P\left(\overline{X} - Z_{\frac{\alpha}{2}}\frac{\sigma}{\sqrt{n}} < \mu < \overline{X} + Z_{\frac{\alpha}{2}}\frac{\sigma}{\sqrt{n}}\right) = 1-\alpha$$

由此得到，对于总体均值估计的置信区间如下：

$$\left(\bar{X} - Z_{\alpha/2}\frac{\sigma}{\sqrt{n}},\ \bar{X} + Z_{\alpha/2}\frac{\sigma}{\sqrt{n}}\right)$$

置信度为 $1-\alpha$ 的置信区间如图 7-2 所示。

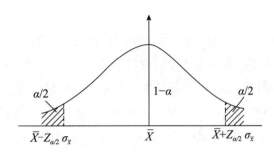

图 7-2 置信度为 $1-\alpha$ 的置信区间

上述估计公式仅适用于无限总体的情形。对于有限总体的不放回抽样来说，如果总体数量为 N，样本大小为 n，则区间估计的公式中还需要乘上一个修正系数 $\sqrt{\frac{N-n}{N-1}}$。因此，总体均值的区间估计的公式就变为

$$P\left(\bar{X} - Z_{\frac{\alpha}{2}}\frac{\sigma}{\sqrt{n}}\sqrt{\frac{N-n}{N-1}} < \mu < \bar{X} + Z_{\frac{\alpha}{2}}\frac{\sigma}{\sqrt{n}}\sqrt{\frac{N-n}{N-1}}\right) = 1-\alpha$$

从上述说明中可以总结出对于正态总体方差已知的情形，总体均值的区间估计的步骤如下：

①计算出样本的统计量并确定该统计量的抽样分布。例如，若总体是正态的，那么样本均值也必然服从正态分布；

②根据研究目的确定置信度 $(1-\alpha)$ 或置信度水平 α 的大小，按照要求的置信度水平 α 查出相应的系数 $Z_{\frac{\alpha}{2}}$；

③计算样本均方差，即抽样的标准误差 $\sigma_{\bar{x}} = \frac{\sigma}{\sqrt{n}}$；

④最后把上述数据代入公式，得到区间估计的结果。

例 7-2：已知某市大学生每月生活费用的开支服从正态分布，而且知道标准差 $\sigma = 600$ 元。现从各大学中随机抽取 81 名学生，发现这些学生的人均月生活开支 $\bar{X} = 1280$ 元。求该市大学生总体人均月生活开支的置信度为 90% 的区间估计。

根据题意，$n = 81$，$\sigma = 600$，$1-\alpha = 90\%$，$Z_{\frac{\alpha}{2}} = 1.645$，同时，$\bar{X} = 1280$ 元，由此可以直接利用公式得到：

$$\bar{X} \pm Z_{\frac{\alpha}{2}} \frac{\sigma}{\sqrt{n}} = 1\,280 \pm 1.645 \times \frac{600}{\sqrt{81}} = 1\,280 \pm 109.67$$

该市大学生总体人均月生活开支的置信度为90%的置信区间是（1 170.33，1 389.67）。结果表明，在90%的置信度条件下该市大学生人均月生活开支不低于1 170.33元，不高于1 389.67元。

（2）当非正态总体方差未知但是大样本时，总体均值的区间估计。实际中遇到的总体往往不一定服从正态分布，而且总体方差也是未知的。在这种情况下要推断总体均值，就要借助于中心极限定理，这需要抽取足够大的样本，这时样本均值仍服从正态分布。此时尽管总体方差未知，但当样本足够大时，一般当 $n > 30$ 时，可用样本标准差来代替总体标准差，直接把 S 代入上式中的 σ 就可以了。

例7-3：某灯泡厂随机抽取121只日光灯进行质量检测，测得灯管的平均发光时间为3 000小时，发光时间的标准差为100，求在95%的概率保证程度下该批灯管的平均发光时间。

虽然总体方差未知，但由于 $n=121$ 是大样本，可以用样本方差来代替总体方差，认为 $\sigma = S = 100$。同时，根据 $n=121$，$1-\alpha = 95\%$，$Z_{\frac{\alpha}{2}} = 1.96$，由此可以直接利用总体均值的估计公式，得到

$$\bar{X} \pm Z_{\frac{\alpha}{2}} \frac{S}{\sqrt{n}} = 3\,000 \pm 1.96 \times \frac{100}{\sqrt{121}} = 3\,000 \pm 17.82$$

该批灯管的平均发光时间的置信区间是（2 982.18，3 017.82）。结果表明，在95%的置信度条件下，该批灯管的平均发光时间不低于2 982.18小时，不高于3 017.82小时。

（3）当正态总体方差未知时，用小样本对总体均值的区间估计。在总体方差未知的情况下，如果抽取的样本 $n \leqslant 30$ 就必须采用其他的估计办法。我们已知 $\dfrac{\bar{X} - u}{\frac{s}{\sqrt{n}}}$ 服从 t 分布，其自由度为 $n-1$，所以我们可以利用 t 分布来进行估计。此时，根据 t 分布的特点，可以得到：

$$P\left(\left|\bar{X} - \mu\right| < t_{\frac{\alpha}{2}} \frac{s}{\sqrt{n}}\right) = 1 - \alpha$$

根据这一式子，就可以用样本均值来推断总体均值的区间估计结果：

$$P\left(\bar{X} - t_{\frac{\alpha}{2}} \frac{S}{\sqrt{n}} < \mu < \bar{X} + t_{\frac{\alpha}{2}} \frac{S}{\sqrt{n}}\right) = 1 - \alpha$$

由此得到，对于总体均值估计的置信区间为

$$\left(\bar{X} - t_{\alpha/2} \frac{s}{\sqrt{n}},\ \bar{X} + t_{\alpha/2} \frac{s}{\sqrt{n}}\right)$$

与前面相同，上述估计公式仅适用于无限总体的情形。对于有限总体来说，如果总体数量为 N，样本大小为 n，采取不放回抽样的情形，则区间估计公式中也还需要乘上一个修正系数 $\sqrt{\dfrac{N-n}{N-1}}$。

例 7-4：某包糖机包了一批糖果，假设糖果的重量服从正态分布，随机抽取 25 袋糖果，称重后发现样本平均重量为 300 克，样本标准差为 50 克，试问在 95% 的概率保证程度下，该批糖果的平均重量是多少？

虽然总体方差未知，但确认总体服从正态分布，由于 $n=25$ 是小样本，总体方差未知，所以要采用 t 分布来进行估计。

根据 $1-\alpha=95\%$，$t_{0.025}(24)=2.0639$，由此可以直接利用总体均值的估计公式，得到置信区间的两个端点如下：

$$\overline{X} \pm t_{\frac{\alpha}{2}} \frac{S}{\sqrt{n}} = 300 \pm 2.0639 \times \frac{50}{\sqrt{25}} = 300 \pm 20.64$$

因此，在 95% 的概率保证程度下，该批糖果的平均重量的置信区间是（279.36，320.64），即有 95% 的把握认为该批糖果的平均重量不少于 279.36 克，又不会多于 320.64 克。

可见，对总体均值进行区间估计时，既要考虑到样本容量大小，也需要根据是否知道总体方差 σ^2 来选择所使用的估计公式。

（4）总体比例的区间估计。根据前面讲到的关于样本比例 p 分布的结果，则有

$$p \sim N\left(P, \frac{P(1-P)}{n}\right)$$

若样本的比例为 p，同时规定估计的置信度为 $(1-\alpha)$，则总体比例区间估计的公式如下：

$$P\left(p - Z_{\frac{\alpha}{2}} \sqrt{\frac{P(1-P)}{n}} < P < p + Z_{\frac{\alpha}{2}} \sqrt{\frac{P(1-P)}{n}}\right) = 1-\alpha$$

这里就产生了一个循环推理的问题，就是在确定总体比例的置信区间时要用到 P 本身，而 P 又恰恰是待估值。但由点估计理论知道，样本比例 p 是总体比例 P 的无偏估计，于是在估计样本比例的方差为 $\dfrac{P(1-P)}{n}$ 时，就可以考虑直接用样本比例 p 代替总体比例 P。在实际应用中，只要样本容量 n 足够大，并且满足 np 和 $n(1-p)$ 都大于 5，就可以保证估计结果是可靠的。于是，我们可以得到：

$$P\left(p - Z_{\frac{\alpha}{2}} \sqrt{\frac{p(1-p)}{n}} < P < p + Z_{\frac{\alpha}{2}} \sqrt{\frac{p(1-p)}{n}}\right) = 1-\alpha$$

最后，当样本大小为 n，样本比例是 p，在置信度为 $(1-\alpha)$ 的情况下，对于总体比例

P 的估计的置信区间如下：

$$\left(p - Z_{\alpha/2}\sqrt{\frac{p(1-p)}{n}},\ p + Z_{\alpha/2}\sqrt{\frac{p(1-p)}{n}}\right)$$

当然，对于有限总体且不放回抽样的情形，也同样需要乘上一个修正系数 $\sqrt{\frac{N-n}{N-1}}$。

例 7-5：某小区有居民 800 户，小区管理者拟采用一项新的供水设施，想了解居民赞成的比例。采用重复抽样的方法，随机抽取了 100 户，其中有 60 户赞成，40 户反对，求在 90% 的概率保证程度下，小区居民赞成该项改革的户数比例的置信区间。

由于 $n=100$ 是大样本，$p = \frac{60}{100} = 60\%$，满足 $np = 100 \times 60\% = 60 > 5$，且 $np(1-p) = 100 \times 60\% \times 40\% = 24 > 5$，样本比例近似于正态分布。

根据 $1-\alpha = 90\%$，$Z_{\frac{\alpha}{2}} = 1.645$，由此可以直接利用总体比例的估计公式，得到置信区间的两个端点如下：

$$p \pm Z_{\frac{\alpha}{2}}\sqrt{\frac{p(1-p)}{n}} = 60\% \pm 1.645 \times \sqrt{\frac{60\% \times 40\%}{100}} = 60\% \pm 8.06\%$$

因此，在 90% 的概率保证程度下，小区居民赞成该项改革的户数比例的置信区间是（51.94%，68.06%），即有 90% 的把握认为赞成该项改革的户数比例不少于 51.94%，又不会多于 68.06%。

（5）正态总体方差的区间估计。在前面关于 χ^2 分布的结果中，已介绍过来自正态总体的一组样本方差和总体方差之比服从于 χ^2 分布，即

$$\frac{(n-1)S^2}{\sigma^2} \sim \chi^2(n-1)$$

于是，对于给定的置信度 $(1-\alpha)$，我们可以利用 χ^2 分布的特性，查表得到 $\chi^2_{\frac{\alpha}{2}}(n-1)$ 和 $\chi^2_{1-\frac{\alpha}{2}}(n-1)$，则有

$$P[\chi^2_{1-\frac{\alpha}{2}}(n-1) < \frac{(n-1)S^2}{\sigma^2} < \chi^2_{\frac{\alpha}{2}}(n-1)] = 1-\alpha$$

$$P\left(\frac{(n-1)S^2}{\chi^2_{\frac{\alpha}{2}}(n-1)} < \sigma^2 < \frac{(n-1)S^2}{\chi^2_{1-\frac{\alpha}{2}}(n-1)}\right) = 1-\alpha$$

因此，对于总体方差 σ^2 的区间估计如下：

$$\left(\frac{(n-1)S^2}{\chi^2_{\frac{\alpha}{2}}(n-1)}, \frac{(n-1)S^2}{\chi^2_{1-\frac{\alpha}{2}}(n-1)} \right)$$

3. 两个总体的参数的区间估计

（1）两个总体均值之差的区间估计：

①当两个正态总体方差已知且是大样本时，则两个样本均值之差也服从正态分布。此时，

$$E(\overline{X}_1 - \overline{X}_2) = \mu_1 - \mu_2$$

$$\sigma^2_{\overline{X}_1 - \overline{X}_2} = \frac{\sigma^2_1}{n_1} + \frac{\sigma^2_2}{n_2}$$

因此，$(\overline{X}_1 - \overline{X}_2) \sim N(\mu_1 - \mu_2, \frac{\sigma^2_1}{n_1} + \frac{\sigma^2_2}{n_2})$。由此可以得到，在置信度为 $(1-\alpha)$ 的情况下，$(\mu_1 - \mu_2)$ 的置信区间如下：

$$\left((\overline{X}_1 - \overline{X}_2) - Z_{\alpha/2}\sqrt{\frac{\sigma^2_1}{n_1} + \frac{\sigma^2_2}{n_2}}, \quad (\overline{X}_1 - \overline{X}_2) + Z_{\alpha/2}\sqrt{\frac{\sigma^2_1}{n_1} + \frac{\sigma^2_2}{n_2}} \right)$$

②当两个正态总体方差未知但相等，且是大样本时，两样本均值之差也服从正态分布。由于假设两个总体方差相等但未知，需要根据样本方差来估计总体方差。由于样本方差具有随机性，一般地 $S_1^2 \neq S_2^2$，因此，需要合并推算总体方差：

$$\sigma^2_{合} = \frac{n_1 s_1^2 + n_2 s_2^2}{n_1 + n_2}$$

所以，两个样本均值之差的抽样分布的方差如下：

$$\frac{\sigma^2_{合}}{n_1} + \frac{\sigma^2_{合}}{n_2} = \left(\frac{1}{n_1} + \frac{1}{n_2} \right) \frac{n_1 s_1^2 + n_2 s_2^2}{n_1 + n_2} = \frac{s_1^2}{n_1} + \frac{s_2^2}{n_2}$$

于是，对两个总体均值之差估计的置信区间如下：

$$\left((\overline{X}_1 - \overline{X}_2) - Z_{\alpha/2}\sqrt{\frac{s_1^2}{n_1} + \frac{s_2^2}{n_2}}, \quad (\overline{X}_1 - \overline{X}_2) + Z_{\alpha/2}\sqrt{\frac{s_1^2}{n_1} + \frac{s_2^2}{n_2}} \right)$$

③当两个正态总体方差未知但相等，且是小样本时。根据前面的分析，当总体方差未知时，我们用样本方差代替总体方差，由于是小样本，相应的统计量不再服从正态分布而服从 t 分布。由于 $\sigma_1^2 = \sigma_2^2$，则如大样本一样，应将两个样本合并起来代替总体方差，即

$$S^2_{合} = \frac{(n_1-1)S_1^2 + (n_2-1)S_2^2}{n_1 + n_2 - 2}$$

其自由度为 $(n_1 + n_2 - 2)$，则两个总体均值差的区间估计结果如下：

$$\left((\bar{X}_1 - \bar{X}_2) - t_{\alpha/2} \sqrt{\frac{s_{合}^2}{n_1} + \frac{s_{合}^2}{n_2}}, (\bar{X}_1 - \bar{X}_2) + t_{\alpha/2} \sqrt{\frac{s_{合}^2}{n_1} + \frac{s_{合}^2}{n_2}} \right)$$

也就是：

$$\left((\bar{X}_1 - \bar{X}_2) - t_{\alpha/2} s_{合} \sqrt{\frac{1}{n_1} + \frac{1}{n_2}}, (\bar{X}_1 - \bar{X}_2) + t_{\alpha/2} s_{合} \sqrt{\frac{1}{n_1} + \frac{1}{n_2}} \right)$$

（2）两个总体比例之差的区间估计。根据两个样本比例之差的抽样分布，两个样本比例之差的均值为两个总体比例之差，两个样本比例之差的方差如下：

$$\sigma_{p_1-p_2}^2 = \frac{p_1 q_1}{n_1} + \frac{p_2 q_2}{n_2}$$

当样本容量 n_1 和 n_2 为大样本时，两个总体比例之差也服从正态分布，所以当估计的置信度为 $(1-\alpha)$ 时，两个总体比例之差 $(p_1 - p_2)$ 的置信区间如下：

$$\left((p_1 - p_2) - Z_{\alpha/2} \sqrt{\frac{p_1 q_1}{n_1} + \frac{p_2 q_2}{n_2}}, (p_1 - p_2) + Z_{\alpha/2} \sqrt{\frac{p_1 q_1}{n_1} + \frac{p_2 q_2}{n_2}} \right)$$

7.5 假设检验

7.5.1 假设检验的基本原理

假设检验也称显著性检验，是事先作出一个关于总体参数的假设，然后利用样本判断原假设是否合理，即判断样本信息与原假设是否有显著差异，进而决定接受或拒绝原假设的统计推断方法。

拓展阅读

生活中的小概率事件——从巴黎圣母院失火说起

假设检验采用的逻辑推理方法是反证法，即为了检验某假设是否成立，先假定它是正确的，然后根据样本信息，观察由此假设而导致的结果是否合理，从而判断是否接受原假设。判断结果合理与否，是基于概率论中"在一次试验中小概率事件不易发生"这一原理的，即在一次抽样中，小概率事件不可能发生，但如果在原假设下发生了小概率事件，则认为原假设是不合理的；反之，小概率事件没有发生，则认为原假设是合理的。

假设检验是基于样本资料来推断总体特征的，而这种推断是在一定概率置信度下进行的，而非严格的逻辑证明。然而，在多数情况下，对总体参数的假设值与样本统计量之间的差异既不能大到显而易见，可以直接拒绝假设，也不至于小到完全可以肯定，应该接受假设的程度。于是，就不能简单地决定是接受或拒绝原假设，而需要判断所作的假设在多大程度上是正确的。这就需要判断假设正确的程度。

1. 假设检验中的假设

假设检验中通常把所要检验的假设称作原假设或零假设，记作 H_0。例如，要检验总体均值 $\mu=500$ 这个假设是否正确，就表示为 $H_0: \mu=500$。如果样本所提供的信息无法证明原假设成立，则可拒绝原假设。此时，我们只能接受另外备选的假设了，备选的假设称为备择假设，以 H_1 来表示。

对于原假设 H_0：$\mu=500$，备择假设可以有如下三种形式：

（1）H_1：$\mu \neq 500$，这表示备择假设是总体的均值不等于 500，该检验属于双侧检验。如果样本均值高于或低于假设的总体均值很显著时，我们就称之为双侧检验。在双侧检验时有左右两个拒绝区域。

（2）H_1：$\mu>500$，这表示备择假设是总体的均值大于 500。

（3）H_1：$\mu<500$，这表示备择假设是总体的均值小于 500。

上述的（2）和（3）表明只有当样本的均值高于（或低于）假设的总体均值很显著时，我们才拒绝原假设，这类检验被称作单侧检验，单侧检验只有一个拒绝区域。其中，（2）式表明假设检验只在样本均值高于假设的总体均值很显著时才拒绝原假设，所以这种假设检验又称为右侧检验。此时，原假设实际上变为 H_0：$\mu \leq 500$，备择假设为 H_1：$\mu>500$。而（3）式表明在样本均值低于假设的总体均值很显著时才拒绝原假设，则称作左侧检验。此时，原假设实际上变为 H_0：$\mu \geq 500$，备择假设为 H_1：$\mu<500$。由此可见，原假设和备择假设总是排他性的。假设检验的基本形式如表 7-2 所示。

表 7-2 假设检验的基本形式

假设	总体均值检验		
	双侧检验	左侧检验	右侧检验
原假设 H_0	$\mu = \mu_0$	$\mu \geq \mu_0$	$\mu \leq \mu_0$
备择假设 H_1	$\mu \neq \mu_0$	$\mu < \mu_0$	$\mu > \mu_0$

2. 检验的显著性水平

假设检验需要确定一个是接受还是拒绝原假设的标准，这个标准就是显著性水平。所谓检验的显著性水平 α，表示在假设正确的条件下落在某个界限以外的样本均值所占的百分比。具体地说，如果要求"在 $\alpha=5\%$ 的显著性水平下检验假设"，就意味着假定对总体参数所作的假设正确，那么样本均值同假设的总体均值差异过大的，在每 100 个样本中不应超过 5 个。如果样本均值与总体均值差异过大的数目超过 5，就认为这个样本不可能来自所假设的总体，应该拒绝原假设。

通过图 7-3 可以直观地解释假设检验的基本原理。假设检验的显著性水平 $\alpha=5\%$，表示我们已知在概率密度曲线下包括在假设的均值 $\mu_x \pm 1.96\sigma_{\bar{x}}$ 两侧直线间的面积是95%，两边每一个尾端的面积各为2.5%。于是若样本的均值落在95%的区域内，我们就认为样本统计量与假设的总体参数的差异是不显著的，接受原假设；若样本统计量落在左右尾端的各2.5%的区域内，则认为差异显著，应该拒绝原假设，接受备择假设。

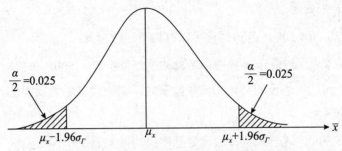

图 7-3 假设检验的接受区域和拒绝区域

应该强调的是，在假设检验中"接受原假设"的意思仅仅表示没有充分的统计证据拒绝原假设。在假设检验中"接受原假设"的特定含义就是不能拒绝原假设。但实际上，即使样本统计量落在95%的面积内，也并不能保证原假设 H_0 就一定正确。因为只有在知道了总体参数的真实值与假设值完全相同时，才能证明假设正确，但我们无法知道总体参数的真实值。

在给定了检验的显著性水平 α 后，我们可以根据假设来确定接受还是拒绝原假设的区域或范围。如果样本均值 $\overline{X}$ 落在某一区域内就接受原假设，则称这个区域为接受区域；如果样本均值 $\overline{X}$ 落在某一区域内就拒绝原假设，则称这个区域为拒绝区域（如图7-3中的阴影面积）。

7.5.2 假设检验的步骤

1. 提出原假设 H_0 和备择假设 H_1

统计学在进行假设检验前，一般先提出两个相互对立的假设，即原假设和备择假设。通常将研究者想收集数据予以拒绝的假设作为原假设（或零假设），用 H_0 表示；与原假设对立的假设为备择假设，或者通常将研究者想收集数据予以支持的假设设定为备择假设，用 H_1 表示。

在确定原假设和备择假设时，需要把握如下原则。

（1）假设检验是概率意义上的反证法。一般情况下，把"不能轻易否定的命题"作为原假设，而把希望得到的结果或想收集数据予以支持的假设作为备择假设。

（2）在建立假设时，通常是先确定备择假设，然后再确定原假设。这样做的原因是备择假设是我们所关心的，是想予以支持或证实的，因而比较清楚，容易确定。由于原假设和备择假设是对立的，只要确定了备择假设，原假设就很容易确定出来。

（3）在假设检验中，等号总是放在原假设中。

（4）在面临实际问题时，由于不同的研究者有不同的研究目的，即使对同一问题也可能提出截然相反的原假设和备择假设，这是十分正常的，也不违背我们关于确定原假设和备择假设的上述原则。无论怎样确定假设的形式，只要它们符合研究者的最终目的，就是合理的。

2. 确定恰当的检验统计量

在假设检验中，需要借助样本统计量进行统计推断。用于假设检验的统计量称为检验统计量。不同的假设检验需要选择不同的检验统计量。在具体选择统计量时，需要考虑的因素有：第一，总体方差已知还是未知；第二，用于检验的样本是大样本还是小样本等。

3. 选取显著性水平 α，确定原假设 H_0 的拒绝域和接受域

假设检验是围绕对原假设的内容审定而展开的。当原假设正确检验结果为接受它，或者原假设错误检验结果为拒绝它，表明检验进行了正确的选择。但是由于样本具有随机性，根据样本信息进行推断的假设检验仍有可能犯错误。显著性水平 α 表示原假设 H_0 为真时拒绝原假设的概率，即拒绝原假设所冒的风险，这个概率是人为确定的。通常取 $\alpha = 0.05$ 或 $\alpha = 0.01$，表明根据样本信息作出拒绝原假设的决定时，犯错误的概率为5%或者1%。

在实际应用中，一般是先给出显著性水平 α，这样就可以由相关的概率分布表查到临界值 Z_α（或 $Z_{\frac{\alpha}{2}}$），从而确定 H_0 的拒绝域和接受域。对于不同形式的假设，H_0 的拒绝域和接受域也会有所不同。双侧检验的拒绝域位于统计量分布曲线的两侧，左侧检验的拒绝域位于统计量分布曲线的左侧，右侧检验的拒绝域位于统计量分布曲线的右侧。

4. 计算检验统计量的值

在提出原假设 H_0 和备择假设 H_1，确定了检验统计量，给定了显著性水平 α 以后，可根据样本数据计算检验统计量的值。

5. 作出统计决策

根据样本信息计算出统计量的具体值，再判断统计量的值落在什么区间，以帮助进行统计决策。

7.5.3 几种常用的假设检验

1. 关于总体均值的假设检验

（1）双侧检验。如果样本均值高于或低于假设的总体均值很显著时，则称之为双侧检验，双侧检验有左右两个拒绝区域，如图7-4所示。

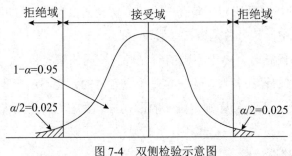

图 7-4 双侧检验示意图

让我们来研究下面的例子。

例 7-6：某食品厂规定某种罐头每罐的标准重量是 400 克，多年的经验表明这个厂每罐重量的标准差是 125 克。现随机抽取了 100 个罐头，发现这些罐头的平均重量是 420 克。试问在 $\alpha=0.05$ 的显著性水平下，能否认为这批罐头的重量符合标准的要求？

要检验这批罐头的重量是否符合标准的要求，就是要检验这批样本的平均重量与标准重量之间是否具有明显的差别，由于不强调方向，故属于双侧检验。检验过程如下。

①提出假设：假定这批罐头的重量符合标准质量要求

$$H_0: \mu = 400$$

$$H_1: \mu \neq 400$$

②由于是大样本，且总体方差已知，故选用 Z 统计量。

③当显著性水平 $\alpha=0.05$ 时，双侧检验时，查表可知 $Z_{\frac{\alpha}{2}}=1.96$，所以拒绝域为 $(-\infty, -1.96) \cup (1.96, +\infty)$，即当统计量 $Z>1.96$ 或 $Z<-1.96$ 时，拒绝 H_0，否则就应接受 H_0。

④计算检验统计量的值：$Z = \dfrac{\bar{x}-\mu_0}{\dfrac{\sigma}{\sqrt{n}}} = \dfrac{420-400}{\dfrac{125}{\sqrt{100}}} = 1.6$。

⑤作出统计决策：$Z=1.6<1.96$，落在接受域，故接受原假设 H_0。

因此，可以认为在显著性水平 $\alpha=0.05$ 的条件下，这批罐头的重量是符合标准质量要求的。

当总体方差未知，样本容量又小于等于 30 时，检验统计量样本均值服从 t 分布。这时就要用 t 分布来确定原假设的接受区域和拒绝区域了。在得到接受区域后也就可以利用上面同样的方法和步骤，根据样本均值所处的位置进行判断。

例 7-7：正常人的脉搏平均为 72 次/分，今对某种疾病患者 9 人，测得其脉搏为：62，63，66，74，70，65，74，64，65（次/分）。设患者的脉搏次数服从正态分布，试在显著性水平 $\alpha=0.05$ 下检验患者与正常人在脉搏上有无显著差异。

根据样本信息，得知 $\overline{X} = 67$（次/分），$S = 4.55$（次/分），要检验患者与正常人在脉搏上有无显著差异，不强调方向，故属于双侧检验。检验过程如下：

①提出假设：假定患者与正常人在脉搏上无显著性差异

$$H_0: \mu = 72 \quad H_1: \mu \neq 72$$

②总体方差未知，且是小样本，故选用 t 统计量，$t = \dfrac{\overline{x} - \mu}{\dfrac{s}{\sqrt{n}}}$，在 H_0 为真的情况下，应服从自由度为 8 的 t 分布。

③显著性水平 $\alpha = 0.05$ 时，由于是双侧检验，查表可知 $t_{\frac{\alpha}{2}}(n-1) = t_{0.025}(8) = 2.306$，所以拒绝域为 $(-\infty, -2.306) \cup (2.306, +\infty)$，即当统计量 $t > 2.306$ 或 $t < -2.306$ 时，拒绝 H_0；否则，就应接受 H_0。

④计算检验统计量的值：$t = \dfrac{\overline{x} - \mu}{\dfrac{s}{\sqrt{n}}} = \dfrac{67 - 72}{\dfrac{4.55}{\sqrt{9}}} = -3.297$

⑤作出统计决策：$t = -3.297 < -2.306$，落在拒绝域，故应拒绝原假设 H_0，接受备择假设 H_1。

因此，可以认为在显著性水平 $\alpha = 0.05$ 的条件下，患者与正常人在脉搏上存在显著性差异。

（2）左侧检验。左侧检验表明在样本均值低于假设的总体均值很显著时，才拒绝原假设。此时，原假设为 $H_0: \mu \geq \mu_0$，备择假设为 $H_1: \mu < \mu_0$，如图 7-5 所示。

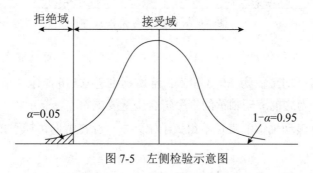

图 7-5　左侧检验示意图

例 7-8：甲厂称其某产品的使用寿命超过标准寿命 1 500 小时。今随机抽取甲厂 100 件产品，测得其平均寿命为 1 450 小时，标准差为 350 小时，请问在 $\alpha = 0.05$ 的显著性水平下能否认为甲厂某产品的质量符合要求。

要检验甲厂某产品的使用寿命是否超过标准寿命 1 500 小时，存在方向，故属于单侧检验中的左侧检验。检验过程如下。

①提出假设：假定甲厂某产品的使用寿命超过标准寿命 1 500 小时。

$$H_0: \mu \geq 1500$$
$$H_1: \mu < 1500$$

②由于是大样本,且总体方差已知,故选用 Z 统计量。

③当显著性水平 $\alpha = 0.05$ 时,由于是单侧检验,查表可知 $Z_\alpha = Z_{0.05} = 1.645$,所以拒绝域为 $(-\infty, -1.645)$,即当统计量 $Z < -1.645$ 时,拒绝 H_0;否则,就应接受 H_0。

④计算检验统计量的值:$Z = \dfrac{\bar{x} - \mu_0}{\dfrac{\sigma}{\sqrt{n}}} = \dfrac{1450 - 1500}{\dfrac{350}{\sqrt{100}}} = -1.429$

⑤作出统计决策:$Z = -1.429 > -1.645$,落在接受域,故接受原假设 H_0。

因此,可以认为在显著性水平 $\alpha = 0.05$ 的条件下,甲厂某产品的使用寿命超过标准寿命 1 500 小时。

(3)右侧检验。右侧检验表明在样本均值高于假设的总体均值很显著时,才拒绝原假设。此时,原假设为 $H_0: \mu \leq \mu_0$,备择假设为 $H_1: \mu > \mu_0$,如图 7-6 所示。

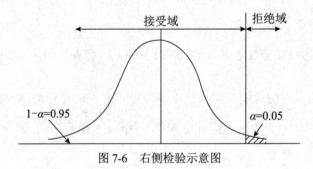

图 7-6 右侧检验示意图

例 7-9:甲厂规定某种滚动轴承的直径不得大于 1 厘米。今随机抽取了 16 个这种规格的滚动轴承,测得其平均直径为 1.053 厘米,样本标准差 0.146 厘米。请问在 $\alpha = 0.1$ 的显著性水平下,能否认为这批滚动轴承的直径符合质量要求?

要检验甲厂某种滚动轴承的直径不得大于 1 厘米,存在方向,属于单侧检验中的右侧检验。检验过程如下:

①提出假设:假定甲厂某种滚动轴承的直径不大于 1 厘米。
$$H_0: \mu \leq 1$$
$$H_1: \mu > 1$$

②总体方差未知,且是小样本,故选用 t 统计量,$t = \dfrac{\bar{x} - \mu}{\dfrac{s}{\sqrt{n}}}$,在 H_0 为真的情况下,应服从自由度为 15 的 t 分布。

③当显著性水平 $\alpha = 0.1$ 时,由于是单侧检验,查表可知 $t_\alpha(n-1) = t_{0.1}(15) = 1.340\,6$,

所以拒绝域为 $(1.340\ 6, +\infty)$，即当统计量 $t > 1.340\ 6$ 时，拒绝 H_0，否则就应接受 H_0。

④计算检验统计量的值：$t = \dfrac{\bar{x} - \mu}{\dfrac{s}{\sqrt{n}}} = \dfrac{1.053 - 1}{\dfrac{0.146}{\sqrt{16}}} = 1.452\ 1$

⑤作出统计决策：$t = 1.452\ 1 > 1.340\ 6$，落在拒绝域，故应拒绝原假设 H_0，接受备择假设 H_1。

因此，可以认为在显著性水平 $\alpha = 0.1$ 的条件下，甲厂生产的某种滚动轴承的直径大于 1 厘米。

2. 关于总体比例的假设检验

总体比例的假设检验与总体均值的假设检验思路相同，下面我们来看一个有关总体比例的假设检验问题。

例 7-10：一项报告显示，西安市大学生每月零花钱达到 1 500 元的占大学生总体的 35%，某研究机构为了检验这项报告的可靠性，随机抽取了 100 名西安市大学生，发现有 40 人每月零花钱达到 1 500 元，试问在显著性水平 $\alpha = 0.05$ 的条件下，某研究机构的调查结果是否与之前的报告相符合？

要检验某研究机构的调查结果比例是否与之前的报告相符合，不存在方向，属于总体比例的双侧检验问题。检验过程如下。

①提出假设：假定某研究机构的调查结果与之前的报告相符合。

$$H_0: P = 35\%$$
$$H_1: P \neq 35\%$$

②由于是大样本，故选用 Z 统计量。

③当显著性水平 $\alpha = 0.05$ 时，由于是双侧检验，查表可知 $Z_{\frac{\alpha}{2}} = 1.96$，所以拒绝域为 $(-\infty, -1.96) \cup (1.96, +\infty)$，即当统计量 $Z > 1.96$ 或 $Z < -1.96$ 时，拒绝 H_0；否则，就应接受 H_0。

④计算检验统计量的值：$Z = \dfrac{p - P}{\sqrt{\dfrac{P(1-P)}{n}}} = \dfrac{40\% - 35\%}{\sqrt{\dfrac{35\% \times (1 - 35\%)}{100}}} = 1.048\ 3$

⑤作出统计决策：$Z = 1.048\ 3 < 1.96$，落在接受域，故接受原假设 H_0。

因此，可以认为在显著性水平 $\alpha = 0.05$ 的条件下，某研究机构的调查结果与之前的报告相符合，西安市大学生每月零花钱达到 1 500 元的占大学生总体的 35%。

此外，参照两个总体区间估计的情形，我们也可以对两个总体均值和比例差进行假设检验，所用的方法几乎是完全同样的。

7.5.4 假设检验的两类错误

拓展阅读

假设检验与男婚女嫁

在假设检验的过程中，由于样本信息的局限性，我们可能依据样本信息进行了错误的判断，即犯错误。所犯的错误主要有两种类型，一般称为Ⅰ类错误和Ⅱ类错误。Ⅰ类错误是原假设H_0为真但被我们拒绝了，犯这种错误的概率用α来表示，也称α错误或弃真错误；Ⅱ类错误是原假设实际上是不正确的却被我们接受了，犯这种错误的概率用β来表示，也称β错误或取伪错误，如表7-3所示。

表7-3 假设检验中的两类错误

	接受H_0	接受H_1
H_0为真	正确	弃真，Ⅰ类错误概率是α
H_0为假	取伪，Ⅱ类错误概率是β	正确

自然而言，人们希望犯这两类错误的概率越小越好。但对于一定的样本容量n，不能同时做到犯这两类错误的概率都很小。如果减少α错误，就会增大犯β错误的机会；若减小β错误，也会增大犯α错误的机会。

当然，使α错误和β错误同时变小的办法也有，那就是增大样本容量。但样本容量的增大不可能没有限制，否则就会使抽样失去意义。因此，在假设检验中，存在对这两类错误进行控制的问题。

一般而言，哪一类错误带来的后果严重、危害大，在假设检验中就应当把这类错误作为首要的控制目标。但在假设检验中，一般都遵循这样一个原则，即首先控制犯α错误的风险。这样做的原因主要是因为：一是大家都遵循一个统一的原则，讨论问题比较方便；二是从实用的观点看，原假设的内容往往是明确的，而备择假设的内容往往是不清楚的。

本章小结

1. 点估计法就是以单个数据对总体的参数值进行估计。评价点估计量好坏的评选标准有三个：无偏性、有效性和一致性。

2. 区间估计是估计总体参数落在以某估计值为中心的某一个小区间内的概率的方法。所估计的置信区间的大小与置信水平α的大小有关。

3. 假设检验是从另一个角度认识总体参数，即首先提出假设，然后根据样本的数据信息判断原假设是否正确。确定适当的原假设（零假设）和备择假设是解决假设检验问题的关键。

4. 假设检验可分为双侧检验和单侧检验。

5. 在假设检验的判断决策中有可能出现两类错误。

练习题

一、思考题

1. 什么是抽样误差和抽样平均误差?
2. 说明点估计与区间估计的主要区别在哪里?
3. 什么是原假设?什么是备择假设?
4. 提出原假设时应注意哪些问题?
5. 什么是假设检验?其具体的步骤有哪些?
6. 假设检验可能出现的两类错误各指什么?

即练即测

二、计算操作题

1. 对某机器生产的滚动轴承随机抽取 100 个样本,测得直径的均值为 1.42 厘米,样本标准差为 0.132 厘米,求这批轴承均值的 95% 与 99% 的置信区间。

2. 某灯泡厂生产的灯泡的平均寿命是 2 000 小时,现从一批新生产的灯泡中抽取 16 个样本,测得其平均寿命为 1 940 小时,样本标准差 $S = 200$ 小时,试检验灯泡的平均寿命有无显著变化($\alpha = 0.05$)。

3. 报告显示 A 市学生智商的平均值不低于 120,现抽查 A 市的 25 名学生,测得其智商的平均值为 107,样本标准差为 10,试问在 $\alpha = 0.05$ 的显著水平下,学生的智商与报告有无显著差别?

4. 为降低贷款风险,某银行规定平均每笔贷款数额不能超过 200 万元,现从一个 $n = 144$ 的样本测得平均贷款额为 210 万元,样本标准差 $S = 45$ 万元,试问在 $\alpha = 0.05$ 的显著水平下,银行贷款的平均规模是否明显超过了 200 万元?

5. 某公司报告指出其生产某种产品的不合格品率为 5%,现随机抽查了产品 200 件,发现有次品 13 件,试问在 $\alpha = 0.05$ 的显著水平下,能否认为企业实际的产品不合格率与报告相符?

三、案例分析题

假设检验的逻辑

假设检验中到底蕴含了怎样的逻辑或思维呢?在美国数理统计学家萨尔斯伯格博士所著的《女士品茶——20 世纪统计怎样变革了科学》一书中,讲了这样一个女士品茶的故事。

故事的梗概是:20 世纪 20 年代后期,在英国剑桥一个夏日的午后,一群大学的绅士和他们的夫人、来访者们,正享用着下午茶。一位女士称:把茶加进奶里或把奶加进茶里的不同做法,会使茶的味道品起来不同。在场的科学精英们对这位女士的"胡言乱语"嗤之以鼻。然而，在座的一个身材矮小、戴着厚眼镜的先生，却对这个问题很感兴趣。他兴奋地说道："让我们来检验这个命题吧！"于是，他开始策划一个实验。在这个实验中，那位女士被奉上一连串已经调制好的茶，有的是先加茶后加奶，有的则是先加奶后加茶。在女士给出品茶结论后，这位先生不加评论地记下了女士的说法。这位先生就是著名统计学家费歇尔。

1935年，费歇尔写了一本名为《实验设计》的著作。书中，他把女士的断言视为假设问题，并且考虑了各种可能的实验方法，以确定那位女士是否能做出区分。设计实验时的问题是：如果只给那位女士一杯茶，那么即使她没有区分能力，也有50%的机会猜对；如果给两杯茶，她仍可能猜对；如果她知道两杯茶分别以不同的方式调制，她可能一下子全部猜对（或全部猜错）。同样，即便这位女士真能做出区分，但她仍然有猜错的可能，因为或许茶与奶没有充分地混合，或许茶水不够热。因此，即便这位女士能准确进行区分，但也有可能在10杯茶中只猜对其中的9杯。尽管费歇尔并没有指明这种实验是否真的发生过，也没有叙述这次实验的结果，但他讨论了这个实验的各种可能结果，叙述了如何确定这样一些问题：应该为那位女士奉上多少杯茶？这些茶应该按什么样的顺序奉上？对所奉各杯茶的顺序应该告诉那位女士多少信息？依据那位女士判断的对错与否，费歇尔得出了各种不同结果的概率。

这就是假设检验思想的起源。之后，波兰裔统计学家尼曼和英国统计学家皮尔逊，在费歇尔思想框架的基础上，提出了改进的假设检验模式，但费歇尔并不认可他们的改进。后人把他们的意见整合成了如下标准化的模式：建立原假设和备择假设，选择检验统计量并计算其值，根据 P 值（检验统计值出现的概率）是否小于给定的显著性水平来判断是否拒绝原假设。此后，假设检验理论和方法得到了广泛的应用。

[案例节选来源：李金昌. 假设检验的逻辑 [J]. 中国统计，2019（05）：18-20.]

根据上述案例内容，思考以下问题：

1. 从女士品茶故事中得到启示，分析假设检验到底是一种什么样的逻辑？
2. 在女士品茶故事中，假设检验的原假设和备择假设分别是什么？

学习目标

- ◆ 理解和掌握方差分析的基本概念和原理；
- ◆ 理解和掌握单因素方差分析的基本方法；
- ◆ 理解和掌握双因素方差分析的基本方法。

重点与难点

- ◆ 重点：理解方差分析的原理；
- ◆ 难点：掌握单因素方差分析的基本过程和方法。

【思政案例导入】

统计思维对于理解科学事实的重要性

2020年9月11日，习近平总书记在参加科学家座谈会上指出："科技创新特别是原始创新要有创造性思辨的能力、严格求证的方法，不迷信学术权威，不盲从既有学说，敢于大胆质疑，认真实证，不断试验。原创一般来自假设和猜想，是一个不断观察、思考、假设、实验、求证、归纳的复杂过程，而不是简单的归纳。假设和猜想的创新性至关重要。"

作为科学的认识活动，人对客观世界有意识地介入大致包括自然研究和人文社科研究两种基本方式，自然研究的认识对象是自然界的万事万物，基本认识手段就是观察，人文社科研究的认识对象是人世间的万事万物，认识手段从观察扩展至调查。而无论是观察还是调查，确保研究结论的科学性，都须依据基本的统计原理。科学研究的特征之一是理论体系的逻辑性,从假设到理论再到推论,一定要有逻辑性,而且理论必须能够解释现实,即理论与现实要有一致性。检验理论与现实之间的一致性,通常是统计学的工作,统计学家在其中扮演着重要角色,包括帮助设计收集数据的方法,提供数据特征的描述方法,以及利用样本数据对总体特征进行估计、检验和预测。

现代社会从信息不足转变为信息泛滥,信息匮乏的危机让位给信息甄别的困难,如此背景下科学方法成为每个人的必修课。在日益依赖数据的今天,树立正确的统计思维,才能有效地开展数据处理与分析。逻辑思维往往隐含一定的前提条件,即使逻辑思维过程非常正确,如果前提条件不满足或者错了,得到的结论可能与现实不符,所以需要利用统计方法来对研究结论进行经验验证。当今世界正步入信息爆炸的大数据时代,统计越显重要,验证了英国科幻小说作家 H.G. 威尔斯的预言:"统计思维总有一天会像读写一样,成为一个有效率公民的必备能力。"

资料来源:[1] 中国共产党新闻网,2020 年 9 月 11 日.

[2] 程开明. 科学事实与统计思维 [J]. 中国统计,2015(12):24-26.

根据以上内容,可以看出统计思维对于理解科学事实的重要性。因为只有掌握了一定的统计方法,利用统计方法对研究结论进行经验验证,才能达到习近平总书记提出的"不迷信学术权威,不盲从既有学说"的要求。本章主要介绍方差分析的基本概念、方差分析的基本思想、单因素方差分析和双因素方差分析等内容。

8.1 方差分析的基本概念

8.1.1 方差分析的提出

拓展阅读

敢于质疑的
Fisher 爵士

方差分析(analysis of variance,ANOVA)是由著名的统计学家 R.A.Fisher 提出来的,它是检验观察到的差异是否显著的一种统计方法,能够解决多个均值是否存在显著差异的检验问题,是假设检验的延伸和继续,可以用来对三个及三个以上总体均值是否相等进行假设检验。方差分析方法有两个很明显的优点,一是节省时间,二是由于进行分析时是将所有的样本资料结合在一起,因而增加了稳定性。例如,有 30 个样本,每一个样本包括 10 个观察单位,如果用 T 检验法,一次只能研究两个样本,20 个观察单位,而使用方差分析则可以把 300 个观察单位结合在一起进行研究。所以说方差分析是一种实用、高效的分析方法。

众所周知,我们在不同条件下所获得的数据受到诸多因素的影响,其中某些因素是由于随机的原因引起的,数据的这种随机性是不以人的意志为转移的,是不可避免的。另一些因素是由于采样或实验条件的不同,这是完全可以避免的。如果实验因素对实验结果有显著的影响,必然会造成实验结果的明显变动,且在某些情况下会和随机因素混杂在一起。相反地,如果实验因素对实验结果无显著的影响,实验结果的变动基本上是由随机性原因引起的,通过方差分析的方法,利用构造的 F 统计量进行检验,以分析实验数据中不同来源的变异程度对总体变异贡献的大小,从而确定实验因素是否对实验结果存在显著的影响。

8.1.2 方差分析的常用术语

方差分析的常用术语如下。

(1) 因素:指需要研究的变量,它可能对因变量产生影响。若只针对一个因素进行分析,就是单因素方差分析;若针对多个因素进行分析,则称为多因素方差分析。本书中,主要介绍单因素方差分析和双因素方差分析。

(2) 水平:指因素的具体表现形式,依不同的背景而体现出不同的状态,如质量的优、中、劣;表现的好、中、差;成绩评定过程中的 A、B、C、D 等。

(3) 交互作用:若一个因素的效应在另一个因素不同水平下明显不同,则两个因素之间存在交互作用。当存在交互作用时,单纯研究某个因素的作用是没有意义的,必须在另一个因素的不同水平下研究该因素的作用大小。

8.1.3 方差分析的例子

为了说明什么是方差分析,让我们分析下面的例子。

例 8-1:为了检验某三个水稻新品种之间是否存在显著的差异,将三个新品种在相似的地块进行了试种,所获得的数据如表 8-1 所示。利用这些数据检验三个水稻新品种的平均亩产量是否存在显著差异 ($\alpha = 0.05$)。

表 8-1 三个水稻新品种平均亩产量数据　　千克

观察值	新品种 1	新品种 2	新品种 3
1	400	560	400
2	520	530	380
3	480	620	450
4	450	540	440
5	450	550	430
$\bar{x}_j$	460	560	420
s_j^2	1 950	1 250	850
s_j	44.159	35.355	29.155

定义水稻新品种 1 作为总体 1;水稻新品种 2 作为总体 2;水稻新品种 3 作为总体 3。μ_1 表示"总体 1 的平均亩产量";μ_2 表示"总体 2 的平均亩产量";μ_3 表示"总体

3 的平均亩产量"。

实际上,水稻新品种总体 1、2、3 的平均亩产量的值也许人们永远也不会知道,但我们可以通过得到的样本结果来检验所提出的假设:

$$\begin{cases} H_0: \mu_1=\mu_2=\mu_3 \\ H_1: 不是所有的均值都相等 \end{cases}$$

方差分析是通过对误差进行分析来研究多个正态总体均值是否相等的一种方法,它的基本假设条件如下:

(1)不同抽样总体的样本服从正态分布 $N(\mu_i, \sigma^2)$,μ_i 是第 i 个总体的均值,σ^2 是方差;

(2)不同抽样总体的样本方差相等;

(3)同一总体的抽样样本是相互独立的。

在方差分析中,通常假定各个水平的观察数据是来自于正态分布总体中的随机样本,各个总体相互独立,且方差相同。若要在实际应用中严格地满足这些假定,特别是在进行社会经济现象分析时,确实过于苛刻,但一般应尽力满足上述要求。

假设在例 8-1 中方差分析的三个假定都能满足,如果原假设是正确的 $(\mu_1=\mu_2=\mu_3)$,则总体的每个样本观察值都来自均值为 μ,方差为 σ^2 的同一个正态概率分布。

要检验三个正态总体的均值是否相等,自然要对三个样本的均值进行必要的比较。事实上,三个样本均值越接近,我们越有证据得出这样的结论:总体均值相等。换句话说,总体每个样本均值之间的变动性越小,就越支持原假设 H_0;反之,就越支持备择假设 H_1,如图 8-1 所示。

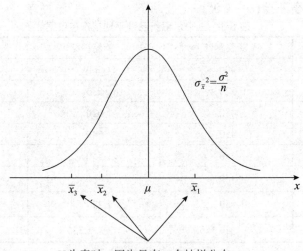

图 8-1 给定 H_0 为真时,$\bar{x}$ 的抽样分布

在例 8-1 中，如果原假设是正确的，我们就认为水稻新品种的三个样本均值 $\bar{x}_1 = 460$、$\bar{x}_2 = 560$、$\bar{x}_3 = 420$ 是从三个总体中随机抽出来的，这样可以用三个均值和方差来估计抽样分布的均值和方差。

可以用水稻新品种的三个样本均值来估计总样本均值：

$$\bar{\bar{x}} = \frac{\bar{x}_1 + \bar{x}_2 + \bar{x}_3}{3} = \frac{460 + 560 + 420}{3} = 480$$

为了估计抽样分布的方差，可以用三个样本均值来计算方差：

$$S_{\bar{x}}^2 = \frac{(460-480)^2 + (560-480)^2 + (420-480)^2}{3-1} = 5200$$

可以用 $S_{\bar{x}}^2$ 作为 $\sigma_{\bar{x}}^2$ 的估计值，这样就可以计算样本间估计值：

$$\sigma^2 = n\sigma_{\bar{x}}^2 \approx nS_{\bar{x}}^2 = 5 \times 5200 = 26000$$

σ^2 的样本间估计建立在假设检验为真的基础上，在这种情况下，每个样本都来自同一总体，只有一个 $\bar{x}$ 的抽样分布。

下面研究当原假设不真，备择假设为真时的情况。假设总体均值间存在差异，由于样本可以认为是来自同一个正态总体，这样就会有三个不同的样本均值存在。这样 $S_{\bar{x}}^2$ 也许会很大，从而引起 σ^2 的样本间估计也较大。通常，如果总体均值不相等，样本间估计就会对总体方差 σ^2 产生过高的估计，如图 8-2 所示。

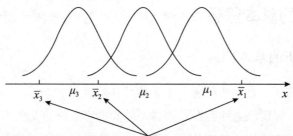

H_0 不为真时，来自不同抽样分布，样本的均值"不接近"的情况

图 8-2　给定 H_0 不为真时，$\bar{x}$ 的抽样分布

对于例 8-1，可以得到 σ^2 的样本内估计值为

$$\sigma^2 \text{的样本内估计值} = \frac{1950 + 1250 + 850}{3} = 1350$$

由此可见，σ^2 的样本间估计值 26 000 比 σ^2 的样本内估计值 1 350 要大得多。

这两个估计值的比率为 26 000÷1 350=19.259。

这里应该注意的是，只有当原假设为真时，样本间估计方法才是 σ^2 的较好估计，所以如果原假设为真，两种估计值就会相似，它们的比率就会接近 1；如果原假设不真，样本间估计就会大于样本内估计，它们的比率就会很大。这个比率大到一定程度时就会拒绝

原假设 H_0。

考虑到上一章提到的两个总体均值的分析方法，我们能否通过两两对比来解决上述假设检验问题呢？实际上，这样思考是欠妥的，因为这样做会导致犯第一类错误的概率大大增加。对于例 8-1，我们在三个均值间进行两两假设检验，共需 $C_3^2=3$ 次，如果各次检验相互独立且每一次检验接受原假设 $H_0: \mu_i = \mu_j$ 的概率为 $1-\alpha=0.95$，则接受 H_0 的概率为 $(0.95)^3 = 0.8574$。可见，犯第一类错误的概率大大提高了。

因此，有必要用新的方法来对两个以上总体均值进行检验，这种方法就是本章介绍的方差分析。在方差分析中，总是假定各母体（各水平的总体）独立地服从同方差的正态分布，即 $A_i \sim N(\mu_i, \sigma^2)$，其中 $i=1, 2, \cdots, k$。因此，方差分析就是检验同方差的若干正态总体均值是否相同的一种统计分析方法。

根据问题所涉及的影响因素不同，方差分析分为单因素方差分析、双因素方差分析和多因素方差分析。显然，例 8-1 是单因素方差分析，如果水稻产量受选种、施肥和灌溉三个因素的影响，为了研究三个因素对产量的影响是否有差异，选择不同的种子、施肥量和灌溉量进行实验，则此时的方差分析就是多因素方差分析。基于上面的基本研究思路，下面给出方差估计的基本思想：用方差分析可以分析并检验 k 个总体均值是否相等。

8.2 方差分析的基本思想

8.2.1 方差分析的基本原理

从方差分析的目的看，是要检验各个水平的总体均值是否相等，而实现这个目的的手段是进行方差的比较。观察值之间存在着差异，差异的产生来自于两个方面：一个方面是由于因素中的不同水平造成的系统性差异。例如，合成纤维中不同棉花含量引起的不同抗拉强度。另一个方面是由于抽选样本的随机性而产生的差异。例如，相同棉花含量的合成纤维，几组不同抽样样本之间抗拉强度的不同。两个方面产生的差异可以用两个方差来计量：一个称为水平之间的方差，另一个称为水平内部的方差。前者既包括系统性因素，也包括随机性因素，后者仅包括随机性因素。

如果不同的水平对结果没有影响，如前例中合成纤维中不同的棉花含量引起的不同抗拉强度，那么在水平之间的方差中，就仅仅有随机因素的差异，而没有系统性差异，它与水平内部方差就应该近似，两个方差的比值就会接近于 1。反之，如果不同的水平对结果产生影响，在水平之间的方差中就不仅包括了随机性差异，还包括了系统性差异。这时，该方差就会大于水平内方差，两个方差的比值就会显著地大于 1。当这个比值大到某个程度，或者说达到某临界点，就可以作出判断，认为不同的水平之间存在着显著性差异。因此，方差分析就是通过不同方差的比较，作出接受原假设或拒绝原假设的判断。

利用方差分析解决问题时，作为检验统计量的 F 分布（F Distribution）是必不可少的。利用 F 分布对方差分析的结果作出判断，以确定所作的原假设是否正确。

水平间（也称组间）方差和水平内（也称组内）方差之比是一个统计量，经证明该统计量服从 F 分布，即检验统计量 F 的表达式如下：

$$检验统计量F(单因素方差分析)=\frac{组间方差}{组内方差}$$

8.2.2 问题的一般提法

设因素有 k 个水平，每个水平的均值分别用 μ_1，μ_2…，μ_k 表示，要检验 k 个水平（总体）的均值是否相等，需要提出如下假设：

H_0：$\mu_1 = \mu_2 = \cdots = \mu_k$　　　　　　　　　自变量对因变量没有显著影响；

H_1：μ_1，μ_2，…，μ_k 不全相等　　　　　　自变量对因变量有显著影响。

例如，在例 8.1 中，设三个水稻新品种的平均亩产分别为 μ_1，μ_2，μ_3，为检验三个水稻新品种的平均亩产是否相等，需要提出如下假设：

H_0：$\mu_1 = \mu_2 = \mu_3$　　三个水稻新品种的平均亩产没有显著差异；

H_1：μ_1，μ_2，μ_3 不全相等　　三个水稻新品种的平均亩产有显著差异。

8.3　单因素方差分析

8.3.1　多个总体均值是否相同的检验

根据前一节的内容和案例，我们可以得到方差分析的方法和一般步骤。

1. 提出假设

H_0：$\mu_1=\mu_2=\cdots=\mu_k$，即因素的不同水平对试验结果无显著影响；

H_1：不是所有的 μ_i 都相等，即因素的不同水平对试验结果有显著影响。

2. 方差分解

我们先定义总离差平方和，即各样本观察值与总均值的离差平方和，记作

$$\mathrm{SST}=\sum_{i=1}^{k}\sum_{j=1}^{n}\left(X_{ij}-\overline{X}\right)^2$$

其中，$\overline{X}$ 是样本总均值，即

$$\overline{X} = \frac{\left(\sum_{i=1}^{k}\sum_{j=1}^{n}X_{ij}\right)}{N}$$

$N = nk$，为样本观察值总数。

将总离差平方和分解为两部分：

$$\text{SST} = \sum_{i=1}^{k}\sum_{j=1}^{n}\left(X_{ij} - \overline{X}\right)^2$$

$$= \sum_{i=1}^{k}\sum_{j=1}^{n}\left[\left(X_{ij} - \overline{X}_i\right) + \left(\overline{X}_i - \overline{X}\right)\right]^2$$

$$= \sum_{i=1}^{k}\sum_{j=1}^{n}\left(X_{ij} - \overline{X}_i\right)^2 + \sum_{i=1}^{k}n \cdot \left(\overline{X}_i - \overline{X}\right)^2$$

其中，$\overline{X}_i$ 是第 i 组样本的平均值，即

$$\overline{X}_i = \frac{\sum_{i=1}^{n}X_{ij}}{n}$$

记

$$\text{SSE} = \sum_{i=1}^{k}\sum_{j=1}^{n}\left(X_{ij} - \overline{X}_i\right)^2$$

上式表示同一样本组内由于随机因素影响所产生的离差平方和，简称为组内平方和。

记

$$\text{SSTR} = \sum_{i=1}^{k}n \cdot \left(\overline{X}_i - \overline{X}\right)^2$$

上式表示不同的样本组之间由于因素水平不同所产生的离差平方和，简称为组间平方和。

由此可以得到

$$\text{SST} = \text{SSTR} + \text{SSE}$$

对应于 SST，SSTR 和 SSE 的自由度分别如下：$(N-1)$，$(K-1)$ 和 $(N-K)$，相应的自由度之间的关系也有：

$$N - 1 = (K - 1) + (N - K)$$

3. F 检验

将 SSTR 和 SSE 分别除以其自由度，即得各自的均方差。

组间均方差：
$$\text{MSTR} = \frac{\text{SSTR}}{k - 1}$$

组内均方差:
$$\text{MSE} = \frac{\text{SSE}}{N-k}$$

统计上可以证明:
$$E(\text{MSE}) = \sigma^2$$

$$E(\text{MSTR}) = \sigma^2 + \frac{1}{k-1}\sum_{i=1}^{k} n(\mu_i - \mu)^2$$

由此可见,如果原假设 H_0 成立,则 $E(\text{MSE}) = E(\text{MSTR}) = \sigma^2$;否则就有 $E(\text{MSTR}) > \sigma^2$。

根据 F 分布,如果原假设 H_0 成立,那么 MSTR 和 MSE 均是 σ^2 的无偏估计,因而,检验统计量为

$$F = \frac{\text{MSTR}}{\text{MSE}}$$

就服从自由度为 $(K-1)$ 和 $(N-K)$ 的 F 分布。

由上所述,当原假设 H_0 成立时,$E(\text{MSE}) = E(\text{MSTR}) = \sigma^2$。此时 MSTR 较小,$F$ 值也较小。当原假设 H_0 不成立时,MSTR 较大,F 值也较大。

对于给定的显著性水平 α,查 F 分布表得到 $F_\alpha(K-1, N-K)$。如果 $F \geq F_\alpha(K-1, N-K)$,则原假设不成立,即 K 个组的总体均值之间有显著的差异,就拒绝 H_0。若 $F < F_\alpha(K-1, N-K)$,则原假设成立,即 K 个组的总体均值之间没有显著的差异,就接受原假设 H_0。

4. 方差分析表

上述方差分析的方法可以用一张标准形式的表格来实现,这种表格称为方差分析表。它将方差分析的计算方法以简洁的形式总结出来。

表格分为五列,第一列表示方差的来源,第二列表示离差平方和,第三列表示自由度,第四列为均方差,第五列为统计检验量 F。表格又分为三行。第一行是组间的方差 SSTR 和均方差 MSTR,表示因素的不同水平的影响所产生的方差,其值作为计算统计检验量 F 时的分子;第二行是组内方差 SSE 和均方差 MSE,表示随机误差所引起的方差,其值作为计算检验统计量 F 的分母;第三行是检验行,表示总的方差 SST。表 8-2 就是一张单因素方差分析表。

表 8-2 单因素方差分析表

方差来源	离差平方和	自由度	均方差	统计检验量 F
组间	SSTR	$K-1$	MSTR	$F = \dfrac{\text{MSTR}}{\text{MSE}}$
组内	SSE	$N-K$	MSE	
总方差	SST	$N-1$	—	

由于方差分析表概括了方差分析中的统计量之间的关系,我们在进行方差分析时就可

以直接按照方差分析表来逐行、逐列地计算出有关的统计量,最后得到检验量 F 的值,并把 F 值与查表所得到的一定显著性水平下的 F 检验的临界值进行比较,以得出接受或拒绝原假设的结论。

对于本章开头的例 8-1,可以计算并绘制出方差分析表,如表 8-3 所示。

表 8-3 水稻新品种对平均亩产量方差分析表

方差来源	离差平方和	自由度	均方差	统计检验量 F
组间	52 000	2	26 000	
组内	16 200	12	1 350	F=19.259
总方差	68 200	14	—	

由于规定显著性水平 α=0.05,查表得到 $F_{0.05}(2, 12)$=3.89。因为 F=19.259 > $F_{0.05}(2, 12)$=3.89,所以,拒绝原假设 H_0,接受备择假设,认为三个水稻新品种的平均亩产量存在显著的差异,也就是说三个水稻新品种的平均亩产量不相等。

这时决策犯第一类错误的概率是 α=0.05,或者说,实际上三个水稻新品种的平均亩产量是相等的,但由于抽样出现的随机原因,导致检验统计量 F 的值过大,超过了显著性水平为 0.05 的 F 临界值 [$F_{0.05}(2, 12)$=3.89],从而导致了错误的产生。

在介绍了方差分析的基本过程之后,对单因素方差分析可能涉及的问题再进行以下几点说明:

拓展阅读

方差分析在大学生体能测试中的应用

(1)方差分析以原始数据制表时,可以把方差分析的因素放在列的位置,也可以放在行的位置,但通常放在列的位置。

(2)进行方差分析时,各个水平下的样本容量可以相同,也可以不同。

(3)方差分析可以对若干水平总体均值是否相等同时进行检验,这是此方法的特点和优势,但如果检验结果拒绝原假设,接受备择假设,这仅仅表明进行检验的几个水平总体均值不全相等。至于到底哪一个或哪几个均值与其他均值不等,方差分析并没有给出答案,尚需做两两比较。

8.3.2 多个总体均值的多重比较检验

单因素方差分析的基本分析只能判断自变量是否对因变量产生了显著影响。如果自变量确实对因变量产生了显著影响,进一步还应确定自变量的不同水平对因变量的影响程度如何,其中哪个水平的作用明显区别于其他水平,哪个水平的作用是不显著的等。

例如,如果确定了不同施肥量对农作物的产量有显著影响,那么还需要了解 10 千克、20 千克、30 千克肥料对农作物产量的影响幅度是否有差异,其中哪种施肥量水平对提高农作物产量的作用不明显,哪种施肥量水平最有利于提高产量等。为了研究这一类问题,我们介绍方差分析中的多重比较检验方法。多重比较检验是利用全部观测变量值,实现对各个水平下观测变量总体均值的逐对两两比较。其实质是多组两两比较的假设检验问题，所以也遵循假设检验的基本步骤。

多重比较方法有许多种，这里介绍由 Fisher 提出的最小显著差异方法（least significant difference），也称 LSD 法。使用该方法进行检验的具体步骤如下。

第 1 步，提出假设：

$$\begin{cases} H_0: & \mu_i = \mu_j \\ H_1: & \mu_i \neq \mu_j \end{cases}$$

第 2 步，计算检验统计量：

$$\overline{X}_i - \overline{X}_j$$

第 3 步，计算 LSD：

$$\mathrm{LSD} = t_{\alpha/2} \sqrt{\mathrm{MSE}\left(\frac{1}{n_i} + \frac{1}{n_j}\right)}$$

式中，$t_{\alpha/2}$ 为 t 分布的临界值，可通过查 t 分布表得到，其自由度为 $(n-k)$，k 是因素中水平的个数；MSE 为组内均方差；n_i 和 n_j 分别是第 i 组样本和第 j 组样本的统计数量。

第 4 步，根据显著性水平 α 进行决策。如果 $|\overline{X}_i - \overline{X}_j| > \mathrm{LSD}$，则拒绝 H_0；否则，接受原假设 H_0。

例 8-2：根据统计实践，一般认为产品各种型号的生产时间服从正态分布。现对 6 种型号的产品，每类取 4 个样本，完成单因素方差显著性检验后，试用 LSD 方法判断 6 个水平的均值是否有显著差异（其中，组内均方差 MSE=3.15，$t_{0.025}(18)=2.101$）。先取 A 型和 D 型配对比较，可得

$$\mathrm{LSD} = t_{\alpha/2} \sqrt{\mathrm{MSE}\left(\frac{1}{n_1} + \frac{1}{n_2}\right)} = 2.101 \times \sqrt{3.15 \times \left(\frac{1}{4} + \frac{1}{4}\right)} = 2.637 < 4$$

由此可以判断出 A 型与 D 型存在显著差异。按照同样的方法，还可以得出其他的均值比较结果，如表 8-4 所示（* 代表差异显著）。

表 8-4　LSD 方法配对比较结果

型号 两两差值	$\overline{Y}_i - \overline{Y}_6$	$\overline{Y}_i - \overline{Y}_5$	$\overline{Y}_i - \overline{Y}_4$	$\overline{Y}_i - \overline{Y}_3$	$\overline{Y}_i - \overline{Y}_2$
A 型 $\overline{Y}_1 = 9.4$	4（*）	3.9（*）	1.9	1.5	0.6
F 型 $\overline{Y}_2 = 8.8$	3.4（*）	3.4（*）	1.3	0.9	
C 型 $\overline{Y}_3 = 7.9$	2.5	2.5	0.4		
E 型 $\overline{Y}_4 = 7.5$	2.1	2.1			
B 型 $\overline{Y}_5 = 5.5$	0.1				
D 型 $\overline{Y}_6 = 5.4$					

8.4 双因素方差分析

拓展阅读

基于多因素方差分析的《计量经济学》教学效果研究

实际问题中，影响某一事物结果的因素往往不止一个，而是多因素同时作用的结果。例如，在例 8-2 中影响农作物产量的因素就有选种、施肥和灌溉三个因素；又如，人们对某项产品的购买意愿除自身的原因外，还与产品的功能、质量、外观等紧密相关。这种对一个以上的事物结果的影响因素进行分析的方法称为多因素方差分析法，其中最简单的是两个因素的双因素方差分析。

对于多因素的方差分析，与双因素方差分析基本类似，实际上更多因素的方差分析因计算工作量较大，可以采用计算机软件来进行处理，这里不再赘述。

根据两个因素间是否存在交互作用，双因素方差分析可分为无交互作用和有交互作用的方差分析。为了说明什么是交互作用，我们把双因素方差分析问题形式化。

8.4.1 无交互作用的双因素方差分析

假设在某种实验中，有两个影响因素，因素 A 取 k 个不同水平 $A_i(i=1, 2, \cdots, k)$，因素 B 取 r 个不同水平 $B_j(j=1, 2, \cdots, r)$。在 (A_i, B_j) 水平的组合下，实验的结果独立地服从 $N(\mu_{ij}, \delta^2)$ 分布。

可以分别提出以下原假设和备择假设：

$$\begin{cases} H_{1,0}: \alpha_1=\alpha_2=\cdots=\alpha_k=0 \\ H_{1,1}: \alpha_1, \alpha_2, \cdots \alpha_k 不全为 0 \end{cases}$$

$$\begin{cases} H_{2,0}: \beta_1=\beta_2=\cdots=\beta_r=0 \\ H_{2,1}: \beta_1, \beta_2, \cdots \beta_r 不全为 0 \end{cases}$$

如果 $H_{1,1}$ 或 $H_{2,1}$ 备择假设成立，则因素 A 或因素 B 的不同水平对结果有显著影响；如果 $H_{1,0}$ 或 $H_{2,0}$ 原假设同时成立，说明因素 A 或因素 B 的不同水平对结果无显著影响。

可令 $\bar{x}_{i\cdot}=\dfrac{1}{r}\sum_{j=1}^{r}x_{ij}$，$\bar{x}_{\cdot j}=\dfrac{1}{k}\sum_{i=1}^{k}x_{ij}$，$\bar{\bar{x}}=\dfrac{1}{kr}\sum_{i=1}^{k}\sum_{j=1}^{r}x_{ij}$

$$SST=\sum_{i=1}^{k}\sum_{j=1}^{r}\left(x_{ij}-\bar{\bar{x}}\right)$$

$$=\sum_{i=1}^{k}\sum_{j=1}^{r}\left[\left(\bar{x}_{i\cdot}-\bar{\bar{x}}\right)+\left(\bar{x}_{\cdot j}-\bar{\bar{x}}\right)+\left(x_{ij}-\bar{x}_{i\cdot}-\bar{x}_{\cdot j}+\bar{\bar{x}}\right)\right]^2$$

$$=\sum_{i=1}^{k}\sum_{j=1}^{r}\left(\bar{x}_{i\cdot}-\bar{\bar{x}}\right)^2+\sum_{i=1}^{k}\sum_{j=1}^{r}\left(\bar{x}_{\cdot j}-\bar{\bar{x}}\right)^2+\sum_{i=1}^{k}\sum_{j=1}^{r}\left(x_{ij}-\bar{x}_{i\cdot}-\bar{x}_{\cdot j}+\bar{\bar{x}}\right)^2$$

$$=SSA+SSB+SSE$$

上式中，SST 为总的离差平方和；SSA 为因素 A 的各水平的差异，称为因素 A 的离差平方和；SSB 为因素 B 的离差平方和；SSE 为误差波动。

按单因素方差分析的方法，当 $H_{1,0}$ 成立时，对于因素 A 可构造检验统计量：

$$F_A = \frac{\text{SSA}/(k-1)}{\text{SSE}/(k-1)(r-1)} \sim F_\alpha\left[(k-1),\ (k-1)(r-1)\right]$$

给定显著性水平 α，当 $F_A > F_\alpha\left[(k-1),\ (k-1)(r-1)\right]$ 时，拒绝原假设 $H_{1,0}$，如图 8-3 所示。

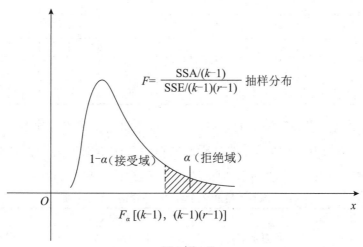

图 8-3 $F = \dfrac{\text{SSA}/(k-1)}{\text{SSE}/(k-1)(r-1)}$ 的抽样分布

同理，当原假设 $H_{2,0}$ 成立时，对于因素 B 可构造检验统计量：

$$F_B = \frac{\text{SSB}/(r-1)}{\text{SSE}/(k-1)(r-1)} \sim F_\alpha\left[(r-1),\ (k-1)(r-1)\right]$$

给定显著性水平 α，当 $F_B > F_\alpha\left[(r-1),\ (k-1)(r-1)\right]$ 时，拒绝原假设 $H_{2,0}$。

记 $T_{i\cdot} = \sum_{j=1}^{r} x_{ij}$，$T_{\cdot j} = \sum_{i=1}^{k} x_{ij}$，$T_{ij} = \sum_{i=1}^{k}\sum_{j=1}^{r} x_{ij}$，则上述过程可列成方差分析计算表，如表 8-5 所示。

表 8-5 无交互作用的方差分析计算表

方差来源	平方和	自由度	均方和	F 值
A 因素	$\text{SSA} = \dfrac{1}{r}\sum_{i=1}^{k} T_{i\cdot}^2 - \dfrac{1}{kr}T^2$	$k-1$	$\dfrac{\text{SSA}}{k-1}$	$F_A = \dfrac{(r-1)\text{SSA}}{\text{SSE}}$
B 因素	$\text{SSB} = \dfrac{1}{k}\sum_{j=1}^{r} T_{\cdot j}^2 - \dfrac{1}{kr}T^2$	$r-1$	$\dfrac{\text{SSB}}{r-1}$	$F_B = \dfrac{(k-1)\text{SSB}}{\text{SSE}}$
误差	$\text{SSE} = \text{SST} - \text{SSA} - \text{SSB}$	$(k-1)(r-1)$	$\dfrac{\text{SSE}}{(k-1)(r-1)}$	—
总和	$\text{SST} = \sum_{i=1}^{k}\sum_{j=1}^{r} x_{ij}^2 - \dfrac{1}{kr}T^2$	$kr-1$	—	—

双因素实验的数据结果可表示为表 8-6 的形式。

表 8-6 双因素实验的数据结构

		因素水平 B					行总和
		B_1	B_2	$\cdots$	B_j	$\cdots$	B_r	$T_{i\cdot}$
因素水平 A	A_1	x_{11}	x_{12}	$\cdots$	x_{1j}	$\cdots$	x_{1r}	$T_{1\cdot}$
	A_2	x_{21}	x_{22}	$\cdots$	x_{2j}	$\cdots$	x_{2r}	$T_{2\cdot}$
	$\vdots$	$\vdots$	$\vdots$	$\vdots$	$\vdots$	$\vdots$	$\vdots$	$\vdots$
	A_i	x_{i1}	x_{i2}	$\cdots$	x_{ij}	$\cdots$	x_{ir}	$T_{i\cdot}$
	$\vdots$	$\vdots$	$\vdots$	$\vdots$	$\vdots$	$\vdots$	$\vdots$	$\vdots$
	A_k	x_{k1}	x_{k2}	$\cdots$	x_{kj}	$\cdots$	x_{kr}	$T_{k\cdot}$
列总和	$T_{\cdot j}$	$T_{\cdot 1}$	$T_{\cdot 2}$	$\cdots$	$T_{\cdot j}$	$\cdots$	$T_{\cdot r}$	T_{ij}

例 8-3：为提高生产某种产品的合格率，考察原料用量和来源地对其是否有影响，所获得的实验数据如表 8-7 所示，试分析原料原量及来源对产品合格率有无显著影响 $(\alpha = 0.05)$？

表 8-7 原料用量及来源地对产品合格率影响数据

因素 A \ 因素 B	原料用量		
	用量水平 β_1	用量水平 β_2	用量水平 β_3
甲地 α_1	70	74	76
乙地 α_2	74	78	80
丙地 α_3	66	69	71
丁地 α_4	63	66	68

本实验为无交互作用双因素方差分析，可用 $\alpha_i (i = 1, 2, 3, 4)$ 表示原料来源地不同水平对产品合格率的影响；用 $\beta_i (i = 1, 2, 3)$ 表示不同原料用量对合格率的影响，则建立如下假设：

$$\begin{cases} H_{1,0}: \alpha_1 = \alpha_2 = \alpha_3 = \alpha_4 = 0 \\ H_{1,1}: \alpha_1, \alpha_2, \alpha_3, \alpha_4 \text{不全为} 0 \end{cases}$$

$$\begin{cases} H_{2,0}: \beta_1 = \beta_2 = \beta_3 = 0 \\ H_{2,1}: \beta_1, \beta_2, \beta_3 \text{不全为} 0 \end{cases}$$

进行双因素方差分析计算，如表 8-8 所示。

表 8-8 原料用量及来源地对产品合格率影响计算数据表

因素 A \ 因素 B	原料用量			—	
	用量水平 β_1	用量水平 β_2	用量水平 β_3	$T_{i\cdot}$	$T_{i\cdot}^2$
甲地 α_1	70	74	76	220	48 400
乙地 α_2	74	78	80	232	53 824
丙地 α_3	66	69	71	206	42 436

续表

因素 A \ 因素 B	原料用量			—	
	用量水平 β_1	用量水平 β_2	用量水平 β_3	$T_{i\cdot}$	$T_{i\cdot}^2$
丁地 α_4	63	66	68	197	38 809
				$T=855$	
$T_{\cdot j}$	273	287	295	$\sum T_{i\cdot}^2 = 183469$	
$T_{\cdot j}^2$	74 529	82 369	87 025	$\sum T_{\cdot j}^2 = 243923$	

$$\text{SST} = \sum_{i=1}^{k}\sum_{j=1}^{r} x_{ij}^2 - \frac{1}{kr}T^2 = (70^2 + 74^2 + 76^2 + \cdots 68^2) - \frac{855^2}{4\times 3} = 300.25$$

$$\text{SSA} = \frac{1}{r}\sum_{i=1}^{k} T_{i\cdot}^2 - \frac{1}{kr}T^2 = \frac{183\ 469}{3} - \frac{855^2}{4\times 3} = 237.58$$

$$\text{SSB} = \frac{1}{k}\sum_{j=1}^{r} T_{\cdot j}^2 - \frac{1}{kr}T^2 = \frac{243\ 923}{4} - \frac{855^2}{4\times 3} = 62$$

$$\text{SSE} = \text{SST} - \text{SSA} - \text{SSB} = 300.25 - 237.58 - 62 = 0.67$$

$$F_A = \frac{(r-1)\text{SSA}}{\text{SSE}} = \frac{2\times 237.58}{0.67} = 709.19$$

$$F_B = \frac{(k-1)\text{SSB}}{\text{SSE}} = \frac{3\times 62}{0.67} = 277.61$$

因为 $F_A = 709.19 > F_{0.05}(3, 6) = 4.76$,所以对于因素 A,$H_{1,0}$ 不成立,即原料来源地对产品合格率有显著的影响;同理,因为 $F_B = 709.19 > F_{0.05}(2, 6) = 5.14$,$H_{2,0}$ 也不成立,即原料用量的不同对产品合格率也有显著影响。以上结果也可以列方差分析表,如表 8-9 所示。

表 8-9 无交互作用双因素方差分析计算表

方差来源	平方和	自由度	F 值	临界值	显著性
原料来源地	237.58	3	F_A=709.19	$F_{0.05}(3, 6)$=4.76	显著
原料用量	62	2	F_B=277.61	$F_{0.05}(2, 6)$=5.14	显著
误差	0.67	6	—	—	—
总和	300.25	11	—	—	—

8.4.2 有交互作用的方差分析

另一种情况是两个因素除单独产生影响外,它们还联合影响总体均值的总平均值,即

$$\mu_{ij} = \mu + \alpha_i + \beta_j + \gamma_{ij}$$

式中，γ_{ij} 是因素 A 的第 i 个水平与因素 B 的第 j 个水平的交互效应，并满足

$$\sum_{i=1}^{k}\gamma_{ij}=0, \ j=1,2,\cdots,r; \ \sum_{j=1}^{r}\gamma_{ij}=0, \ i=1,2,\cdots,k$$

为了研究交互效应是否对 μ 有显著影响，就要在 (A_i, B_j) 水平组合下至少做 $t(\geq 2)$ 次实验，记实验结果为 $y_{ijs}(s=1,2,\cdots,t)$，则有交互作用的双因素实验数据结构如表 8-10 所示。

表 8-10 有交互作用的双因素实验数据结构

A \ B	B_1	B_2	$\cdots$	B_j	$\cdots$	B_r
A_1	$x_{111}, x_{112}, \cdots, x_{11t}$	$x_{121}, x_{122}, \cdots, x_{12t}$	$\cdots$	$x_{1j1}, x_{1j2}, \cdots, x_{1jt}$	$\cdots$	$x_{1r1}, x_{1r2}, \cdots, x_{1rt}$
A_2	$x_{211}, x_{212}, \cdots, x_{21t}$	$x_{221}, x_{222}, \cdots, x_{22t}$	$\cdots$	$x_{2j1}, x_{2j2}, \cdots, x_{2jt}$	$\cdots$	$x_{2r1}, x_{2r2}, \cdots, x_{2rt}$
$\vdots$	$\vdots$	$\vdots$	$\vdots$	$\vdots$	$\vdots$	$\vdots$
A_i	$x_{i11}, x_{i12}, \cdots, x_{i1t}$	$x_{i21}, x_{i22}, \cdots, x_{i2t}$	$\cdots$	$x_{ij1}, x_{ij2}, \cdots, x_{ijt}$	$\cdots$	$x_{ir1}, x_{ir2}, \cdots, x_{irt}$
$\vdots$	$\vdots$	$\vdots$	$\vdots$	$\vdots$	$\vdots$	$\vdots$
A_k	$x_{k11}, x_{k12}, \cdots, x_{k1t}$	$x_{k21}, x_{k22}, \cdots, x_{k2t}$	$\cdots$	$x_{kj1}, x_{kj2}, \cdots, x_{kjt}$	$\cdots$	$x_{kr1}, x_{kr2}, \cdots, x_{krt}$

数学模型如下：

$$\begin{cases} X_{ijk} = \mu + \alpha_i + \beta_j + \gamma_{ij} + \varepsilon_{ijk} \\ \sum_{i=1}^{r}\alpha_i = 0, \ \sum_{j=1}^{s}\beta_i = 0 \\ \sum_{i=1}^{r}\gamma_{ij} = 0, \ \sum_{j=1}^{s}\gamma_{ij} = 0 \end{cases}$$

式中，$\varepsilon_{ijk} \sim N(0, \delta^2)$ 且相互独立，以上分析称为有交互作用的方差分析。

对于以上数学模型，可以建立如下检验假设：

$$\begin{cases} H_{1,0}: \ \alpha_1 = \alpha_2 = \cdots = \alpha_k = 0 \\ H_{1,1}: \ \alpha_1, \alpha_2, \cdots, \alpha_k \text{不全为} 0 \end{cases}$$

$$\begin{cases} H_{2,0}: \ \beta_1 = \beta_2 = \cdots = \beta_r = 0 \\ H_{2,1}: \ \beta_1, \beta_2, \cdots, \beta_r \text{不全为} 0 \end{cases}$$

$$\begin{cases} H_{3,0}: \ \gamma_{ij} = 0 \\ H_{3,1}: \ \gamma_{ij} \text{不全为} 0 \end{cases}, \ i=1,2,\cdots,k; j=1,2,\cdots,r$$

记总离差平方和为

$$\text{SST} = \text{SSA} + \text{SSB} + \text{SSE} + \text{SSR}$$

式中，SSE 反映了误差的波动；SSA 和 SSB 除反映了误差波动外，还分别反映了因

素 A 和因素 B 的效应差异；SSR 除反映误差波动外，还反映了交互作用引起的差异。我们称 SSR 为交互作用的离差平方和。

将 SSA、SSB、SSR 分别与 SSE 比较，在原假设成立时，可以构建以下检验统计量：

当 $H_{1,0}$ 成立时，$F_A = \dfrac{SSA/(k-1)}{SSE/kr(t-1)} \sim F_\alpha\left[(k-1),\ kr(t-1)\right]$

当 $H_{2,0}$ 成立时，$F_B = \dfrac{SSB/(r-1)}{SSE/kr(t-1)} \sim F_\alpha\left[(r-1),\ kr(t-1)\right]$

当 $H_{3,0}$ 成立时，$F_R = \dfrac{SSR/(k-1)(r-1)}{SSE/kr(t-1)} \sim F_\alpha\left[(k-1)(r-1),\ kr(t-1)\right]$

给定显著性水平 α，如果 $F_A > F_\alpha\left[(k-1),\ kr(t-1)\right]$，则拒绝 $H_{1,0}$；如果 $F_B > F_\alpha\left[(r-1),\ kr(t-1)\right]$，则拒绝 $H_{2,0}$；如果 $F_R > F_\alpha\left[(k-1)(r-1),\ kr(t-1)\right]$，则拒绝 $H_{3,0}$。类似地，以上分析过程可以整理成有交互作用的方差分析计算表，如表 8-11 所示。

表 8-11 有交互作用的方差分析计算表

方差来源	平方和	自由度	F 值	临界值
因素 A	SSA	$k-1$	$F_A = \dfrac{SSA/(k-1)}{SSE/kr(t-1)}$	$F_\alpha\left[(k-1),\ kr(t-1)\right]$
因素 B	SSB	$r-1$	$F_B = \dfrac{SSB/(r-1)}{SSE/kr(t-1)}$	$F_\alpha\left[(r-1),\ kr(t-1)\right]$
交互作用 R	SSR	$(k-1)(r-1)$	$F_R = \dfrac{SSR/(k-1)(r-1)}{SSE/kr(t-1)}$	$F_\alpha\left[(k-1)(r-1),\ kr(t-1)\right]$
误差	SSE	$kr(t-1)$	—	—
总和	SST	$krt-1$	—	—

在实际计算中，可以利用简便公式，记

$$T_{ij\cdot} = \sum_{s=1}^{t} x_{ijs}$$

$$T_{i\cdot\cdot} = \sum_{j=1}^{r}\sum_{s=1}^{t} x_{ijs}$$

$$T_{\cdot j\cdot} = \sum_{i=1}^{k}\sum_{s=1}^{t} x_{ijs}$$

由于 $T^2 = \left(\sum\limits_{i=1}^{k}\sum\limits_{j=1}^{r}\sum\limits_{s=1}^{t} x_{ijs}\right)^2$，则有

$$\text{SST} = \sum_{i=1}^{k}\sum_{j=1}^{r}\sum_{s=1}^{t} x_{ijs}^2 - \frac{1}{krt}T^2$$

$$SSA = \frac{1}{rt}\sum_{i=1}^{k} T_{i\cdot\cdot}^2 - \frac{1}{krt}T^2$$

$$SSB = \frac{1}{kt}\sum_{j=1}^{r} T_{\cdot j\cdot}^2 - \frac{1}{krt}T^2$$

$$SSE = \sum_{i=1}^{k}\sum_{j=1}^{r}\sum_{s=1}^{t} x_{ijs}^2 - \frac{1}{t}\sum_{i=1}^{k}\sum_{j=1}^{r} T_{ij\cdot}^2$$

$$SSR = SST - SSA - SSB - SSE \text{。}$$

例 8-4：为了比较不同的运动量和不同的运动时间段对夜间睡眠的影响，实验对 36 名身体健康的大学生在 3 个不同的运动水平（轻度、中度、剧烈）和 2 个不同的运动时间段（早晨、晚上）的睡眠时间进行了记录，数据如表 8-12 所示，试问在显著性水平 $\alpha=0.05$ 下，运动对睡眠的影响是什么？

表 8-12 运动时间和运动强度对睡眠的影响实验数据

运动时间 \ 运动强度	轻度（β_1）		中度（β_2）		剧烈（β_3）	
早晨（α_1）	6.5	7.4	7.4	7.3	8.0	7.6
	7.3	7.2	6.8	7.6	7.7	6.6
	6.6	6.8	6.7	7.4	7.1	7.2
晚上（α_2）	7.1	7.7	7.4	8.0	8.2	8.7
	7.9	7.5	8.1	7.6	8.5	9.6
	8.2	7.6	8.2	8.0	9.5	9.4

这是一个双因素方差分析问题，显然运动时间和睡眠之间可能存在交互作用，每个组有 6 个成员相当于实验重复了 6 次，可进行有交互作用的双因素方差分析。根据题意，提出如下假设：

（1）对于 A 变量——运动时间（主要影响），假设运动时间不影响睡眠，平均分配到早晨组和晚上组的不同运动强度组的平均值分别相等。

$$\begin{cases} H_{1,0}: \mu_{\alpha_1} = \mu_{\alpha_2} \\ H_{1,1}: \mu_{\alpha_1} \neq \mu_{\alpha_2} \end{cases}$$

（2）对于 B 变量——运动强度（主要影响），假设运动强度不影响睡眠，分配到轻度、中度和剧烈，并且分配到不同运动时间的大学生们的平均值相等。

$$\begin{cases} H_{2,0}: \mu_{\beta_1} = \mu_{\beta_2} = \mu_{\beta_3} \\ H_{2,1}: \mu_{\beta_1}, \mu_{\beta_2}, \mu_{\beta_3} \text{不全相等} \end{cases}$$

（3）对于变量 A 和变量 B 之间的交互影响，假设运动时间和运动强度之间没有交互作用，任何一个主要影响去掉后，各个大学生组的平均值相等。

$$\begin{cases} H_{3,0}: \mu_{\alpha_1\beta_1} = \mu_{\alpha_1\beta_2} = \mu_{\alpha_1\beta_3} = \mu_{\alpha_2\beta_1} = \mu_{\alpha_2\beta_2} = \mu_{\alpha_2\beta_3} \\ H_{3,1}: \mu_{\alpha_1\beta_1}, \mu_{\alpha_1\beta_2}, \mu_{\alpha_1\beta_3}, \mu_{\alpha_2\beta_1}, \mu_{\alpha_2\beta_2}, \mu_{\alpha_2\beta_3} \text{不全相等} \end{cases}$$

为了计算各项平方和，先利用表 8-13 计算各项预备数据。

表 8-13　运动时间和运动强度对睡眠的影响实验数据表

运动时间＼运动强度	轻度（β_1）		中度（β_2）		剧烈（β_3）		$T_{i\cdot\cdot}$	$T_{i\cdot\cdot}^2$
早晨（α_1）	6.5	7.4	7.4	7.3	8.0	7.6	129.2	16 692.64
	7.3	7.2	6.8	7.6	7.7	6.6		
	6.6	6.8	6.7	7.4	7.1	7.2		
$T_{1j\cdot}$	41.8		43.2		44.2			
晚上（α_2）	7.1	7.7	7.4	8.0	8.2	8.7	147.2	21 667.84
	7.9	7.5	8.1	7.6	8.5	9.6		
	8.2	7.6	8.2	8.0	9.5	9.4		
$T_{2j\cdot}$	46		47.3		53.9			$\sum T_{i\cdot\cdot}^2 = 38\,360.48$
$T_{\cdot j\cdot}$	87.8		90.5		98.1		$T = 276.4$	
$T_{\cdot j\cdot}^2$	7 708.84		8 190.25		9 623.61		$\sum T_{\cdot j\cdot}^2 = 25\,522.7$	

从表 8-12 和表 8-13 中可以看出：

$$k = 2,\ r = 3,\ t = 6$$

$$\sum_{i=1}^{k}\sum_{j=1}^{r}\sum_{s=1}^{t} y_{ijs}^2 = 6.5^2 + 7.4^2 + \cdots + 9.5^2 + 9.4^2 = 2\,143.18$$

$$\text{SST} = \sum_{i=1}^{k}\sum_{j=1}^{r}\sum_{s=1}^{t} y_{ijs}^2 - \frac{1}{krt}T^2 = 2\,143.18 - \frac{1}{2\times 3\times 6}\times 276.4^2 = 21.042\,2$$

$$\text{SSA} = \frac{1}{rt}\sum_{i=1}^{k}T_{i\cdot\cdot}^2 - \frac{1}{krt}T^2 = \frac{1}{3\times 6}\times 38\,360.48 - \frac{1}{2\times 3\times 6}\times 276.4^2 = 9.00$$

$$\text{SSB} = \frac{1}{kt}\sum_{j=1}^{r}T_{\cdot j\cdot}^2 - \frac{1}{krt}T^2 = \frac{1}{2\times 6}\times 25\,522.7 - \frac{1}{2\times 3\times 6}\times 276.4^2 = 4.753\,9$$

$$\text{SSE} = \sum_{i=1}^{k}\sum_{j=1}^{r}\sum_{s=1}^{t} y_{ijs}^2 - \frac{1}{t}\sum_{i=1}^{k}\sum_{j=1}^{r} T_{ij\cdot}^2 = 2\,143.18 - \frac{1}{6}\times\left(41.8^2 + 43.2^2 + 44.2^2 + 46^2 + 47.3^2 + 53.9^2\right)$$

$$= 5.576\,7$$

$$\text{SSR} = \text{SST} - \text{SSA} - \text{SSB} - \text{SSE} = 21.042 - 9 - 4.753\,9 - 5.576\,7 = 1.711\,4$$

计算各 F 值，并列出方差分析表如表 8-14 所示。

表 8-14 运动时间和运动强度对睡眠影响实验数据的方差分析表

方差来源	平方和	自由度	F值	临界值	显著性
时间因素 A	9	$2-1=1$	$F_A = \dfrac{9/(2-1)}{5.5767/30} = 48.4157$	$F_{0.05}(1,30) = 4.17$	显著
强度因素 B	4.7539	$3-1=2$	$F_B = \dfrac{4.7539/2}{5.5767/30} = 12.7869$	$F_{0.05}(2,30) = 3.32$	显著
交互作用 R	1.7114	$(2-1)\times(3-1)=2$	$F_R = \dfrac{1.7114/2}{5.5767/30} = 4.6033$	$F_{0.05}(2,30) = 3.32$	显著
误差	5.5767	$3\times2\times(6-1)=30$	—	—	—
总和	21.042	35	—	—	—

由于 $F_A = 48.4157 > F_{0.05}(1, 30) = 4.17$，所以拒绝原假设 $H_{1,0}$，认为运动时间对睡眠有影响；由于 $F_B = 12.7869 > F_{0.05}(2, 30) = 3.32$，所以拒绝原假设 $H_{2,0}$，认为运动强度对睡眠有影响；由于 $F_R = 4.6033 > F_{0.05}(2, 30) = 3.32$，所以拒绝原假设 $H_{3,0}$，运动时间对睡眠的影响受运动强度的影响，运动强度对睡眠的影响受运动时间的影响。

从以上的数据可以看出，不论锻炼时间是在早上还是晚上，睡眠都是随着运动量从轻度到中等而增加相同的量。但是，当锻炼强度从中等到剧烈时，睡眠量的差异还要依赖于运动选择时间是在早上还是晚上。在晚上剧烈锻炼会比早上增加更多的睡眠量。

本章小结

1. 本章主要介绍了单因素方差分析和双因素方差分析。其中，单因素方差分析分为多个总体均值是否相同的检验和多个总体均值的多重比较检验两种，双因素方差分析分为无交互作用和有交互作用两种。

2. 方差分析是通过对误差进行分析来研究多个正态分布总体均值是否相等的一种方法。

3. 方差分析的基本概念包括：单因素方差分析、双因素方差分析、总离差平方和、组间离差平方和、组内离差平方和、交互作用。

4. 在方差分析中，根据有无交互作用、因素数目多少来提出假设，选用方差分析的形式和方法，选择适当的检验统计量 F 来决策。

练习题

一、思考题

1. 方差分析解决问题的基本思路是什么？
2. 为什么不能用简单的两两 t 检验来替代方差分析？
3. 单因素方差分析中，需要检验的假设和检验统计量各是什么？
4. 双因素方差分析中，需要检验的假设和检验的绝对量各是什么？

二、计算操作题

1. 企业管理中的一项重要工作就是关注单位销售收入的成本。现在从某行业收集到大、中、小规模三类企业的单位销售收入的成本见下表。试通过上述样本数据分析不同规模企业单位销售收入的成本是否存在显著差异（$\alpha=0.05$）。

大规模	中规模	小规模
81	76	74
83	77	71
79	75	73
78	74	72
80	73	73
81	76	70

2. 为了解金融机构的盈得率，对 12 家银行、8 家金融公司和 10 家保险公司共 30 家金融机构的盈利率进行了统计，如下表所示。试问在显著性水平 $\alpha=0.05$ 下，检验三组金融机构的盈利率是否相同。

银行机构序号	盈利率	金融机构序号	盈利率	保险机构序号	盈利率
银行 1	8.0	公司 1	12.0	公司 1	15.0
银行 2	10.0	公司 2	22.0	公司 2	16.0
银行 3	13.0	公司 3	17.0	公司 3	18.0
银行 4	3.4	公司 4	10.0	公司 4	10.0
银行 5	11.0	公司 5	18.0	公司 5	11.0
银行 6	6.0	公司 6	14.0	公司 6	9.0
银行 7	16.0	公司 7	14.0	公司 7	14.0
银行 8	9.0	公司 8	11.0	公司 8	15.0
银行 9	6.0			公司 9	11.0
银行 10	10.0			公司 10	16.0
银行 11	12.0				
银行 12	15.0				

3. 某企业准备用 3 种方法组装一种新的产品，为确定哪种方法每小时生产的产品数量

最多，随机抽取了 30 名工人，并指定每个人使用其中的一种方法。通过对每个工人生产的产品数进行方差分析得到如下面的结果：

差异源	SS	df	MS	F	p–value	Fcrit
组间			210		0.245 946	3.354 131
组内	3 836			—	—	—
总计		29	—	—	—	—

要求：（1）完成上面的方差分析表；

（2）若显著性水平 α=0.05，检验三种方法组装的产品数量之间是否有显著差异。

4. 为研究食品的包装和销售地区对其销售量是否有影响，在 3 个不同地区用 3 种不同的包装方法进行销售，获得的销售量数据如下表所示。检验不同的地区和不同的包装方法对该食品的销售量是否有显著影响（α=0.05）。

销售地区（A）	包装方法		
	B_1	B_2	B_3
A_1	45	75	30
A_2	50	50	40
A_3	35	65	50

5. 为了检验压力和温度是否是影响某一化学过程产出的最重要的两个因素，每种因素各取三个水平实验并对每个水平组合实验两次，得到如下表的数据。试问，在显著性水平 α=0.05 时，压力和温度对产出数量是否有显著影响？

温度＼压力	200（β_1）	215（β_2）	230（β_3）
高（α_1）	90.4	90.7	90.2
	90.2	90.6	90.4
中（α_2）	90.1	90.5	89.8
	90.3	90.6	90.1
低（α_3）	90.5	90.8	90.4
	90.7	90.9	90.1

三、案例分析题

方差分析在跳水运动成绩管理中的应用

如果把跳水运动员在比赛中完成动作情况看成是实验，那么裁判员评分就可以看作是实验结果，影响这一结果的因素有运动员和裁判员两方面因素，裁判员个人主观偏好也会影响运动动员成绩，并且在一次比赛中，裁判员的数量是确定的，这样我们可以用有重复双因素方差分析法来研究跳水运动员成绩。

在双因素方差分析中，由于有两个因素同时起作用，在获取数据时，要将运动员安排在"行"的位置，称为行因素；比赛进行的轮数安排在"列"的位置，称为列因素。假定有 k 个运动员，即是有 k 个水平：行 1，行 2，$\cdots$，行 k；规定动作有 r 个，即是有 r 个水平：列 1，列 2，$\cdots$，列 r。第 i 个运动员在第 j 个动作的成绩即是一个组合 (A_i, B_j)，每一组合都有 $t(t>1)$ 名裁判员，观察数据结构，这样共抽取了 krt 个观测数据。

某次单人三米板比赛采取 7 人制打分，现在有 6 名运动员，共进行了 5 次规定动作跳水，分别是一次向前跳水、一次向后跳水、一次反身跳水、一次向内跳水和一次向前跳水转身半周。试根据比赛成绩分析运动员、规定动作、裁判员认可运动员规定动作的完成程度对比赛成绩的影响。（$\alpha=0.05$）

计算结果进行整理，得到方差分析表，如表 1 所示。

表 1 有交互作用的双因素方差分析结果

方差来源	平方和	自由度	均方	F 值	p 值	临界值
运动员	55.667	5	11.133	20.257	5.19E-16	2.264
规定动作	1.333	4	0.333	0.606	0.658	2.422
裁判员认可运动员规定动作的完成程度	10.095	20	0.505	0.918	0.564	1.629
剩余误差	98.929	180	0.550	—	—	—
总和	166.024	209				

由表 1 的结果可知：用于检验运动员的 p 值 $=5.19\times10^{-16}<\alpha=0.05$，所以拒绝原假设，表明不同跳水运动员地完成动作水平之间有显著差异；用于检验规定动作的 p 值 $=0.658452>\alpha=0.05$，不拒绝原假设，表明不同规定动作之间对比赛成绩没有显著差异，因为一个好的运动员应该能够出色的完成所有的规定动作；用于检验交互作用（裁判员认可运动员规定动作的完成程度）的 p 值 $=0.564415>\alpha=0.05$，因此不拒绝原假设，表明裁判员认可运动员规定动作的完成程度对比赛结果没有显著影响，该评分结果表现出了跳水运动员动作的差异，但是没有表现出规定动作之间的差异，也没有表现出裁判员对运动员的主观偏好，所以此评分结果为最佳，裁判员的评分结果可靠。

[案例节选来源：戴金辉，代金辉. 方差分析在跳水运动成绩管理中的应用 [J]. 统计与决策，2016(22):80-82.]

根据上述案例内容，思考以下问题：

1. 对跳水运动成绩的方差分析包含哪些假定？
2. 在跳水运动成绩管理中利用交互作用的双因素方差分析有什么作用？

学习目标

◆ 理解和掌握相关分析的概念和基本的分析方法；
◆ 理解和掌握回归分析的含义和基本的计算分析方法。

重点和难点

◆ 相关系数的计算和相关分析；
◆ 一元线性回归参数估计及回归参数的显著性检验；
◆ 多元线性回归参数估计及回归参数的显著性检验。

【思政案例导入】

以联系的观点看世界，在实践中找规律

习近平总书记指出："唯物辩证法认为，事物是普遍联系的，事物及事物各要素相互影响、相互制约，整个世界是相互联系的整体，也是相互作用的系统。坚持唯物辩证法，就要从客观事物的内在联系去把握事物，去认识问题、处理问题。"

从随机性中寻找规律性，是统计的基本思想，也是统计的魅力所在。统计学被广泛应用于各门学科之中，从自然科学到人文社会科学，甚至是工商业及政府的情报决策。作为认识自然、社会的工具和手段，统计研究客观现象的数量关系，帮助政策制定者理解科研证据对决策的作用。正如现代统计学的奠基人费歇尔所讲："给20世纪带来了人类进步的独特方面是统计学，统计学的普遍存在以及在开拓新知识领域方面的应用已远远超过20

世纪内的任何技术或科学发明。"

统计学是一种由经验到理性的认识，是一种运用偶然发现规律的科学。它不只是一种方法或技术，还含有世界观的成分——看待世界上万千事物的一种方法，人们常讲某事从统计角度看如何，指的就是这个意思。统计思维的养成不但需要学习一些具体的指示，还要能够从发展的眼光，把这些指示连成一个有机的、清晰的图景，获得一种历史的厚重感。

从统计学的角度看，人们从经验或实验中所获取的知识是含有不确定性的，统计关注的是这种知识当中所含不确定性的度量问题，一旦能得到不确定性的量度，人们的知识就得到扩充，对世界的认知就朝前跨越，这个过程在人类知识积累的进程中不断重复。

资料来源：[1] 习近平. 求是.2019（10）.

[2] 程开明. 科学事实与统计思维[J]. 中国统计，2015（12）：24-26.

上述案例反映了在自然界和社会中存在的许多事物或现象，都是有机地相互联系、相互依赖和相互制约的，而统计就是研究有联系的事物之间规律性的一门学科。前面几章都是研究服从某种已知分布的随机变量的统计规律，本章我们首先要研究的相关分析是更广泛的两个变量之间的定性关系，随后研究的回归分析则是更具体地确定两个变量之间是否存在着某种定量关系，并据此对变量之间的关系进行更深入地认识。

9.1 相关分析

9.1.1 变量间的关系和散点图

在经济和管理问题中，经常要研究变量与变量之间的关系，并据此作出决策。迄今为止，我们所研究的变量之间的关系大多是完全确定的关系，即对于相互关联的两个变量，当一个变量确定以后，另一个变量也就按某种规律唯一地确定下来了，我们称这种关系为确定性的函数关系。例如，对于某种商品，在价格 P 确定的条件下，其销售收入 Y 与所销售的产品数量 X 之间的关系就是一种确定性的关系：$Y=PX$。一般把影响因素变量称为自变量，把发生相应变化的变量称为因变量。在上例中，价格 P 和销售量 X 是自变量，Y 是因变量。

但是，社会经济现象中还存在另一种数值关系不固定的相互依存关系，这类变量之间只存在某种程度的不确定关系。例如，粮食产量与施肥量之间的关系就属于这种关系。一般来说，施肥多，产量就高，所以可以肯定的是当施肥量落在一定的范围内时，施肥越多，产量应当越高。但是即使是在相邻的地块，采用同样的种子，施相同类型和数量的肥料，粮食产量仍会有所差异。统计上把这种不确定性的关系称为相关关系，相关分析就是研究这种变量间的不确定关系及其规律性的统计方法。

拓展阅读

统计史上"相关"概念的思想演变

函数关系和相关关系之间往往没有严格的界限。由于观察和测量误差的存在，函数关系在实际中往往通过相关关系表现出来；另外，通过对事物内部发展变化规律更深刻的认识，相关关系又可能转化为函数关系。在研究相关关系时，又要使用函数关系来表现。

如果我们把存在相关关系的两个变量的一组观察值描在$X-Y$坐标平面上，就会得到这组观察值的散点图。例如，某地区的人均月收入与同期某种耐用消费品的销售额之间的关系就是一种相关关系。表 9-1 所表示的就是某地区对于这两个存在相关关系变量的一组观察值。如果绘制一个直角坐标系，以人均月收入 x_i 为横轴，销售额 y_i 为纵轴，把表 9-1 中的数据画在这个 $X-Y$ 坐标平面上，就得到这组观察值的散点图，如图 9-1 所示。

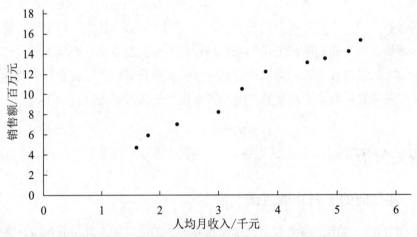

图 9-1　某地人均月收入与同期某种耐用消费品销售额的散点图

例 9-1：某地区的人均月收入与同期某种耐用消费品之间的统计资料如表 9-1 所示，现要求确定两者之间是否存在相关关系。

表 9-1　某地人均月收入与同期某种耐用消费品的销售额

年份	1997	1998	1999	2000	2001	2002	2003	2004	2005	2006
人均月收入 / 千元	1.6	1.8	2.3	3.0	3.4	3.8	4.5	4.8	5.2	5.4
销售额 / 百万元	4.7	5.9	7.0	8.2	10.5	12.2	13.1	13.5	14.2	15.3

散点图直观明确地反映了变量 X 与变量 Y 之间的关系。从图 9-1 可以看出所有反映观察值的点几乎都落在一条直线上，可见两者的变化之间存在密切的关系。在本例中，销售额的增长与人均月收入的增长几乎一直保持一定的比例。

现象之间的关系以不同的方向、不同的程度相互作用，并表现出不同的类型和形态。

1. 按相关关系涉及因素的多少划分

按相关关系涉及因素的多少可分为单相关和复相关。

两个因素之间的相关关系叫作单相关。这种单相关关系中只有一个自变量和一个因变量，所以也称单相关为一元相关。三个或三个以上因素的相关关系叫作复相关，也称多元相关，如商品销售额与商品价格、居民收入之间的相关关系。

2. 按相关关系的表现形态划分

按相关关系的表现形态可分为直线相关和曲线相关。

如果相关关系近似地表现为一条直线则称为直线相关，也称线性相关。例如，人均支出与人均收入通常呈线性相关关系。如果这种关系近似地表现为一条曲线，则称为曲线相关。例如，职员加班时间与产品产量之间的关系，在一定范围内增加加班时间，产量增加，但超过一定限度后，产量反而下降。曲线相关也有不同的种类，如指数曲线、双曲线、抛物线等。

3. 按直线相关变化的方向划分

按直线相关变化的方向可分为正相关和负相关。

因变量随着自变量的增加而增加、减少而减少，这叫作正相关。例如，商品价格固定，其销售额同销售数量之间的关系就是正相关关系。因变量随着自变量的增加而减少，或者减少而增加，称为负相关。例如，在同样购买力的前提下，商品价格增加，销售量会相应减少，这种关系是负相关。

4. 按相关的程度划分

按相关的程度可分为完全相关、不完全相关和不相关。

两种现象中，一个现象的数量变化能够确定地影响另一个现象的数量变化，这称为完全相关。如圆形的半径和面积之间的关系，此时相关关系就成为函数关系。两种现象完全独立，互不影响，则称为不相关，如商品生产成本和职工年龄之间一般是不相关的。两个现象之间的关系介于完全相关和不相关之间，则称为不完全相关。通常情况下，相关分析主要是不完全相关分析。图 9-2 是几种不同类型的散点图。

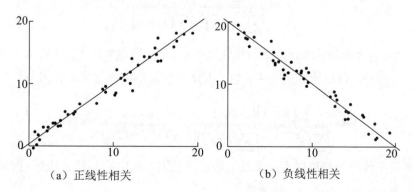

（a）正线性相关　　　　（b）负线性相关

图 9-2　几种不同类型的散点图

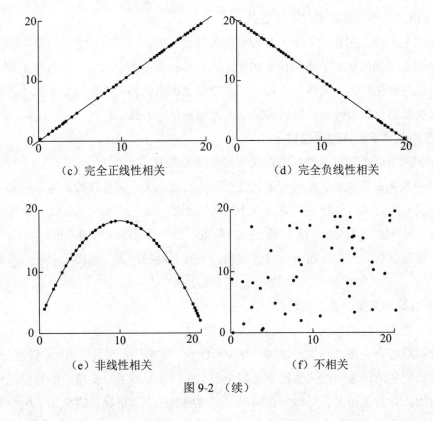

（c）完全正线性相关　　　　　（d）完全负线性相关

（e）非线性相关　　　　　　　（f）不相关

图 9-2 （续）

9.1.2 相关系数

通过散点图可以粗略地了解现象之间的相关关系，但这只是初步的判断，因为散点图并不能准确反映出现象间的相关程度。为了明确现象之间相关关系的密切程度，可以计算相关系数。样本的相关系数常用 r 来表示，总体的相关系数常用 ρ 来表示。样本相关系数计算公式如下：

$$r = \frac{\sum(x_i - \bar{x})(y_i - \bar{y})}{\sqrt{\sum(x_i - \bar{x})^2}\sqrt{\sum(y_i - \bar{y})^2}}$$

式中，x_i，y_i 分别为变量 X 与 Y 的观察值；$\bar{x}$，$\bar{y}$ 分别为变量 X 与 Y 的观察值的均值。

根据以上公式，可以计算出例 9-1 中，人均月收入和销售额之间的相关系数为

$$r = \frac{\sum(x_i - \bar{x})(y_i - \bar{y})}{\sqrt{\sum(x_i - \bar{x})^2}\sqrt{\sum(y_i - \bar{y})^2}} = \frac{46.64}{\sqrt{17.42 \times 127.7}} = 0.989$$

总体相关系数的计算与样本相关系数的计算是完全相同的，只是计算 r 时采用样本的数据，而计算 ρ 时采用总体的全部数据。

r^2 通常称为检验系数。r^2 越大，说明 Y 与 X 之间的线性相关程度越高；r^2 越小，说

明 Y 与 X 之间的线性相关程度越低。

按上述公式定义的 r 和 ρ 都有：$-1 \leq r \leq 1$，$-1 \leq \rho \leq 1$。对于 r 和 ρ 的不同的具体值，两变量间的相关关系分析如下：

（1）当 $r=1$ 时，称变量 Y 与 X 为完全正线性相关，如图 9-2（c）所示；当 $r=-1$ 时，称变量 Y 与 X 为完全负线性相关，如图 9-2（d）所示。

（2）当 $0 < |r| < 1$ 时，Y 与 X 存在一定的线性相关。当 $r > 0$ 时，称 Y 与 X 正相关。当 $r < 0$ 时，称 Y 与 X 是负相关。一般地说，当 $r^2 \geq 0.9$ 时，称两变量为"强"相关；当 $0.8 \leq r^2 < 0.9$ 时，称两变量间为"紧密"相关；当 $0.6 \leq r^2 < 0.8$ 时，称两变量之间为"一般"相关。当 $r^2 < 0.6$ 时，称两变量间为"弱"相关。但是，要更精确地度量两个变量间的相关关系，还需要考虑样本的大小。上述标准也仅是一种比较粗略的判别方法。

（3）当 $r=0$ 时，称变量 Y 与 X 为完全线性不相关，如图 9-2（f）所示。此时变量 Y 的变化与变量 X 的变化之间不存在线性相关关系。

对于例 9-1 的观察值数据，我们可以计算得到其检验系数为

$$r^2 = 0.979$$

因此，我们可以得出当地人均月收入与同期某种耐用消费品的销售额之间是强相关的。

9.2 一元线性回归分析

9.2.1 一元线性回归模型

对于存在不确定性关系的两个变量，我们不仅要研究它们之间的相关关系，还希望进一步探索出它们之间变化的统计规律性。对这类统计规律性的研究就称为回归分析。具体地说，回归分析就是以变量间的过去观察值为基础，根据某一变量的取值来探测另一个变量未来可能取值的一种统计分析方法。

回归分析与相关分析不同，相关分析仅仅是研究变量之间是否存在相互依存关系，这种依存关系不一定具有主从或因果关系；而回归分析则要研究变量间的主从或因果关系，所以需要测定变量之间数量变化的规律。因此，进行回归分析通常要设定一定的数学模型，以便根据自变量的取值大小来估计和预测因变量的变化规律。根据回归分析所得到的数学模型或数学表达式就称为回归方程。

拓展阅读
相关关系 ≠ 因果关系

在回归分析中，最简单的模型是只有一个因变量和一个自变量的线性回归模型。这一类模型就是一元线性回归模型，又称简单线性回归模型。该类模型假定因变量 y 主要受自变量 x 的影响，它们之间存在着近似的线性函数关系，即有

$$y = \beta_0 + \beta_1 x + \varepsilon$$

式中，β_0 和 β_1 称为回归系数；ε 称为随机误差项。

随机误差项 ε 是无法直接观测的。为了进行回归分析，通常需要对 ε 的概率分布做一些假定。这些假定包括：

假定1：误差项的期望值为0，即对所有的 ε 总有 $E(\varepsilon)=0$，ε 满足"无偏性"的假设；

假定2：误差项的方差有限，即对所有的 ε 总有 $\mathrm{Var}(\varepsilon)=E(\varepsilon)^2=\delta^2<+\infty$，即要求满足"共方差性"的假设；

假定3：误差项之间不存在序列相关关系，其协方差为0，即当 $s \neq t$ 有 $\mathrm{Cov}(\varepsilon_s, \varepsilon_t)=0$，即要求满足"独立性"的假设；

假定4：随机误差项服从正态分布，即要求 ε 满足"正态性"的假设；

假定5：自变量是给定的变量，与随机误差项无关。

以上这些基本假定是德国数学家高斯最早提出的，也称为高斯假定或标准假定。满足以上标准假定的一元线性回归模型，被称为标准的一元线性回归模型。

应当指出，在现实经济生活中，由于各种原因，上述标准假定常常不能得到完全满足。那么学习以标准假定为基础的回归分析理论与方法是否会失去意义呢？当然不会！同其他一切科学研究一样，对相关现象的分析方法的研究，也可以从标准的理想状态出发。首先，研究这一状态下的基本方法与规律；然后，再以此为规范，进一步研究现实存在的非理想状态下可以采用的方法。

总体回归函数事实上是未知的，需要利用样本的信息对其进行估计。根据样本数据拟合的直线称为样本回归直线。如果拟合的是一条曲线则称为样本回归曲线。显然，样本回归线的函数形式应与总体回归线的函数形式一致。一元线性回归模型的样本回归线可以表示为

$$\hat{y} = \hat{\beta}_0 + \hat{\beta}_1 x$$

式中：$\hat{y}$ 是样本回归线上与 x 相对应的 y 值，可视为 $E(y)$ 的估计值；$\hat{\beta}_0$ 是样本回归函数的截距系数；$\hat{\beta}_1$ 是样本回归函数的斜率系数。实际观测到的因变量 y 值并不完全等于 $\hat{y}$，如果用 e 表示二者之差 $(e=y-\hat{y})$，则有

$$y = \hat{\beta}_0 + \hat{\beta}_1 x + e$$

9.2.2 一元回归模型参数估计

如前所述，回归分析的主要任务就是要建立能够近似反映真实总体回归函数的样本回归函数。回归模型中的参数 $\hat{\beta}_0$ 和 $\hat{\beta}_1$ 在一般情况下都是未知数，必须根据样本数据 (x_i, y_i) 来估计。确定参数 $\hat{\beta}_0$ 和 $\hat{\beta}_1$ 值的原则是要使从样本得到的回归直线同观察值的拟合状态达

到最好，即要使偏差最小。为此，可以采用最小二乘法来确定。

对于每一个 x_i，根据线性回归方程都可以求出一个 $\hat{y}_i$，它就是 y_i 的一个估计值。估计值和观察值之间的偏差是 $e_i=(y_i-\hat{y}_i)$。在根据样本资料确定样本回归方程时，一般总是希望 y 的估计值，从整体来讲尽可能地接近其实际观测值。这就是说残差 e_i 的总量越小越好。可是由于 e_i 有正有负，简单的代数和会相互抵消。因此，为了数学上便于处理，通常采用残差平方和 $\sum e_i^2$ 作为衡量总偏差的尺度。所谓最小二乘法就是根据这一思路，通过使残差平方和最小来估计回归系数的一种方法，设

$$\min Q(\hat{\beta}_0,\hat{\beta}_1)=\min\sum_{i=1}^{n}(y_i-\hat{y}_i)^2=\min\sum_{i=1}^{n}e_i^2$$

用最小二乘法拟合的直线来代表 x 与 y 之间的关系与实际数据的误差比其他任何直线都小。

根据最小二乘法的要求，可得求解 $\hat{\beta}_0$ 和 $\hat{\beta}_1$ 的标准方程如下：

$$\begin{cases}\hat{\beta}_1=\dfrac{n\sum_{i=1}^{n}x_iy_i-\left(\sum_{i=1}^{n}x_i\right)\left(\sum_{i=1}^{n}y_i\right)}{n\sum_{i=1}^{n}x_i^2-\left(\sum_{i=1}^{n}x_i\right)^2}\\ \hat{\beta}_0=\bar{y}-\hat{\beta}_1\bar{x}\end{cases}$$

求出参数 $\hat{\beta}_0$ 和 $\hat{\beta}_1$ 以后，就可以得到回归模型

$$\hat{y}=\hat{\beta}_0+\hat{\beta}_1 x$$

此时，只要给定了一个 x_i 值，就可以根据回归模型求得一个 $\hat{y}_i$，作为实际值 y_i 的预测值。

根据表 9-1 所提供的数据，以人均月收入为自变量 x，以销售额为因变量 y，可以得到的回归方程为

$$\hat{y}=0.999+2.620x$$

9.2.3 一元回归模型检验

建立回归方程后还必须对其进行显著性检验，因为即使一些杂乱无章的散点也可以配出一条直线，但这是毫无意义的。回归分析中的显著性检验包含两个方面：一是对整个方程线性关系的显著性检验；二是对回归系数的显著性检验。前者通常采用 F 检验法，后者采用 t 检验法。对于一元线性回归来讲，因为自变量只有一个，所以以上述两种检验是等价的。

1. 离差平方和的分解

因变量 y 的取值是不同的，y 取值的这种波动称为变差。变差来源于两个方面：一是由于自变量 x 的取值不同造成的；二是除 x 以外的其他因素（如 x 对 y 的非线性影响、测量误差等）的影响。

对一个具体的观测值来说，变差的大小可以通过该实际观测值与其均值之差 $y-\bar{y}$ 来表示。

对 $y-\bar{y}=(y-\hat{y})+(\hat{y}-\bar{y})$ 两端平方后求和，通过整理后可得

$$\sum_{i=1}^{n}(y_i-\bar{y})^2 = \sum_{i=1}^{n}(\hat{y}_i-\bar{y})^2 + \sum_{i=1}^{n}(y_i-\hat{y})^2$$

SST = SSR + SSE

（1）总平方和（SST），反映因变量的 n 个观察值与其均值的总离差。

（2）回归平方和（SSR），反映自变量 x 的变化对因变量 y 取值变化的影响，或者说，是由于 x 与 y 之间的线性关系引起的 y 的取值变化，也称为可解释的平方和。

（3）残差平方和（SSE），反映除 x 以外的其他因素对 y 取值的影响，也称为不可解释的平方和或剩余平方和。

2. 拟合优度检验

拟合优度检验是用回归平方和占总离差平方和的比例来计算，其计算公式为

$$r^2 = \frac{\text{SSR}}{\text{SST}} = \frac{\sum_{i=1}^{n}(\hat{y}_i-\bar{y})^2}{\sum_{i=1}^{n}(y_i-\bar{y})^2} = 1 - \frac{\sum_{i=1}^{n}(y_i-\hat{y})^2}{\sum_{i=1}^{n}(y_i-\bar{y})^2}$$

r^2 反映回归直线的拟合程度，所以又被称为可决系数、判定系数。r^2 取值范围在 $[0,1]$ 之间。r^2 越趋近于1，说明回归方程拟合得好；r^2 越趋近于0，说明回归方程拟合得差。

3. 方程显著性检验

方程显著性检验主要用于检验自变量和因变量之间的线性关系是否显著。具体方法是将回归离差平方和（SSR）同剩余离差平方和（SSE）加以比较，应用 F 检验来分析二者之间的差别是否显著。

如果方程是显著的，说明两个变量之间存在线性关系；如果方程不显著，说明两个变量之间不存在线性关系。F 检验的主要步骤如下。

（1）提出假设

H_0：线性关系不显著。

H_1：线性关系显著。

（2）计算检验统计量 F

$$F = \frac{\text{SSR}/1}{\text{SSE}/(n-2)} = \frac{\sum_{i=1}^{n}(\hat{y}_i-\bar{y})^2/1}{\sum_{i=1}^{n}(y_i-\hat{y})^2/(n-2)} \sim F(1,n-2)$$

(3）确定显著性水平 α，并根据分子自由度 1 和分母自由度 $(n-2)$ 找出临界值 F_α。

（4）作出决策：若 $F \geq F_\alpha$，拒绝 H_0；若 $F < F_\alpha$，接受 H_0。

4. 回归系数的显著性检验

回归系数的显著性检验主要检验 x 与 y 之间是否具有线性关系，或者说检验自变量 x 对因变量 y 的影响是否显著。应用 t 检验来分析自变量 x 对因变量 y 的影响是否显著，其理论基础是回归系数 $\hat{\beta}_1$ 的抽样分布。在一元线性回归中，回归系数的显著性检验（t 检验）等价于回归方程的显著性检验（F 检验）。

$\hat{\beta}_1$ 是根据最小二乘法求出的样本统计量，它有自己的分布。$\hat{\beta}_1$ 的分布具有如下性质：

（1）分布形式：正态分布。

（2）数学期望：$E(\hat{\beta}_1) = \beta_1$。

（3）标准差：$\delta_{\hat{\beta}_1} = \dfrac{\delta}{\sqrt{\sum(x_i - \bar{x})^2}}$。

由于 δ 未知，需用其估计量 S_y 来代替，得到 $\hat{\beta}_1$ 的估计的标准差：

$$S_{\hat{\beta}_1} = \dfrac{S_y}{\sqrt{\sum(x_i - \bar{x})^2}}$$

t 检验的步骤如下。

（1）提出假设

H_0：$\beta_1 = 0$（没有线性关系）。

H_1：$\beta_1 \neq 0$（有线性关系）。

（2）计算检验的 t 统计量

$$t = \dfrac{\hat{\beta}_1}{S_{\hat{\beta}_1}} \sim t(n-2)$$

（3）确定显著性水平 α，找出临界值 $t_{\alpha/2}(n-1)$

（4）进行决策

若 $|t| > t_{\alpha/2}$，则拒绝 H_0，接受 H_1；若 $|t| \leq t_{\alpha/2}$，则拒绝 H_1，接受 H_0。

9.3 多元线性回归分析

9.3.1 多元线性回归模型

拓展阅读
收入影响幸福吗

前面我们讨论了一个自变量对因变量的影响，但在实际工作中，影响因变量的因素往往不止一个。比如，产品的成本除了受产量的影响，还会受到技术水平、管理水平等因素的影响；人们的消费支出会受到收入、价格等多种因素的影响。在统计中，研究一个因变量和多个因变量的回归分析就是多元回归分析。多元回归分析可分为多元线性回归和多元非线性回归。如果只研究自变量对因变量的线性影响，就是多元线性回归分析。多元线性回归考虑到多个自变量对因变量的影响，能够更真实地反映现象之间的相互关系，所以在实践中应用更广。

多元线性回归分析的原理与一元线性回归相同，但计算比较复杂，一般要借助计算机来完成。假设一个随机变量 Y 与 p 个非随机变量 X 之间存在线性相关关系，则它们之间的关系可以用以下的多元线性回归模型来表示：

$$y = \beta_0 + \beta_1 x_{1i} + \beta_2 x_{2i} + \beta_3 x_{3i} + \cdots + \beta_p x_{pi} + \varepsilon_i$$

其中，β_0，β_1，β_2，…，β_p 称为偏回归系数，β_i 表示假定其他变量不变，当 x_i 每变动一个单位时，y 的平均变动值。总体回归参数 β_0，β_1，β_2，…，β_p 是未知的，需要利用样本数据去估计。因此，用样本统计量 $\hat{\beta}_0$，$\hat{\beta}_1$，$\hat{\beta}_2$，…，$\hat{\beta}_p$ 代替回归方程中的未知参数 β_0，β_1，β_2，…，β_p，即可得到估计的回归方程。

9.3.2 多元回归模型参数估计

多元线性回归模型中偏回归系数的估计同样采用最小二乘法，通过使因变量的观察值与估计值之间的离差平方和达到最小，来求得 β_0，β_1，β_2，…，β_p，即

$$\min Q\left(\hat{\beta}_0, \hat{\beta}_1, \hat{\beta}_2, \cdots, \hat{\beta}_p\right) = \min \sum_{i=1}^{n}(y_i - \hat{y})^2 = \min \sum_{i=1}^{n} e_i^2$$

根据最小二乘法的要求，可得求解各回归参数的标准方程如下：

$$\begin{cases} \left.\dfrac{\partial Q}{\partial \beta_0}\right|_{\beta_0 = \hat{\beta}_0} = 0 \\ \vdots \\ \left.\dfrac{\partial Q}{\partial \beta_i}\right|_{\beta_i = \hat{\beta}_i} = 0 \quad (i = 1, 2, \cdots, p) \end{cases}$$

因为有 $p+1$ 个参数，应确定 $p+1$ 个方程式，各估计参数求解的方程式如下：

$$\begin{cases} \sum y = \beta_0 p + \beta_1 \sum x_1 + \beta_2 \sum x_2 + \cdots + \beta_p \sum x_p \\ \sum x_1 y = \beta_0 \sum x_1 + \beta_1 \sum x_1^2 + \beta_2 \sum x_1 x_2 + \cdots + \beta_p \sum x_1 x_p \\ \sum x_2 y = \beta_0 \sum x_2 + \beta_1 \sum x_1 x_2 + \beta_2 \sum x_2^2 + \cdots + \beta_p \sum x_2 x_p \\ \qquad \vdots \\ \sum x_p y = \beta_0 \sum x_p + \beta_1 \sum x_1 x_p + \beta_2 \sum x_2 x_p + \cdots + \beta_p \sum x_p^2 \end{cases}$$

例 9-2：某地区玻璃销售额与该地区汽车制造业和建筑业的生产关系相当密切，现有表 9-2 统计资料，估计其二元回归方程。如果第 18 年汽车产值为 7.42 万辆，建筑业产值为 50.28 千万元，请预测该地区第 18 年玻璃的销售量。

表 9-2 某地区玻璃销售额、汽车产量和建筑业产值统计

年份	玻璃销售额 y / 万元	汽车产量 x_1 / 万辆	建筑业产值 x_2 / 千万元
1	280	3.909	9.43
2	281.5	5.119	10.36
3	337.5	6.666	14.50
4	404.5	5.338	15.75
5	402.1	4.321	16.78
6	452	6.117	17.44
7	431.7	5.559	19.77
8	582.3	7.920	23.76
9	596.6	5.816	31.61
10	620.8	6.113	32.17
11	513.6	4.258	35.09
12	606.9	5.591	36.42
13	629	6.675	36.58
14	602.7	5.543	37.14
15	656.7	6.933	41.30
16	778.5	7.638	45.62
17	877.6	7.752	47.38
合计	9 054	101.268	471.10

根据资料计算可得

$$\sum y = 9\,054$$
$$\sum x_1 = 101.268$$
$$\sum x_2 = 471.10$$
$$\sum x_1 y = 56\,144.952$$
$$\sum x_2 y = 282\,387.49$$

$$\sum x_1 x_2 = 2\,933.536$$
$$\sum x_1^2 = 626.496$$
$$\sum x_2^2 = 15536.72$$

代入求解参数的联立方程组

$$\begin{cases} \sum y = p\beta_0 + \beta_1 \sum x_1 + \beta_2 \sum x_2 \\ \sum x_1 y = \beta_0 \sum x_1 + \beta_1 \sum x_1^2 + \beta_2 \sum x_1 x_2 \\ \sum x_2 y = \beta_0 \sum x_2 + \beta_1 \sum x_1 x_2 + \beta_2 \sum x_2^2 \end{cases}$$

解方程组得

$$\begin{cases} \beta_0 = 19.164 \\ \beta_1 = 35.676 \\ \beta_2 = 10.858 \end{cases}$$

所以回归方程可以列为

$$\hat{y} = 19.164 + 35.676 x_1 + 10.858 x_2$$

如果第 18 年 $x_1 = 7.42$，$x_2 = 50.28$，代入上式则可以预测第 18 年玻璃的销售额：

$$\hat{y}_{18} = 829.83(万元)$$

9.3.3 多元回归模型检验

多元回归方程的显著性检验与一元回归方程显著性检验相似，不再重复。

这里需要注意的是：由于增加自变量将影响因变量中被估计的回归方程所解释的变异性的数量，为避免高估这一影响，需要用自变量的数目去修正 r^2 的值。用 n 表示观察值的数目，p 表示自变量的数目，修正的多元判定系数的计算公式可表示为

$$r^2_{\text{修}} = 1 - (1 - r^2) \times \frac{n-1}{n-p-1}$$

多元回归方程的预测与一元回归方程预测相似，不再赘述。

本章小结

1. 相关分析就是研究变量间的不确定关系及其规律性的统计方法。两个变量之间的大致的相关关系常常可以用 $X-Y$ 坐标平面上的散点图来表示。而具有相关关系的两个变量之间更精确的相关程度则要用相关系数来反映。样本的相关系数常用 r 来表示，总体的相关系数常用 ρ 来表示。

2. 回归分析是以变量间的过去观察值为基础，根据某一变量的取值来探测另一变量未来可能取值的一种统计分析方法。回归分析与相关分析不同。相关分析仅仅是研究变量之

间是否存在相互依存关系，而回归分析则要研究变量间的主从和因果关系，所以需要测定变量之间数量变化的规律。

3. 根据回归分析所得到的数学模型或数学表达式被称为回归方程。当研究因变量随一个自变量变化而变化的规律时，就是一元线性回归分析。研究一个因变量和多个因变量的回归分析就是多元回归分析。

4. 回归模型中的参数通常采用最小二乘法来确定。对于所得到的回归方程还需要进行统计检验，以确定所得到的线性回归方程的有效性。

即练即测

练习题

一、思考题

1. 什么是相关关系？相关关系与函数关系之间的联系和区别是什么？
2. 相关关系是如何分类的？
3. 判断现象之间有无相关关系的方法有哪些？
4. 如何根据相关系数大小来测定相关关系的密切程度？
5. 什么是线性相关和非线性相关？
6. 什么是回归分析？说明回归分析与相关关系之间的联系和差异。

二、计算操作题

1. 零售商为掌握每周的广告费和销售额之间的关系，记录了如下数据资料。

广告费 X / 万元	40	20	25	20	30	50	40	20	50	40	25	50
销售额 Y / 百万元	385	400	395	365	475	440	490	420	560	525	480	510

画出散点图，计算变量 Y 对 X 的相关系数，并分析销售额 Y 和广告费 X 之间的相关关系。

2. 依据下列统计资料，对某产品的价格 P 和供给量 S 之间的线性关系进行解释，得出回归方程，并在 $\alpha=0.05$ 的显著性水平下检验方程的有效性。

价格 P / 百元	2	3	4	5	6	8	10	12	14	16
供给量 S / 吨	15	20	25	30	35	45	60	80	80	110

3. 某服务业集团公司的管理人员认为，月销售收入是广告投入费用的函数，并想通过前期的广告投入费用估计未来的销售收入。下表是该公司近 8 个月的销售额和广告费用的数据。

月销售收入 y / 万元	网络广告费用 x_1 / 万元	报纸广告费用 x_2 / 万元
96	5.0	1.5
90	2.0	2.0
95	4.0	1.5
92	2.5	2.5
95	3.0	3.3
94	3.5	2.3
94	2.5	4.2
94	3.0	2.5

要求：（1）用网络广告费用作为自变量，月销售额作为因变量，建立估计的回归方程；

（2）用网络广告费用和报纸广告费用作为自变量，月销售额作为因变量，建立估计的回归方程；

（3）上述（1）和（2）所建立的估计方程，网络广告费用的系数是否相同？对其回归系数分别进行解释；

（4）根据问题（2）所建立的回归方程，检验回归方程的线性关系是否显著（$\alpha=0.05$）。

4. 为了检验某类商品的销售价格和购进价格、销售费用的相关关系，并且估算新上市某产品的销售价格，调查小组对该类商品在15家大型商场的数据收集如下表。

商场编号	销售价格 y / 元	购进价格 x_1 / 元	销售费用 x_2 / 元
1	1 238	966	223
2	1 266	894	257
3	1 200	440	387
4	1 193	664	310
5	1 106	791	339
6	1 303	852	283
7	1 313	804	302
8	1 144	905	214
9	1 286	771	304
10	1 084	511	326
11	1 120	505	339
12	1 156	851	235
13	1 083	659	276
14	1 263	490	390
15	1 246	696	316

要求：（1）计算 y 与 x_1，y 与 x_2 之间的相关关系，是否有证据表明销售价格与购进价格、销售价格与销售费用之间存在线性关系？

（2）根据上述结果，你认为用购进价格和销售费用来预测销售价格是否有效？

5. 某快递公司想研究货物的投递费用和货物类型之间的关系，建立两者之间的回归模型，以此对投递费用进行预测。将货物类型分为两类：易碎品和非易碎品。下表给出了15个运输里程近似而货物类型不同的投递费用数据。

每件快递的投递费用 y / 元	货物类型	类型标签 x
17.2	易碎品	1
11.1	易碎品	1
12.0	易碎品	1
10.9	易碎品	1
13.8	易碎品	1
6.5	易碎品	1
10.0	易碎品	1
11.5	易碎品	1
7.0	非易碎品	0
8.5	非易碎品	0
2.1	非易碎品	0
1.3	非易碎品	0
3.4	非易碎品	0
7.5	非易碎品	0
2.0	非易碎品	0

要求：（1）写出投递费用与货物类型之间的线性模型；

（2）检验模型的线性关系是否显著（$\alpha=0.05$）。

三、案例分析题

城镇居民人均消费支出与人均可支配收入的回归分析

居民消费在社会经济的持续发展中有着重要的作用。居民合理的消费模式和居民适度的消费规模有利于经济持续健康地增长，而且这也是人民对美好生活向往的具体体现。改革开放以来随着中国经济的快速发展，人民生活水平不断提高，居民的消费水平也不断增长。但是在看到这个整体趋势的同时，还应看到全国各地区经济发展速度不同，居民消费水平也有明显差异。例如，2019年全国城市居民家庭平均每人每年消费支出为28 063.4元，最低的山西省为人均21 159.2元，最高的上海市达人均48 271.6元，上海市是山西省的2.28倍。

为了研究全国居民消费水平及其变动的原因，需要进行具体的分析。影响各地区居民消费支出有明显差异的因素可能很多，如居民的收入水平、就业状况、零售物价指数、利率、居民财产、购物环境等都可能对居民消费有影响。为了分析什么是影响各地区居民消费支出有明显差异的最主要因素，并且分析影响因素与消费水平的数量关系，可以建立相应的统计模型去研究。

研究的对象是各地区居民消费的差异。居民消费可分为城镇居民消费和农村居民消费，由于各地区的城镇与农村人口比例及经济结构有较大差异，最具有直接对比可比性的是城镇居民消费。而且，由于各地区人口和经济总量不同，只能用"城镇居民每人每年的平均消费支出"来比较，而这正是可从统计年鉴中获得数据的变量，所以模型的因变量 Y 选定为"城镇居民每人每年的平均消费支出"。

因为研究的目的是各地区城镇居民消费的差异，并不是城镇居民消费在不同时间的变动，所以应选择同一时期各地区城镇居民的消费支出来建立模型。影响各地区城镇居民人均消费支出有明显差异的因素有多种，但从理论和经验分析，最主要的影响因素应是居民收入，其他因素虽然对居民消费也有影响，但有的不易取得数据，如"居民财产"和"购物环境"；有的与居民收入可能高度相关，如"就业状况""居民财产"；还有的因素在运用截面数据时在地区间的差异并不大，如"零售物价指数""利率"。因此，这些其他因素可以不列入模型，即便它们对居民消费有某些影响也可归入随即扰动项中。为了与"城镇居民人均消费支出"相对应，选择在统计年鉴中可以获得的"城镇居民每人每年可支配收入"作为自变量 X。下表为2019年我国31个省市地区的城镇居民人均消费支出与人均可支配收入数据。

地区	城镇居民人均消费支出 Y/元	城镇居民人均可支配收入 X/元
北京	46 358.2	73 848.5
天津	34 810.7	46 118.9
河北	23 483.1	35 737.7
山西	21 159.0	33 262.4
内蒙古	25 382.5	40 782.5
辽宁	27 355.0	39 777.2
吉林	23 394.3	32 299.2
黑龙江	22 164.9	30 944.6
上海	48 271.6	73 615.3
江苏	31 329.1	51 056.1
浙江	37 507.9	60 182.3
安徽	23 781.5	37 540.0
福建	30 945.5	45 620.5
江西	22 714.3	36 545.9
山东	26 731.5	42 329.2
河南	21 971.6	34 201.0
湖北	26 421.8	37 601.4
湖南	26 924.0	39 841.9
广东	34 424.1	48 117.6

续表

地区	城镇居民人均消费支出 Y/元	城镇居民人均可支配收入 X/元
广西	21 590.9	34 744.9
海南	25 316.7	36 016.7
重庆	25 785.5	37 938.6
四川	25 367.4	36 153.7
贵州	21 402.4	34 404.2
云南	23 454.9	36 237.7
西藏	25 636.7	37 410.0
陕西	23 514.3	36 098.2
甘肃	24 453.9	32 323.4
青海	23 799.2	33 830.3
宁夏	24 161.0	34 328.5
新疆	25 594.2	34 663.7

以上数据来自《中国统计年鉴2020》。

根据上述案例内容，思考以下问题：

1. 绘制城镇居民人均消费支出 Y 和城镇居民人均可支配收入 X 的散点图，并分析因变量和自变量的大致线性关系。

2. 给出相关的线性关系模型，并进行回归模型的统计检验。

3. 分析居民人均可支配收入对居民人均年消费额影响的经济学意义。

4. 随着经济的增长和收入的提高，城镇居民人均年收入必将迈入10万元大关，试利用线性回归模型预测那时城镇居民人均年消费额。

学习目标

- 掌握统计决策的概念、基本步骤；
- 掌握确定型决策、风险型决策和不确定型决策的基本原理和常用方法。

重点与难点

- 掌握确定型决策、风险型决策和不确定型的常用计算分析方法；
- 能够确定决策目标、拟定备选方案、列出自然状态、选择最满意方案。

【思政案例导入】

人工智能如何为政府经济决策服务

以目前国际、国内现状来看，人工智能要为政府经济决策服务，深化和企业的合作是最直接有效的方式。政府和企业的合作，可以从以下几个方面展开。

1. 数据上的合作

数据合作是同企业最直接的合作方式，数据的合作也可以细分为几方面：应用性数据接口、结论性数据的使用、基础数据的互通。

（1）应用性数据接口的合作，是指双方可以对自己掌握的一些基础数据进行开放，彼此直接获取数据并直接应用到相应的产品上。

（2）结论性数据的合作，是指目前很多企业在自身业务的迭代和发展过程中，已经积累了很多较为成熟的数据产品，如百度的搜索指数、淘宝的价格指数、360的企业诚信指数等。虽然有些产品在覆盖面、代表性、稳定性等方面，与政府统计部门的同类指标数据相比还有差距，但其却在实时性、超前性方面具有优势。因此，我们可以逐步将这些数据产品纳入政府统计相关数据的发布体系中来，作为政府统计的一个补充，提供给社会各界的用户参考。

（3）基础数据的合作，则是从最基础的层面进行数据互通。政府统计工作中，可能有各种各样多元化的需求，仅仅使用一些结论性数据很难满足对经济决策的需求。而且，数据在挖掘过程中，可能不断有新的需求产生。真正接入企业底层数据，了解数据，方可更有效地利用数据获取有价值的信息。

同企业数据上的合作，不能盲目求多，而是要结合自身的业务和对方数据的特点，有针对性地合作。比如百度等搜索公司最直接的数据就是用户的检索词，对检索词的分析结果可以服务于各行各业。又如，搜索用户IP在地域上的分布，可以反映出一定时间内某些区域对某些经济领域的关注程度。再比如，某个省的用户在某一时间段对汽车类词的检索批次增大，那么说明该省可能在未来一段时间内汽车销量会有所增加。这些信息都可以作为抽象出的特征放入人工智能模型中进行训练，最终产出可靠的结论。

数据合作，还涉及数据的整合。比如我国人口普查每10年进行一次，普查数据如果能结合阿里的消费数据和百度的搜索数据，对地区用户建立用户画像，那么每个区域人口数量、性别、消费能力、搜索习惯、爱好等数据都可以得到。

2. 人工智能技术上的合作

在人工智能技术上，一方面政府可以借助企业和高校在专业研究上的优势，利用现有的人工智能框架对数据进行分析；另一方面，很多公司也提供了对外服务的人工智能技术支持平台和服务接口，借助这些平台和接口，政府可以借助于企业的技术能力和计算能力，进行数据的标注和训练，并实践各种算法。在使用企业和高校技术输出的同时，我们还需要储备自己的人工智能人才。可以同有关企业、高校进行深度的合作，成立联合课题、联合项目，各方人员参与其中，在具体应用中学习，并结合自身业务上的优势，指导企业和高校进行数据的筛选、特征的选择、经济模型的建立，共同研究，最终实现双赢。

人工智能（AI）会完全取代人类进行决策吗？科学发展观就是政府通过科学方法调配资源进行发展。那么，人工智能是否能够完美地实现对资源的调配和对经济的掌控？人工智能的未来是融合发展，而不是竞争关系。政府部门需要更加重视人工智能可能给各行各业带来的潜在价值。通过借助人工智能，能够帮助政府改善经济决策的方式，能以前所未有的新途径解决问题。

资料来源：王冬梅.大数据背景下人工智能如何服务于政府经济决策[J].中国统计，2017（04）：8-10.

根据上述案例可以看出,政府和企业可以通过数据上的合作以及人工智能技术上的合作,可以促进人工智能更好地服务于政府经济决策。统计决策提供了在未来情况具有不确定性时处理问题的原理和方法,在决策理论中有广泛的应用。本章主要讲述统计决策概述、确定性决策、风险决策和非确定性决策等内容。

10.1 统计决策概述

10.1.1 统计决策的概念和特点

决策这一概念属于现代管理科学的范畴,是管理的核心问题。这一概念从 20 世纪 30 年代起在管理学界流行起来。在现代社会中,从微观个体到宏观层面,都有需要决策的问题。特别是在概率论与数理统计产生以后,现代学者广泛将统计决策理论应用于工商企业和行政机构管理,以及对经济系统的有效控制。

拓展阅读
生活中的统计决策

统计决策是为了实现某一特定的统计目标,在占有相应统计信息和经验的基础上,根据客观条件提出各种备选行动方案,并利用统计科学理论和方法,进行必要的分析和判断,从中选出一个最满意方案的过程。广义说来,所有利用统计信息和统计方法进行的决策都属于统计决策,但一般情况下认为统计决策是那些定量的、非对抗性的决策。这类决策具有如下特点:

1. 统计决策是非对抗决策

决策按其对象的性质,可分为对抗型决策和非对抗型决策。对抗型决策是由多个不同的决策主体在相互竞争和对抗中进行决策,决策时必须考虑对方可能采取的策略。例如,两人下棋、两军对垒或代表团谈判,这类决策对象的有关情况难以利用统计方法进行定量分析与预测,因而不是统计决策研究的对象。非对抗型决策指只有一个决策主体,进行决策时,只考虑可能出现的不同状态,而不必考虑对方可能采取的策略的决策。例如,根据未来的市场需求量作出产品生产量多少的决策,或根据未来时期的降水量作出如何修理河堤的决策等。这类对象的有关情况多是统计调查的对象,以及已有系统的完整的统计资料,可以利用统计方法进行定量分析与预测。统计决策主要是研究这类非对抗型的决策,所以统计决策具有非对抗性特点。

2. 统计决策是定量决策

因为统计决策研究的对象是能够用数量描述的对象。在决策过程中,方案的制定和选择,是通过对决策对象及可能出现的自然状态进行数量分析,计算相关数量指标(参数),经过一系列数量比较和研究实现的。统计决策过程自始至终离不开定量研究,所以说统计决策是定量决策。

3. 统计决策方案便于比较选择

统计决策依据是统计数据，它所提供的方案有具体的量进行表述，不同方案的差别表现比较明显，便于决策者进行比较、鉴别和选择。

10.1.2 统计决策的步骤及基本条件

1. 统计决策的步骤

统计决策是一个复杂的过程，概括来说，主要包括五个步骤，即确定决策目标、拟定备选方案、列出自然状态、选择"最佳"或"最满意"方案和实施方案。

（1）确定决策目标。决策目标就是在一定条件制约下，决策者希望达到的结果。决策目标应根据所研究问题的具体特点来确定，应尽可能简单明确，用具有可测性的数量指标体现其内容和涵义。

（2）拟定备选方案。拟定备选方案就是寻找实现目标的所有可能途径。备选方案是决策者可以调控的因素，备选方案中所调控的变量称为行动变量，所有备选方案的集合称为行动空间。拟定备选方案需要决策者进行细致的调查研究，掌握详尽的信息资料，同时要确定一个衡量各个方案优劣的标准，以便对各种方案进行评价和选择。

（3）列出自然状态。自然状态是指实施行动方案时，可能面临的客观条件和外部环境。自然状态是相斥的，即在同一决策问题中，各种自然状态不会同时出现。例如，某决策者拟在某地区组织某种新商品的销售，该商品未来的市场销售情况可分为好、中、差三种，这三种情况就是三种自然状态，它们在市场上不可能同时出现。各种自然状态是客观存在的，为了提高决策科学性，人们总是尽可能设法估计各种状态可能出现的概率。所有可能出现状态的集合称为状态空间，而相应的各种状态可能出现的概率集合称为状态空间的概率分布。

（4）选择"最佳"或"最满意"方案。在拟定备选方案、列出自然状态以后，紧接着要计算分析各种备选方案在各种状态下的结果。所有的结果构成结果空间。决策者可在对各个方案可能产生的结果进行比较的基础上，按照一定的标准（或称准则）选择出最满意方案。

选择方案的标准是和决策目标紧密联系的。一般来讲，要求在同样可以实现决策目标的前提下，以效果好坏为主要标准，即以得到的利益尽可能大，付出的代价尽可能小；目标实现的把握尽可能大，副作用尽可能小等作为选择标准的主要依据。

选择方案的方法主要有经验判断法和定量分析法。经验判断法又分为三种：第一，淘汰法，即根据择优的准则，对全部备选方案进行筛选，逐个比较进行淘汰；第二，排队法，即按方案的优劣顺序排列，供决策者挑选；第三，归纳法，即把相类似的方案进行归类，然后按类选优。定量分析法，就是运用数学、统计方法进行优化计算分析，求出目标最优解的方法。

（5）实施方案。实施方案就是组织人力、物力和财力，将选择好的最满意方案付诸实践。组织方案实施，最重要的是根据决策的实际情况编制好实施决策的计划方案，其中主要包括执行决策方案的步骤、期限、措施、人力、物力等条件，以及明确规定执行决策部门和人员的职责，以保证高效地实施决策方案。

由于决策是根据对未来的预计作出的，所选择的方案是否真正合适，还需要实践检验。因此，实施过程中的信息应进行及时反馈，如果实施结果出乎意料，或者自然状态发生重大变化，应停止实施，及时修正方案或重新作出决策。

2. 统计决策的基本条件

统计决策问题的形成，必须具备以下几个基本条件：

（1）决策者期望达到的目标。目标是决策的出发点和归宿，没有目标，就不能明确所要解决的问题。一般来说，决策者的目的在于设法使他所控制的系统（或实体）能按应有方式运作，使事态进展达到预期结局。作为决策问题的目标，应能够通过一定方式转化为可测的、能直接或间接数量化的指标。例如，工业企业确定产品生产量时的决策目标是收益尽可能大，损失尽可能小。

（2）存在两种或两种以上可供选择的行动方案。决策问题的显著特点就在于它的"选优"作用，因而只有存在两种或两种以上解决问题的方案，才有选择余地，才构成决策问题。

（3）存在着两种或两种以上的自然状态。例如，产品销售时，市场对产品的需求量一般会有几种不同的情况（如需求量大、中、小等）。

（4）掌握了或可以计算出各种自然状态出现的可能程度（即概率）。例如，销售产品时，各种销售量出现的概率。

（5）可以计算出执行各种方案的损益值或效用值。

只有在上述基本条件成立时，才能进行决策。

10.1.3 统计决策的分类

统计决策从不同的角度观察，有很多不同的类型，这里只介绍按决策目标多少和自然状态的种类所进行的分类。

1. 按决策目标多少分为单目标决策和多目标决策

当决策所要实现的目标或解决的问题只有一个时，称为单目标决策。例如，商店经理的销售决策，一般只需要实现利润最大化这一个目标。

当决策所要实现的目标或解决的问题有两个或两个以上时，称为多目标决策。例如，现代化城市交通路线的规划决策，同时要考虑运输效率、方便市民、安全可靠、美化市容和经济效益等多方面的问题，任何一个方案，只有当它能够使得与上述诸方面问题相联系的目标都得到一定程度的满足时，才被认为是满意的方案。

2. 按决策过程信息完备程度分为确定型决策、风险型决策和不确定型决策

自然状态已经弄清且完全确定，从而可以按既定目标及评价标准选定行动方案的决策，被称为确定型决策。例如，某邮局从其所在地向周围五个城市送邮件，其投递路线 5!=120 条，从中找出最短路线，就是一个确定型决策。这类问题一般是围绕决策的全部事实，都能准确的列出来（如每个城市到其他城市的距离），每种方案只有一种选择（投递总里程），决策只是从全部可能的方案中（120 种投递路线）挑出最满意方案（最短路线）。

风险型决策是指决策者对将要出现的各种自然状态不能肯定，但其发生的概率已经掌握或可以计算出来，依据各种自然状态的概率所作出的决策。决策者所采取的任何行动方案都会遇到一个以上自然状态所引起的不同结果，这些结果出现的机会是用各种自然状态出现的概率来表示的。不管选择哪个行动都要承担一定的风险，故称之为风险型决策。例如，某商品经销公司采购某种商品，如果市场销路好，可以盈利 5 万元；如果市场销路差，可造成 1 万元的损失。到底市场销路是哪种情况出现，决策者无法知道，只能估计各种情况出现的概率及其损益值。在这种情况下作出的决策，就是风险型决策。

非确定型决策，又叫完全不确定型决策，它是指决策者对未来可能出现的自然状态有所了解，但无法估计或确定这些未来事件（自然状态）可能发生的概率，在确定可行方案时，必须列出一切可能发生的未来事件，根据一定的标准（即决策准则）去选择最满意的方案。

10.2 确定型决策

10.2.1 确定型决策条件

确定型决策问题一般需具备以下几个条件：存在决策者希望达到的一个明确目标（收益最大或损失最小）；只存在一个确定的自然状态；有两个或两个以上的行动方案可供决策者作出选择；不同的行动方案在确定状态下的损益值可以计算出来。

确定型决策可分为单纯选优决策法和模型优选决策法两大类。单纯选优决策法就是根据已掌握的数据，通过比较，直接选择出最满意方案的决策方法。模型选优决策法就是在对象的自然状态完全确定的条件下，建立一定的数学模型，通过运算选择最优方案的方法。

拓展阅读
最佳人选的统计决策

10.2.2 确定型决策方法

1. 微分极值决策法

确定型决策的具体方法很多，这里主要介绍微分极值决策法、盈亏平衡分析决策法和线性规划决策法。

微分极值决策法就是根据决策目标和条件建立数学方程，利用微分极值的计算原理求解方程的极大值或极小值，进而作出最满意选择的方法。

通常企业通过设立并维持库存来满足生产或销售过程的需求。随着库存物品的耗用，库存将会下降到某一点，这时必须对库存进行补充，这个点称为订货点R。每次补充的数量称为订货批量Q。因此，库存管理就是控制订货点和订货批量，即库存管理的基本决策就是什么时候补充库存（订货点）和补充多少（订货批量）。本节只讨论订货批量决策问题。

（1）求极小值决策

企业进行生产，需要购买和储存一定数量的原材料。那么，如何使购买的原材料数量既满足生产的需要，又使企业支出的总的费用最少呢？这就是经济订购批量所要解决的极小值决策问题。

例 10-1：已知某企业根据经营需要每年应采购某种商品 10 000 件，分几次进行。据统计，平均每次采购费用 1 000 元，平均每件商品年存储费用 5 元。请问该企业每批采购该种商品多少件，才能使采购储存总费用最少？

设Q代表年采购量，C_1代表每批采购费用，C_2代表单位商品年平均储存费用，C代表采购储存总费用，q代表最优采购批量。当存货价格稳定，不存在数量折扣优惠，不出现缺货的情况下，

$$\text{年采购储存总费用} = \text{年采购费用} + \text{年储存费用}$$

即

$$C = \frac{Q}{q}C_1 + \frac{q}{2}C_2$$

根据微分极值原理，把Q当作自变量求导，并令其导数等于零，可求得使采购储存总费用最小的采购批量，即经济订购批量

$$\frac{dC_1}{dq} = \left(\frac{Q}{q}C_1 + \frac{q}{2}C_2\right)' = -\frac{QC_1}{q^2} + \frac{C_2}{2}$$

令 $-\frac{QC_1}{q^2} + \frac{C_2}{2} = 0$，得 $q = \pm\sqrt{\frac{2QC_1}{C_2}}$

由于采购批量不可能为负，故有

$$q = \sqrt{\frac{2QC_1}{C_2}}$$

把 $q = \sqrt{\frac{2QC_1}{C_2}}$ 代入采购储存总费用公式得

$$C = \sqrt{2QC_1C_2}$$

值得说明的是，按上述公式计算出的 q 值，可使函数 C（总费用）有极小值，从而达到使企业支出的总费用最少的目的。

在本例中 Q=10 000，C_1=1 000，C_2=5，代入经济订购批量公式得经济订购批量为

$$q = \sqrt{\frac{2QC_1}{C_2}} = \sqrt{\frac{2 \times 10\,000 \times 1\,000}{5}} = 2\,000（件）$$

年采购储存总费用为

$$C = \sqrt{2QC_1C_2} = \sqrt{2 \times 10\,000 \times 1\,000 \times 5} = 10\,000（元）$$

2）求极大值决策

新产品定价是企业在生产经营活动中常遇到的问题。产品价格的确定要根据多方面因素，采用定量分析的方法可为确定新产品的最优价格提供科学的数据。采用定量分析的方法进行新产品定价决策的目标是使企业生产的新产品能够获得最大的利润。

例 10-2：某企业试制成功某产品，其单位产品变动成本 20 元，固定成本 10 万元。经试销和市场预测，取得如下价格和销售量变动关系资料（见表 10-1）。现在准备投放市场，请问要使利润最大，销售价格应定为多少？

表 10-1　某产品价格与销售量变动资料表

销售价格/元	10	15	20	25	30	35	40
销售量/万件	60	50	40	30	20	10	0

表中资料表明，价格与销售量之间表现为线性依存关系。据表中资料进行回归分析可得回归方程参数 a =80，b =-2；回归方程为：$Y = 80 - 2X$。

若用 X 表示销售价格，Y 表示销售量，V 表示单位产品变动成本，F 表示固定成本，C 表示总成本，R 表示销售收入，P 表示销售利润，则有

销售量：$Y = a + bX$

总成本：$C = V(a+bX) + F = VbX + Va + F$

销售收入：$R = XY = X(a+bX) = aX + bX^2$

销售利润：$P = R - C = aX + bX^2 - VbX - Va - F$

$$= bX^2 + (a-Vb)X - (Va+F)$$

根据微分极值原理，有

$$\frac{dP}{dX} = \left[bX^2 + (a-Vb)X - (Va+F)\right]' = 2bX + a - Vb$$

令 $2bX + a - Vb = 0$，得使利润最大的销售价格：

$$X = \frac{Vb - a}{2b}$$

把例中资料代入：

$$X = \frac{Vb-a}{2b} = \frac{20\times(-2)-80}{2\times(-2)} = 30 \text{（元）}$$

这时最优销售量为　　$Y = 80 - 2X = 80 - 2\times 30 = 20$（万件）

最大利润为　　$P = YX - YV - F = 20\times 30 - 20\times 20 - 10 = 190$（万元）

2. 盈亏平衡分析决策法

盈亏平衡分析又称产量—成本—利润分析，简称量本利分析，它是利用代数或图解法来表示企业在一定时期内的产量、成本和收入之间关系的定量分析方法，常被用于企业生产决策、利润决策和成本控制等方面。盈亏平衡分析原是根据盈利与亏损的平衡点来选择经济合理的产量。现在则借助产量、成本、利润各个要素之间的关系，分析有关措施对企业经营目标的影响。盈亏平衡分析作为决策分析的有力工具，逐渐为企业经营管理者所重视。

盈亏平衡分析法的理论依据是：当企业生产或经营某种产品处于不盈不亏时，总收入应当等于总成本，即

单位售价（P）× 产销量（Q）= 固定成本（F）+ 单位变动成本（V）× 产销量（Q）

$$P \cdot Q = F + V \cdot Q$$

因此

$$Q = \frac{F}{P-V}$$

即　　盈亏平衡产销量 = $\dfrac{\text{固定成本总额}}{\text{单位售价} - \text{单位变动成本}}$

企业经营的目的总是要实现盈利，在实现盈亏平衡的基础上，加上目标利润指标，我们便得到目标利润产销量计算公式如下：

$$Q = \frac{F+M}{P-V}$$

即　　目标利润产销量 = $\dfrac{\text{固定成本总额} + \text{目标利润}}{\text{单位售价} - \text{单位变动成本}}$

例 10-3：某工厂产销某种产品，已知固定成本总额为 10 万元，每件产品售价 15 元，每件变动费用 7 元。经过试销，市场需求较大，因而计划扩大生产，实现盈利 50 万元。试求该厂盈亏平衡产销量和目标利润产销量。

已知：$F = 10$ 万元，$P = 15$ 元，$V = 7$ 元，$M = 50$ 万元，所以

盈亏平衡产销量为　　$Q = \dfrac{F}{P-V} = \dfrac{50}{15-7} = 6.25$（万件）

目标利润产销量为　　$Q = \dfrac{F+M}{P-V} = \dfrac{10+50}{15-7} = 7.5$（万件）

3. 线性规划决策法

线性规划是运筹学中研究较早、发展较快、应用广泛、方法较成熟的一个重要分支，它是辅助人们进行科学管理的一种数学方法。在经济管理、交通运输、工农业生产等经济活动中，提高经济效果是人们不可缺少的需求，而提高经济效果一般通过两种途径：一是技术方面的改进，如改善生产工艺，使用新设备和新型原材料；二是生产组织与计划的改进，即合理安排人力物力资源。线性规划所研究的是：在一定条件下，合理安排人力、物力等资源，使经济效果达到最好。

线性规划决策法就是将决策问题转化成线性函数问题，利用线性规划方法求解函数的极值，并据此选择最优方案的方法。下面介绍简单线性规划问题的图解法。用图解法求解线性规划一般步骤是：第一，建立线性规划数学模型，根据题意列出目标函数和约束条件数学方程；第二，在平面直角坐标系中画几条等式直线，确定可行域，并找出外突（求极大值）或内突（求极小值）点；第三，求解各个突点的坐标值；第四，计算各个突点的目标函数值，确定最优解。求极大值时，选择使目标函数达到最大的那个外突点的坐标作为最优解。求极小值时，选择使目标函数达到最小的那个内突点的坐标作为最优解。

例 10-4：某工厂生产甲、乙两种产品，耗用原料为 A、B，单位利润值及库存原料如表 10-2 所示，试确定甲、乙两种产品各生产多少件，才能使该厂获得最大利润？

表 10-2 某厂原料消耗标准及利润水平表

	单件产品耗用原材料		库存原料总数 / 千克
	甲产品	乙产品	
A 原料	5	10	60
B 原料	4	4	40
单件利润值	6	8	—

设生产甲产品 X_1 件，乙产品 X_2 件，建立线性规划的数学模型如下。

目标函数：

$$\max Z = 6X_1 + 8X_2$$

约束条件：

$$5X_1 + 10X_2 \leqslant 60$$

$$4X_1 + 4X_2 \leqslant 40$$

$$X_1, X_2 \geqslant 0$$

下面用图解法求解。

在直角坐标系中，作直线 $5X_1 + 10X_2 = 60$，$4X_1 + 4X_2 = 0$，由约束条件 $5X_1 + 10X_2 \leqslant 60$，$4X_1 + 4X_2 \leqslant 40$，$X_1, X_2 \geqslant 0$ 构成的可行域是阴影部分 OABC（见图 10-1）。

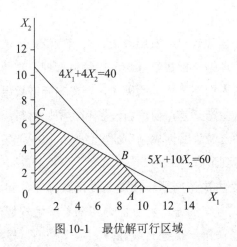

图 10-1 最优解可行区域

在图中的可行域上有 A，B，C 三个外突点，其中，A 点的坐标为（10，0）、C 点的坐标为（0，6），B 点的坐标可根据 $5X_1+10X_2=60$ 和 $4X_1+4X_2=0$ 求得，其值为（8，2）。把三个突点的坐标值代入目标函数方程得到各突点目标函数值为 A 点：60；B 点：64；C 点：48。显然 B 点目标函数值最大，故 B 点的坐标值为最优解。

决策：生产甲产品 8 件、乙产品 2 件，可获得最大利润为 64。

10.3 风险型决策

10.3.1 风险型决策内涵

拓展阅读
直观推断下的决策行为

风险型决策是指决策者根据几种不同自然状态可能发生的概率所进行的决策。决策者所采用的任何一个行动方案都会遇到一个以上自然状态所引起的不同结果，这些结果出现的机会是用各种自然状态出现的概率来表示的，不论决策者采用何种方案，都要承担一定的风险。

10.3.2 风险型决策的条件

风险型决策需要具备以下条件：

（1）存在着决策者希望达到的目标（如收益最大或损失最小）；

（2）存在着两个或两个以上的方案可供选择；

（3）存在着两个或两个以上不以决策者主观意志为转移的自然状态（如不同的天气对市场的影响）；

（4）可以计算出不同方案在不同自然状态下的损益值；

（5）在可能出现的不同自然状态中，决策者不能肯定未来将出现哪种状态，但能确定每种状态出现的概率。

常用风险型决策方法很多,本书仅介绍决策树法、期望损益分析法和边际分析法。

10.3.3 决策树法

对于离散风险型决策,在应用期望值决策时我们通常采用决策表予以表达和分析。这虽然是一种常用的方法,但是对于较为复杂的问题就显得有些不方便,尤其对需逐次进行决策的多级决策问题更是如此,甚至无法使用。在这种情况下,应用决策树会形象直观、思路清晰,有效地弥补了决策表法的缺陷。

1. 决策树法的含义

决策树是一类常用于决策的定量工具,是决策图的一种。它用树形图来表示决策过程中的各种行动方案、各方案可能发生的状态、它们之间的关系以及进行决策的程序。它是一种辅助的决策工具,可以系统地描述较复杂的决策过程,这种决策方法思路如树枝形状,所以起名为决策树法。决策树便于管理人员审度决策局面,分析决策过程,尤其对那些缺乏数学知识从而不能胜任运算的管理人员来说,更是如此。

决策树是一个按逻辑关系画出的树型图,图 10-2 是一个简单决策树的示意图。

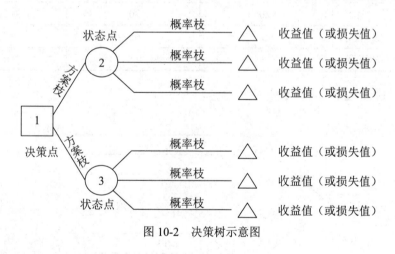

图 10-2 决策树示意图

2. 决策树的结构

决策树的结构包括决策点、方案枝、状态节点、概率枝、收益节点。

(1)决策点:它是以方框表示的节点。

(2)方案枝:由决策点起自左而右画出的若干条直线,每条直线表示一个备选方案。

(3)状态节点:在每个方案枝的末端画上一个圆圈"○"并注上代号叫作状态节点。

(4)概率枝:从状态节点引出若干条直线"—"称为概率枝,每条直线代表一种自然状态及其可能出现的概率(每条分枝上面注明自然状态及其概率)。

(5)收益节点:它是画在概率枝末端的一个三角节点。

3. 决策树分析法的步骤

用决策树进行决策的步骤如下:

(1) 分析决策问题,确定有哪些方案可供选择,各方案又面临哪几种自然状态,从左向右画出树形图。

(2) 将方案序号、自然状态及概率、损益值分别写入状态节点及概率分枝和结果点上。

(3) 计算损益期望值,从每个状态结点引入的各概率分枝的损益期望值之和标在状态节点上,选择最大值(亏损则选最小值),标在节点上。

(4) 剪枝决策,凡是状态节点上的损益期望值小于决策点上数值的方案分枝一律剪掉,最后剩下的方案分枝就是要选择的决策方。

例 10-5:某厂进行技术改造,有两种备选方案:全套引进国外技术,需投资 200 万元;引进部分国外关键技术,需投资 140 万元,使用期限均为 8 年。未来市场需求的情况以及收益值如表 10-3 所示。

求:(1) 用决策树法进行决策;(2) 若使用期限延长到 10 年应如何决策?

表 10-3 某厂技术改造方案及产生的市场效益   万元

方案	市场前景看好	市场销路一般	市场销路较差
全套引进国外技术	120	70	20
引进部分国外关键技术	90	65	45
各种状态发生的概率	0.3	0.5	0.2

(1) 绘制决策树,如图 10-3 所示。

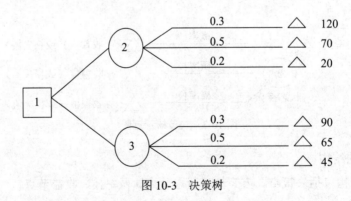

图 10-3 决策树

方案一:全套引进国外关键技术。

一年的期望收益值 =120×0.3+70×0.5+20×0.2=75(万元)

8 年的期望收益值为 75×8-200=400(万元)

方案二:部分引进国外关键技术。

一年的期望收益值 =90×0.3+65×0.5+45×0.2=68.5(万元)

8 年的期望收益值为 68.5×8-140=408(万元)

应选择方案二，部分引进国外关键技术。

（2）如果有效期限延长至 10 年，则方案一的期望收益值增至 75×10-200=550（万元）；方案二的期望收益值增至 68.5×10-140=545（万元），应选择方案一，全部引进国外关键技术。

10.3.4 期望损益分析法

应用期望损益分析法决策，首先要利用统计资料确定事件发生的概率；其次利用矩阵表计算并表现出各个行动方案与各种自然状态相结合下的条件收益（或损失）；最后进行比较选择出收益最大或损失最小的方案作为决策方案。

1. 期望收益分析决策法

期望收益分析决策法，就是首先利用有关资料计算各个方案的条件收益和期望收益，然后选择期望收益最大的方案作为最优方案。

例 10-6：某食品厂安排 6、7、8 月冰棒生产任务，每支冰棒成本 0.30 元，售价 0.50 元，如能当天卖出，每支盈利 0.20 元；如果生产的当天卖不出去，由于冰棒软化，每支只能售 0.20 元，即每支损失 0.10 元。根据过去三年销售统计资料，6、7、8 三个月日销售量的概率分布如表 10-4 所示。

表 10-4　某食品厂冰棒日销售量概率分布

日销售量/万支	完成日销售量的天数	日销售量概率
12	27	0.1
13	108	0.4
14	81	0.3
15	54	0.2
合计	270	1.0

根据题意可知，每天生产 12 万支，也销售 12 万支，可获利 2.4 万元（12×0.20＝2.4）；生产 13 万支，只售出 12 万支，可获利 2.3 万元（[(12×0.20-（13-12）×0.10]）。当产量一定的情况下，可能遇到多种销售状态（多种不同销量），把产量、可能的销量及其概率联系起来，我们可以得到表 10-5 所示各种日产量下的收益期望值。

表 10-5　冰棒产销收益期望计算表

条件收益 方案	自然状态	日销售量				收益期望值/万元
		12 万支	13 万支	14 万支	15 万支	
日生产量	12 万支	2.4	2.4	2.4	2.4	2.40
	13 万支	2.3	2.6	2.6	2.6	2.57
	14 万支	2.2	2.5	2.8	2.8	2.62
	15 万支	2.1	2.4	2.7	3.0	2.58
概率		0.1	0.4	0.3	0.2	

表 10-5 中期望收益值表明，日产 14 万支冰棒收益期望值最大，可获得 2.62 万元的期望收益。因此，应作出日生产 14 万支冰棒的决策。

2. 期望损失分析决策法

期望损失分析决策，就是首先利用有关资料计算各个方案的条件损失和期望损失，然后选择期望损失最小的方案作为最优方案。

例 10-7：某商业企业某种商品每日的各种存货方案在不同的市场条件下的条件利润资料如表 10-6 所示：

表 10-6　某企业某种商品条件利润表

条件利润（百元）　存货方案　日销量	10 箱	11 箱	12 箱	13 箱
10 箱	30	28	26	24
11 箱	30	33	31	29
12 箱	30	33	36	34
13 箱	30	33	36	39

已知各种可能销售量的概率，依次是 0.15，0.20，0.40，0.25。由表 10-6 中条件利润可知，该企业如果每日存货量与需求量相同，可获得的利润为：存货 10 箱可获利 30 百元；存货 11 箱可获利 33 百元；存货 12 箱可获利 36 百元；存货 13 箱可获利 39 百元；如果每日存量不一致，就必然造成损失。当存量为 11 箱而销量为 10 箱时，利润只有 28 百元，这时因积压一箱造成损失 2 百元（30-28=2）；如果存 10 箱，而市场需求为 11 箱时，利润只有 30 百元，由于失掉销售机会而损失 3 百元（33-30=3）。如此计算，我们可得到表 10-7 所列条件损失资料。

表 10-7　某企业某种商品条件损失表

条件损失（百元）　存货方案　日销量	10 箱	11 箱	12 箱	13 箱
10 箱	0	2	4	6
11 箱	3	0	2	4
12 箱	6	3	0	2
13 箱	9	6	3	0

依据条件损失和销售概率计算各方案的期望损失中，以 12 箱的 1.75 百元为最小（见表 10-8），因此，最优方案是存货 12 箱。

表 10-8　某企业某种商品期望损失表

可能销量	销售概率	备选方案：每日存货量							
		10 箱		11 箱		12 箱		13 箱	
		条件损失/百元	期望损失/百元	条件损失/百元	期望损失/百元	条件损失/百元	期望损失/百元	条件损失/百元	期望损失/百元
10 箱	0.15	0	0	2	0.30	4	0.60	6	0.90
11 箱	0.20	3	0.60	0	0	2	0.40	4	0.80
12 箱	0.40	6	2.40	3	1.20	0	0	2	0.80
13 箱	0.25	9	2.25	6	1.50	3	0.75	0	0
合计	1.00	—	5.25	—	3.00	—	1.75	—	2.50

10.3.5　边际分析决策法

边际分析实质上是研究函数在边际上的极值。要研究因变量在某一点递增、递减变动的规律，这种边际点的函数值就是极大值或极小值，边际点的自变量是进行判断并加以取舍的最佳点，据此可以作出最优决策，所以是研究最优化规律的方法。边际分析应用的微分原理，是把追加的支出和追加的收入相比较，二者相等时为临界点，也就是投入的资金所得到的利益与输出损失相等时的点，这时企业可获得最大利润。

当自然状态和行动方案较多时，若用计算期望值的办法来选择最优方案，计算工作量太大，这时应用边际分析的方法进行决策是比较简便的。下面以商业企业的存货决策，介绍边际分析决策法。

边际分析决策的基本出发点是：多购一件商品，可能产生该商品卖掉或卖不掉两种结果，这两种事件的概率总和必定是 1。如果卖掉的概率是 0.6，那么卖不掉的概率就是 0.4。若用 P 表示卖掉追加商品的概率，$(1-P)$ 就是卖不掉追加商品的概率。

追加商品卖掉后会增加利润，此项利润称为边际利润，用 MP 表示；而追加的商品卖不掉，就会造成损失，这种损失额称为边际损失，用 ML 表示。如前例中，追加一箱商品被卖掉的边际利润是 3 百元，卖不掉造成的边际损失为 2 百元。

储备并售出一箱追加商品的期望边际利润等于该商品的边际利润乘以该商品能够售出的概率，即 $MP \cdot P$；同理，期望边际损失应为 $ML \cdot (1-P)$，如果 $MP \cdot P$ 大于 $ML \cdot (1-P)$，则说明追加商品是合理的，可多得利润；如果 $MP \cdot P$ 小于 $ML \cdot (1-P)$，则说明追加商品是不应该的。商业企业的希望是追加商品量既能使市场需求得到满足，又不给企业造成任何损失（贬值损失或机会损失）。因此，最佳存货量应满足下式：

$$MP \cdot P = ML \cdot (1-P)$$

$$P = \frac{ML}{MP + ML}$$

这个 P 值的意义是，如果想多储存一定数量的商品，那么这些多储存的商品能够卖掉的概率不能小于 P；如果全部存货都能卖掉的概率大于 P，那么应该追加存货，在上例中每箱商品的边际利润是 3 百元，边际损失是 2 百元，所以

$$P = \frac{ML}{MP + ML} = \frac{2}{3+2} = 0.40$$

这表明，如果追加的商品能够卖掉的概率大于 0.40，就可以储存。为了说明购进的商品能否全部卖掉的概率，需要根据日常统计资料计算累计概率值（见表 10-9）。

表 10-9 销售量的累计概率表

销售箱数	销售概率	不小于销售量的累计概率
10	0.15	1.00
11	0.20	0.85
12	0.40	0.65
13	0.25	0.25

例 10-7：以表 10-9 资料为依据，计算销售累计概率。

累计概率表明：销售量不小于 10 的概率是 1，销售量不小于 13 箱的概率是 0.25，销售量不小于 12 箱的概率是 0.65 等等。由于 0.65 > 0.40，所以第 12 箱应该储存，此时

期望边际利润 = MP · P = 3 × 0.65 = 1.95（百元）

期望边际损失 = ML · (1−P) = 2 × (1−0.65) = 0.70（百元）

当存量为 13 箱时，第 13 箱被卖掉的概率为 0.25，此时

期望边际利润 = MP · P = 3 × 0.25 = 0.75（百元）

期望边际损失 = ML · (1−P) = 2 × (1−0.25) = 1.50（百元）

期望边际利润小于期望边际损失，销售概率 0.25 小于最佳存货量方案的概率 0.40，所以不能存储第 13 箱。因此，该企业的最佳存货方案应是 12 箱。

10.4 非确定型决策

对于非确定型决策问题，不但状态的发生是随机的，而且各状态发生的概率也是未知和无法事先确定的。对于这类问题的决策，主要取决于决策者的素质、经验和决策风格等，没有一个完全固定的模式可循。对于同一个决策问题，不同的决策者可能会采用不同的处理方法。

非确定型决策与风险型决策问题的主要区别是，这类问题不能进行期望值的计算，所以不能依据期望值计算的结果按照一定的标准去选择最优方案。几种比较常用的分析和处理非确定型决策问题的方法如下：乐观法、悲观法、等可能法、系数法和遗憾值法等。

10.4.1 乐观法

乐观法，又叫最大最大准则法，其决策原则是"大中取大"。乐观法的特点是，决策者持最乐观的态度，决策时不放弃任何一个获得最好结果的机会，愿意以承担一定风险的代价去获得最大的利益。这种方法的决策原则是从每一个方案中找出最有利的效益值，然后在这些最有利的效益值中，选取一个效益最大的方案作为决策方案。

例10-8：某厂经过市场调查研究，估计本厂生产的产品在近五年内科技含量和工艺技术应有较大提高，市场需求将出现高、中、低三种状态。为了适应科技发展和市场需求，该厂组织各方面专家研究制定了新建、扩建、改建和技术改造四种行动方案，各种方案的收益值如表10-10所示，现根据已掌握的资料，选择最满意行动方案。

表 10-10 某厂产品损益值计算表   百万元

损益值\自然状态	市场需求状态			极大值
可行方案	高	中	低	
新建	10	4	−1	10
扩建	7	6	1	7
改建	5	2	3	5
技术改造	6	5	4	6

据表10-10中各方案的极大值比较，新建方案的极大值最大，故采用新建方案是最优决策。采用此方案可获得的期望收益值为10百万元。

10.4.2 悲观法

悲观法，又叫最大最小准则法或瓦尔德（Wold Becisia）准则法，其决策原则是"小中取大"。悲观法就是在决策时持悲观态度，基于出现最不利的情况来选择最满意方案。其基本步骤是：首先从每种方案中选择收益值最小的方案，然后在此基础上再选择收益值最大的方案作为最满意方案。因此，悲观法又称小中取大决策法。

例10-9：如例10-8中，四个方案中最小收益值依次是−1、1、3、4，其中技术改造方案的极小值在四个方案极小值中最大，故技术改造方案是最满意方案。采用此方案可获得收益4百万元。

10.4.3 赫威斯决策法

乐观法按照最好的可能性选择决策方案，悲观法按照最坏的可能性选择决策方案。这两种方法的缺点是损失的信息过多，决策结果有很大的片面性。

赫威斯决策法，又称系数法，它是介于乐观法与悲观法之间的一种决策方法，即在选择行动方案时，既不持乐观态度，又不持悲观态度，而是根据经验确定一个反映最有利情况出现程度大小的系数 α（称乐观系数），用 α 和 $(1-\alpha)$ 分别对各方案的最大收益值和最小收益值加权，求得折中收益值，据此选择最优行动方案。各方案收益值计算公式为

赫威斯决策收益值 = $\alpha \times$（最大收益值）$+ (1-\alpha) \times$（最小收益值）

例10-10：根据例10-8的资料，设 $\alpha = 0.7$，各方案的折中收益值为：

新建方案赫威斯决策收益值 $= 0.7 \times 10 + (1-0.7) \times (-1) = 6.7$

扩建方案赫威斯决策收益值 $= 0.7 \times 7 + (1-0.7) \times 1 = 5.2$

改建方案赫威斯决策收益值 $= 0.7 \times 5 + (1-0.7) \times 3 = 4.4$

技术改造方案赫威斯决策收益值 $= 0.7 \times 6 + (1-0.7) \times 4 = 5.4$

按赫威斯决策法，新建方案赫威斯决策收益值最大，所以新建方案为最满意方案。

10.4.4 等可能法

等可能法又称等概率标准。等可能法的基本思想是假定未来各种自然状态发生的概率相同（因为决策者既然不能确切知道每一自然状态出现的概率，也没有理由认为它们出现的概率一定不等，因此就假设各种自然状态发生的机会是均等的，即出现的概率相等）。因此，等可能法的决策准则是，如果未来有 n 种自然状态，那么就认为每种自然状态发生的概率都是 $1/n$，然后按照风险型决策问题的决策准则求各方案期望值，进而选择最满意方案。

例10-11：根据例10-9的资料，按等可能法决策，各种方案的期望收益值如下：

新建方案期望收益值 $=10 \times 0.333\ 3 + 4 \times 0.333\ 3 + (-1) \times 0.333\ 3 = 4.332\ 9$

扩建方案期望收益值 $=7 \times 0.333\ 3 + 6 \times 0.333\ 3 + 1 \times 0.333\ 3 = 4.666\ 2$

改建方案期望收益值 $=5 \times 0.333\ 3 + 2 \times 0.333\ 3 + 3 \times 0.333\ 3 = 3.333\ 3$

技术改造方案期望收益值 $=6 \times 0.333\ 3 + 5 \times 0.333\ 3 + 4 \times 0.333\ 3 = 4.999\ 5$

按照等可能法决策，技术改造方案是最满意方案。

10.4.5 后悔值法

后悔值法又称遗憾值法，它的基本思想是：当某一种自然状态出现时，就会明确哪个方案是最优的，如果决策人并未采用最优方案，而采用的是其他方案，这时就会感到后悔或遗憾。其后悔程度，可用后悔值来反映。后悔值就是在每种自然状态下，各行动方案的最高收益值与其他收益值之差。后悔值决策法，就是通过计算、比较选择各方案最大后悔值中最小值对应的方案，作为最优行动方案。其决策步骤是：第一，计算各种自然状态下每种行动的后悔值；第二，通过比较找出各行动方案的最大后悔值；第三，在各方案的最大后悔值中找出最小值，确定该最小值所对应的方案为最优行动方案。

例10-12：根据例10-9的资料，高需求情况下的后悔值依次是：$10-10 = 0$，$10-7 = 3$，$10-5 = 5$，$10-6 = 4$。其余计算类推，各方案在各种自然状态下的后悔值及各方案的最大后

悔值如表 10-11 所示。

表 10-11 各方案后悔值计算表

可行方案	各种自然状态下的后悔值			各方案中最大后悔值
	高需求	中需求	低需求	
新建	0	2	5	5
扩建	3	0	3	3
改建	5	4	1	5
技术改造	4	1	0	4

从表 10-11 各方案最大后悔值的比较中可知，扩建方案的最大后悔值在四个方案最大后悔值中是最小的，所以扩建方案为最佳行动方案。

本章小结

1. 统计决策就是为了实现某一特定目标，在占有相应统计信息和经验的基础上，根据客观条件，提出各种备选行动方案，并利用统计科学理论和方法，进行必要的分析和判断，从中选择最满意方案的过程。统计决策有五个步骤，即确定决策目标、拟定备选方案、列出自然状态、选择"最满意"方案和实施方案。

2. 确定型决策是指自然状态已经弄清且完全确定，从而可以按既定目标及评价标准选定行动方案的决策。

3. 风险型决策是指决策者对将要出现的各种自然状态不能肯定，但其发生的概率已经掌握或可以计算出来，依据各种自然状态的概率所作出的决策。

4. 非确定型决策是指决策者对未来可能出现的自然状态有所了解，但无法估计或确定这些未来事件（自然状态）可能发生的概率，在确定可行方案时，必须列出一切可能发生的未来事件，根据一定的标准（即决策准则）来选择最满意方案。

5. 确定型决策方法有微分极值法、盈亏平衡分析法和线性规划法；风险型决策方法有期望损益分析法、边际分析法；非确定型决策有乐观法、悲观法、等可能法、系数法和遗憾值法等。

练习题

即练即测

一、思考题

1. 统计决策的种类及意义是什么？
2. 统计决策的基本条件有哪些？
3. 统计决策一般包括哪些步骤？
4. 确定型决策应具备的条件有哪些？

5. 决策树的含义及结构是什么？

二、计算操作题

1. 某厂为适应市场的需要，准备扩大生产能力，有两种方案可供选择：第一方案是建大厂；第二方案是先建小厂，后考虑扩建。如建大厂，需投资 700 万元，在市场销路好时，每年收益 210 万元；销路差时，每年亏损 40 万元。在第二方案中，先建小厂，如销路好，3 年后进行扩建。建小厂的投资为 300 万元，在市场销路好时，每年收益 90 万元；销路差时，每年收益 60 万元；如果 3 年后扩建，扩建投资为 400 万元，收益情况同第一方案一致。未来市场销路好的概率为 0.7，销路差的概率为 0.3；如果前 3 年销路好，则后 7 年销路好的概率为 0.9，销路差的概率为 0.1。无论选用何种方案，使用期均为 10 年，试做决策分析。

2. 水鲜商店出售新鲜扇贝，扇贝的平均售价为 20 元/千克，平均成本为 10 元/千克，水鲜商店的销售宗旨是当天进货、当天销售，如果当天卖不出去，折价处理的话，每千克平均损失 3 元，商店以往每天的扇贝市场需求状态及其概率资料如下表所示，请问水鲜商店领导应该如何决策每天的进货量？

市场需求量/千克	0	100	200	300	400
发生的概率	0.1	0.2	0.4	0.2	0.1

3. 某企业开发新产品，经过预测市场需求为高、中、低三种自然状态，概率很难预知。目前，共有三种方案可供选择：A 方案是对旧设备进行技术改造；B 方案是购置新设备；C 方案是购置重要设备其余设备由自己制造。新产品生产五年，所获收益如下表。请用悲观法、乐观法、后悔值法分别选择最优方案。

收益值 \ 自然状态 \ 方案	需求量高	需求量一般	需求量低
A 方案	105	70	-5
B 方案	80	55	5
C 方案	90	52	15

三、案例分析题

大数据时代的决策

大数据时代，不应执拗地考虑是根据直觉经验还是依据统计数字来进行判断和决策，优秀的决策者可在直觉经验与数据分析之间来回穿梭。直觉经验指引决策者针对数据提出新问题，这些问题可能被没什么直觉经验的超级数字天才所忽视，而数据分析会让决策者能够有效地检验自己的直觉。直觉思维探索取得初步成果之后，则需要借助逻辑思维去验证，因此，直觉经验和数据分析是大数据背景下决策的"两翼"。决策过程中，应该同时善用数据分析和直觉经验，就像同时运用大脑左半球和右半球进行决策，将实践与艺术、演绎与归纳、智力与直觉结合起来，数据分析与直觉经验并重，才能鉴往知来、决胜千里。

直觉经验与数据分析的力量不应该处于斗争、对立的状态，随着大数据的崛起，各个领域的科学决策，应同时基于直觉经验和数据分析两个因素。例如，随机对照试验是将研究对象随机分组，对不同组实施不同的干预来对照效果的不同，这是典型的数据分析思维；但随机试验方法并非直觉的终结，而是把直觉融入检验中，在进行随机试验前，需依据直觉来提出原假设和备择假设。传统医学以个人经验为主，医生根据自己的实践经验以及资深医师的指导来服务病人，诊断被认为是一门经验和直觉结合的艺术，但随着数据分析的崛起，现代循证医学既重视个人临床经验又强调采用现有的、最好的数据分析证据，两者缺一不可。

未来，数据分析和直觉经验很可能是互相补充而不是相互替代的关系，决策制定过程中两种方法的结合，能够有效弥补单一方法的不足。专家的自信往往来自于他们随着经验不断累积而对事物更为准确的判断，数据分析则能够通过客观结果修正专家过于自信的倾向；直觉、经验是先决条件，可以帮助人们猜测哪些变量不适用于数据分析，数据分析则客观地确定各个变量因素的权重并给出预测的精度。

优秀的数据化决策人员会适时停下来，利用直觉和经验核实一下数据分析结果是否科学，并且结合实际情况校准与直觉偏离太远的结果。

（案例节选来源：陈龙，程开明.大数据时代的决策：数据分析抑或直觉经验[J].中国统计，2014（09）：20-22.）

根据上述案例内容，思考以下问题：

1. 直觉经验对大数据时代的决策有什么作用？
2. 大数据时代进行决策时，如何处理数据分析与直觉经验之间的关系？

参考文献

[1] 刘金兰. 管理统计学 [M]. 天津：天津大学出版社，2007.

[2] 宋光辉. 管理统计学 [M]. 广州：华南理工大学出版社，2017.

[3] 雷怀英. 管理统计学 [M]. 北京：机械工业出版社，2014.

[4] 马军海. 管理统计学（第二版）[M]. 北京：北京大学出版社，2016.

[5] 胡介埙. 管理统计学（第二版）[M]. 杭州：浙江大学出版社，2016.

[6] 李金林，赵中秋，马宝龙. 管理统计学（第三版）[M]. 北京：清华大学出版社，2016.

[7] 刘素荣. 管理统计学（修订版）[M]. 北京：电子工业出版社，2000.

[8] 张卫国. 管理统计学 [M]. 广州：华南理工大学出版社，2014.

[9] 焦建玲，陆安，李兰兰. 管理统计学 [M]. 北京：高等教育出版社，2016.

[10] 胡培，王建琼. 管理统计学 [M]. 北京：高等教育出版社，2016.

[11] 齐晓峰，王宏新. 管理统计学 [M]. 北京：冶金工业出版社，2016.

[12] 李金林，马宝龙. 管理统计学应用与实践——案例分析与统计软件应用（第2版）[M]. 北京：清华大学出版社，2014.

[13] 李洁明，祁新娥. 统计学原理（第七版）[M]. 上海：复旦大学出版社，2017.

[14] 宫春子，刘卫东，刘宝，刘振东. 统计学原理 [M]. 北京：机械工业出版社，2014.

[15] 杨珊. 统计学原理 [M]. 武汉：华中科技大学出版社，2009.

[16] 贾俊平，何晓群，金勇进. 统计学 [M]. 北京：中国人民大学出版社，2018.

[17] 向蓉美，马丹，王清华. 统计学 [M]. 北京：机械工业出版社，2017.

[18] 冯力. 统计学 [M]. 大连：东北财经大学出版社，2015.

[19] 田海霞. 统计学 [M]. 北京：机械工业出版社，2016.

[20] 袁卫，庞皓，贾俊平，杨灿. 统计学习题与案例（第四版）[M]. 北京：高等教育出版社，2016.

附　表

附表A　正态分布概率表

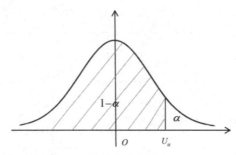

（表中数据为 $1-\alpha$ 值，即图中阴影部分；U_α 为临界值）

x	0.00	0.01	0.02	0.03	0.04	0.05	0.06	0.07	0.08	0.09
0.0	0.500 0	0.504 0	0.508 0	0.512 0	0.516 0	0.519 9	0.523 9	0.527 9	0.531 9	0.535 9
0.1	0.539 8	0.543 8	0.547 8	0.551 7	0.555 7	0.559 6	0.563 6	0.567 5	0.571 4	0.575 3
0.2	0.579 3	0.583 2	0.587 1	0.591 0	0.594 8	0.598 7	0.602 6	0.606 4	0.610 3	0.614 1
0.3	0.617 9	0.621 7	0.625 5	0.629 3	0.633 1	0.636 8	0.640 4	0.644 3	0.648 0	0.651 7
0.4	0.655 4	0.659 1	0.662 8	0.666 4	0.670 0	0.673 6	0.677 2	0.680 8	0.684 4	0.687 9
0.5	0.691 5	0.695 0	0.698 5	0.701 9	0.705 4	0.708 8	0.712 3	0.715 7	0.719 0	0.722 4
0.6	0.725 7	0.729 1	0.732 4	0.735 7	0.738 9	0.742 2	0.745 4	0.748 6	0.751 7	0.754 9
0.7	0.758 0	0.761 1	0.764 2	0.767 3	0.770 3	0.773 4	0.776 4	0.779 4	0.782 3	0.785 2
0.8	0.788 1	0.791 0	0.793 9	0.796 7	0.799 5	0.802 3	0.805 1	0.807 8	0.810 6	0.813 3
0.9	0.815 9	0.818 6	0.821 2	0.823 8	0.826 4	0.828 9	0.835 5	0.834 0	0.836 5	0.838 9
1.0	0.841 3	0.843 8	0.846 1	0.848 5	0.850 8	0.853 1	0.855 4	0.857 7	0.859 9	0.862 1
1.1	0.864 3	0.866 5	0.868 6	0.870 8	0.872 9	0.874 9	0.877 0	0.879 0	0.881 0	0.883 0
1.2	0.884 9	0.886 9	0.888 8	0.890 7	0.892 5	0.894 4	0.896 2	0.898 0	0.899 7	0.901 5
1.3	0.903 2	0.904 9	0.906 6	0.908 2	0.909 9	0.911 5	0.913 1	0.914 7	0.916 2	0.917 7
1.4	0.919 2	0.920 7	0.922 2	0.923 6	0.925 1	0.926 5	0.927 9	0.929 2	0.930 6	0.931 9
1.5	0.933 2	0.934 5	0.935 7	0.937 0	0.938 2	0.939 4	0.940 6	0.941 8	0.943 0	0.944 1
1.6	0.945 2	0.946 3	0.947 4	0.948 4	0.949 5	0.950 5	0.951 5	0.952 5	0.953 5	0.953 5
1.7	0.955 4	0.956 4	0.957 3	0.958 2	0.959 1	0.959 9	0.960 8	0.961 6	0.962 5	0.963 3
1.8	0.964 1	0.964 8	0.965 6	0.966 4	0.967 2	0.967 8	0.968 6	0.969 3	0.970 0	0.970 6
1.9	0.971 3	0.971 9	0.972 6	0.973 2	0.973 8	0.974 4	0.975 0	0.975 6	0.976 2	0.976 7
2.0	0.977 2	0.977 8	0.978 3	0.978 8	0.979 3	0.979 8	0.980 3	0.980 8	0.981 2	0.981 7
2.1	0.982 1	0.982 6	0.983 0	0.983 4	0.983 8	0.984 2	0.984 6	0.985 0	0.985 4	0.985 7
2.2	0.986 1	0.986 4	0.986 8	0.987 1	0.987 4	0.987 8	0.988 1	0.988 4	0.988 7	0.989 0
2.3	0.989 3	0.989 6	0.989 8	0.990 1	0.990 4	0.990 6	0.990 9	0.991 1	0.991 3	0.991 6
2.4	0.991 8	0.992 0	0.992 2	0.992 5	0.992 7	0.992 9	0.993 1	0.993 2	0.993 4	0.993 6
2.5	0.993 8	0.994 0	0.994 1	0.994 3	0.994 5	0.994 6	0.994 8	0.994 9	0.995 1	0.995 2
2.6	0.995 3	0.995 5	0.995 6	0.995 7	0.995 9	0.996 0	0.996 1	0.996 2	0.996 3	0.996 4
2.7	0.996 5	0.996 6	0.996 7	0.996 8	0.996 9	0.997 0	0.997 1	0.997 2	0.997 3	0.997 4
2.8	0.997 4	0.997 5	0.997 6	0.997 7	0.997 7	0.997 8	0.997 9	0.997 9	0.998 0	0.998 1
2.9	0.998 1	0.998 2	0.998 2	0.998 3	0.998 4	0.998 4	0.998 5	0.998 5	0.998 6	0.998 6
3	0.998 7	0.999 0	0.999 3	0.999 5	0.999 7	0.999 8	0.999 8	0.999 9	0.999 9	1.000 0

注：最后一行分别对应 3.1~3.9。

附表 B　t 分布临界值表

$$P[|t(v)| > t_\alpha(v)] = \alpha$$

（表中数字为临界值的绝对值；单侧 α 为右侧概率，双侧 α 为两边小概率 α/2 的和）

单侧	α=0.10	α=0.05	α=0.025	α=0.01	α=0.005
双侧	α=0.20	α=0.10	α=0.05	α=0.02	α=0.01
$v=1$	3.078	6.314	12.706	31.821	63.657
2	1.886	2.920	4.303	6.965	9.925
3	1.638	2.353	3.182	4.541	5.841
4	1.533	2.132	2.776	3.747	4.604
5	1.476	2.015	2.571	3.365	4.032
6	1.440	1.943	2.447	3.143	3.707
7	1.415	1.895	2.365	2.998	3.499
8	1.397	1.860	2.306	2.896	2.355
9	1.383	1.833	2.262	2.821	3.250
10	1.372	1.812	2.228	2.764	3.169
11	1.363	1.796	2.201	2.718	3.106
12	1.356	1.782	2.179	2.681	3.055
13	1.350	1.771	2.160	2.650	3.012
14	1.345	1.761	2.145	2.624	2.977
15	1.341	1.753	2.131	2.602	2.947
16	1.337	1.746	2.120	2.583	2.921
17	1.333	1.740	2.110	2.567	2.898
18	1.330	1.734	2.101	2.552	2.878
19	1.328	1.729	2.093	2.539	2.861
20	1.325	1.725	2.086	2.528	2.845
21	1.323	1.721	2.080	2.518	2.831
22	1.321	1.717	2.074	2.508	2.819
23	1.319	1.714	2.069	2.500	2.807
24	1.318	1.711	2.064	2.492	2.797
25	1.316	1.708	2.060	2.485	2.787
26	1.315	1.706	2.056	2.479	2.779
27	1.314	1.703	2.052	2.473	2.771
28	1.313	1.701	2.048	2.467	2.763
29	1.311	1.699	2.045	2.462	2.756
30	1.310	1.697	2.042	2.457	2.750
40	1.303	1.684	2.021	2.423	2.704
50	1.299	1.676	2.009	2.403	2.678
60	1.296	1.671	2.000	2.390	2.660
70	1.294	1.667	1.994	2.381	2.648
80	1.292	1.664	1.990	2.374	2.639
90	1.291	1.662	1.987	2.368	2.632
100	1.290	1.660	1.984	2.364	2.626
125	1.288	1.657	1.979	2.357	2.616
150	1.287	1.655	1.976	2.351	2.609
200	1.286	1.653	1.972	2.345	2.601
∞	1.282	1.645	1.960	2.326	2.576

附表 C χ^2 分布临界值表

$$P[\chi^2(v) > \chi^2_\alpha(v)] = \alpha$$

v	显著性水平 (α)												
	0.99	0.98	0.95	0.90	0.80	0.70	0.50	0.30	0.20	0.10	0.05	0.02	0.01
1	0.0002	0.0006	0.0039	0.0158	0.0642	0.148	0.455	1.074	1.642	2.706	3.841	5.412	6.635
2	0.0201	0.0404	0.103	0.211	0.446	0.713	1.386	2.403	3.219	4.605	5.991	7.824	9.210
3	0.115	0.185	0.352	0.584	1.005	1.424	2.366	3.665	4.642	6.251	7.815	9.837	11.341
4	0.297	0.429	0.711	1.064	1.649	2.195	3.357	4.878	5.989	7.779	9.488	11.668	13.277
5	0.554	0.752	1.145	1.610	2.343	3.000	4.351	6.064	7.289	9.236	11.070	13.388	15.068
6	0.872	1.134	1.635	2.204	3.070	3.828	5.348	7.231	8.558	10.645	13.592	15.033	16.812
7	1.239	1.564	2.167	2.833	3.822	4.671	6.346	8.383	9.803	12.017	14.067	16.622	18.475
8	1.646	2.032	2.733	3.490	4.594	5.527	7.344	9.524	11.030	13.362	15.507	18.168	20.090
9	2.088	2.532	3.325	4.168	5.380	6.393	8.343	10.656	12.242	14.684	16.919	19.679	21.666
10	2.558	3.059	3.940	4.865	6.179	7.267	9.342	11.781	13.442	15.987	18.307	21.161	23.209
11	3.053	3.609	4.575	5.578	6.989	8.148	10.341	12.899	14.631	17.275	19.675	22.618	24.725
12	3.571	4.178	5.226	6.304	7.807	9.304	11.340	14.011	15.812	18.549	21.026	24.054	26.217
13	4.107	4.765	5.892	7.042	8.634	9.926	12.340	15.119	16.985	19.812	22.362	25.472	27.688
14	4.660	5.368	6.571	7.790	9.467	10.821	13.339	16.222	18.151	21.064	23.685	26.873	29.141
15	5.229	5.985	7.261	8.547	10.307	11.721	14.339	17.322	19.311	22.307	24.996	28.259	30.578
16	5.812	6.614	7.962	9.312	11.152	12.624	15.338	18.413	20.465	23.542	26.296	29.633	32.000
17	6.408	7.255	8.672	10.035	12.002	13.531	16.338	19.511	21.615	24.769	27.587	30.995	33.409
18	7.015	7.906	9.390	10.865	12.857	14.440	17.338	20.601	22.760	25.989	28.869	32.346	34.805
19	7.633	8.567	10.117	11.651	13.716	15.352	18.338	21.689	23.900	27.204	30.144	33.687	36.191
20	8.260	9.237	10.851	12.443	14.578	16.266	19.337	22.775	25.038	28.412	31.410	35.020	37.566
21	8.897	9.915	11.591	13.240	15.445	17.182	20.337	23.858	26.171	29.615	32.671	36.343	38.932
22	9.542	10.600	12.338	14.041	16.314	18.101	21.337	24.939	27.301	30.813	33.924	37.659	40.289
23	10.196	11.293	13.091	14.848	17.187	19.021	22.337	26.018	28.429	32.007	35.172	37.968	41.638
24	10.856	11.992	13.848	15.659	18.062	19.943	23.337	27.096	29.553	33.196	36.415	40.270	42.980
25	11.524	12.697	14.611	16.473	18.940	20.867	24.337	28.172	30.675	34.382	37.652	41.566	44.314
26	12.198	13.409	15.379	17.292	19.820	21.792	25.336	29.246	31.795	35.563	38.885	42.856	45.642
27	12.897	14.125	16.151	18.114	20.703	22.719	26.336	30.319	32.912	36.741	40.113	44.140	46.963
28	13.565	14.847	16.928	18.930	21.588	23.647	27.336	31.391	34.027	37.916	41.337	45.419	48.278
29	14.256	15.574	17.708	19.768	22.475	24.577	28.336	32.461	35.139	39.087	42.557	46.693	49.588
30	14.593	16.306	18.493	20.599	23.364	25.508	29.336	33.530	36.250	40.256	43.773	47.962	50.892

附录D F分布临界值表（α=0.05）

$$P[F(v_1,v_2) > F_\alpha(v_1,v_2)] = \alpha$$

v_2 \ v_1	1	2	3	4	5	6	8	10	15
1	161.4	199.5	215.7	224.6	230.2	234.0	238.9	241.9	245.9
2	18.51	19.00	19.16	19.25	19.30	19.33	19.37	19.40	19.43
3	10.13	9.55	9.28	9.12	9.01	8.94	8.85	8.79	8.70
4	7.71	6.94	6.59	6.39	6.26	6.16	6.04	5.96	5.86
5	6.61	5.79	5.41	5.19	5.05	4.95	4.82	4.74	4.62
6	5.99	5.14	4.76	4.53	4.39	4.28	4.15	4.06	3.94
7	5.59	4.74	4.35	4.12	3.97	3.87	3.73	3.64	3.51
8	5.32	4.46	4.07	3.84	3.69	3.58	3.44	3.35	3.22
9	5.12	4.26	3.86	3.63	3.48	3.37	3.23	3.14	3.01
10	4.96	4.10	3.71	3.48	3.33	3.22	3.07	2.98	2.85
11	4.84	3.98	3.59	3.36	3.20	3.09	2.95	2.85	2.72
12	4.75	3.89	3.49	3.26	3.11	3.00	2.85	2.75	2.62
13	4.67	3.81	3.41	3.18	3.03	2.92	2.77	2.67	2.53
14	4.60	3.74	3.34	3.11	2.96	2.85	2.70	2.60	2.46
15	4.54	3.68	3.29	3.06	2.90	2.79	2.64	2.54	2.40
16	4.49	3.63	3.24	3.01	2.85	2.74	2.59	2.49	2.35
17	4.45	3.59	3.20	2.96	2.81	2.70	2.55	2.45	2.31
18	4.41	3.55	3.16	2.93	2.77	2.66	2.51	2.41	2.27
19	4.38	3.52	3.13	2.90	2.74	2.63	2.48	2.38	2.23
20	4.35	3.49	3.10	2.87	2.71	2.60	2.45	2.35	2.20
21	4.32	3.47	3.07	2.84	2.68	2.57	2.42	2.32	2.18
22	4.30	3.44	3.05	2.82	2.66	2.55	2.40	2.30	2.15
23	4.28	3.42	3.03	2.80	2.64	2.53	2.37	2.27	2.13
24	4.26	3.40	3.01	2.78	2.62	2.51	2.36	2.25	2.11
25	4.24	3.39	2.99	2.76	2.60	2.49	2.34	2.24	2.09
26	4.23	3.37	2.98	2.74	2.59	2.47	2.32	2.22	2.07
27	4.21	3.35	2.96	2.73	2.57	2.46	2.31	2.20	2.06
28	4.20	3.34	2.95	2.71	2.56	2.45	2.29	2.19	2.04
29	4.18	3.33	2.93	2.70	2.55	2.43	2.28	2.18	2.03
30	4.17	3.32	2.92	2.69	2.53	2.42	2.27	2.16	2.01
40	4.08	3.23	2.84	2.61	2.45	2.34	2.18	2.08	1.92
50	4.03	3.18	2.79	2.56	2.40	2.29	2.13	2.03	1.87
60	4.00	3.15	2.76	2.53	2.37	2.25	2.10	1.99	1.84
70	3.98	3.13	2.74	2.50	2.35	2.23	2.07	1.97	1.81
80	3.96	3.11	2.72	2.49	2.33	2.21	2.06	1.95	1.79
90	3.95	3.10	2.71	2.47	2.32	2.20	2.04	1.94	1.78
100	3.94	3.09	2.70	2.46	2.31	2.19	2.03	1.93	1.77
125	3.92	3.07	2.68	2.44	2.29	2.17	2.01	1.91	1.75
150	3.90	3.06	2.66	2.43	2.27	2.16	2.00	1.89	1.73
200	3.89	3.04	2.65	2.42	2.26	2.14	1.98	1.88	1.72
∞	3.84	3.00	2.60	2.37	2.21	2.10	1.94	1.83	1.67

(续)F分布临界值表（$\alpha=0.001$）

v_2 \ v_1	1	2	3	4	5	6	8	10	15
1	4052	4999	5403	5625	5764	5859	5981	6065	6157
2	98.50	99.00	99.17	99.25	99.30	99.33	99.37	99.40	99.43
3	34.12	30.82	29.46	28.71	28.24	27.91	27.49	27.23	26.87
4	21.20	18.00	16.69	15.98	15.52	15.21	14.80	14.55	14.20
5	16.26	13.27	12.06	11.39	10.97	10.67	10.29	10.05	9.72
6	13.75	10.92	9.78	9.15	8.75	8.47	8.10	7.87	7.56
7	12.25	9.55	8.45	7.85	7.46	7.19	6.84	6.62	6.31
8	11.26	8.65	7.59	7.01	6.63	6.37	6.03	5.81	5.52
9	10.56	8.02	6.99	6.42	6.06	5.80	5.47	5.26	4.96
10	10.04	7.56	6.55	5.99	5.64	5.39	5.06	4.85	4.56
11	9.65	7.21	6.22	5.67	5.32	5.07	4.74	4.54	4.25
12	9.33	6.93	5.95	5.41	5.06	4.82	4.50	4.30	4.01
13	9.07	6.70	5.74	5.21	4.86	4.62	4.30	4.10	3.82
14	8.86	6.51	5.56	5.04	4.69	4.46	4.14	3.94	3.66
15	8.86	6.36	5.42	4.89	4.56	4.32	4.00	3.80	3.52
16	8.53	6.23	5.29	4.77	4.44	4.20	3.89	3.69	3.41
17	8.40	6.11	5.19	4.67	4.34	4.10	3.79	3.59	3.31
18	8.29	6.01	5.09	4.58	4.25	4.01	3.71	3.51	3.23
19	8.18	5.93	5.01	4.50	4.17	3.94	3.63	3.43	3.15
20	8.10	5.85	4.94	4.43	4.10	3.87	3.56	3.37	3.09
21	8.02	5.78	4.87	4.37	4.04	3.81	3.51	3.31	3.03
22	7.95	5.72	4.82	4.31	3.99	3.76	3.45	3.26	2.98
23	7.88	5.66	4.76	4.26	3.94	3.71	3.41	3.21	2.93
24	7.82	5.61	4.72	4.22	3.90	3.67	3.36	3.17	2.89
25	7.77	5.57	4.68	4.18	3.85	3.63	3.32	3.13	2.85
26	7.72	5.53	4.64	1.14	3.82	3.59	3.29	3.09	2.81
27	7.68	5.49	4.60	4.11	3.78	3.56	3.26	3.06	2.78
28	7.64	5.45	4.57	4.07	3.75	3.53	3.23	3.03	2.75
29	7.60	5.42	4.54	4.04	3.73	3.50	3.20	3.00	2.73
30	7.56	5.39	4.51	4.02	3.70	3.47	3.17	2.98	2.70
40	7.31	5.18	4.31	3.83	3.51	3.29	2.99	2.80	2.52
50	7.17	5.06	4.20	3.72	3.41	3.19	2.89	2.70	2.42
60	7.08	4.98	4.13	3.65	3.34	3.12	2.82	2.63	2.35
70	7.01	4.92	4.07	3.60	3.29	3.07	2.78	2.59	2.31
80	6.96	4.88	4.04	3.56	3.26	3.04	2.74	2.55	2.27
90	6.93	4.85	4.01	3.53	3.23	3.01	2.72	2.52	2.42
100	6.90	4.82	3.98	3.51	3.21	2.99	2.69	2.50	2.22
125	6.84	4.78	3.94	3.47	3.17	2.95	2.66	2.47	2.19
150	6.81	4.75	3.91	3.45	3.14	2.92	2.63	2.44	2.16
200	6.76	4.71	3.88	3.41	3.11	2.89	2.60	2.41	2.13
∞	6.63	4.61	3.78	3.32	3.02	2.80	2.51	2.23	2.04

附录 E 相关系数临界值表

$$P(|\rho| > \rho_\alpha) = \alpha$$

（表中 $n-2$ 是自由度）

$n-2$ \ α	0.10	0.05	0.02	0.01	0.001
1	0.987 69	0.099 692	0.999 507	0.999 877	0.999 998 8
2	0.900 00	0.950 00	0.980 00	0.990 00	0.999 00
3	0.805 4	0.878 3	0.934 33	0.958 73	0.991 16
4	0.729 3	0.811 4	0.882 2	0.917 20	0.974 06
5	0.669 4	0.754 5	0.832 9	0.874 5	0.950 74
6	0.621 5	0.706 7	0.788 7	0.834 3	0.924 93
7	0.582 2	0.666 4	0.749 8	0.797 7	0.898 2
8	0.549 4	0.631 9	0.715 5	0.764 6	0.872 1
9	0.521 4	0.602 1	0.685 1	0.734 8	0.847 1
10	0.497 3	0.576 0	0.658 1	0.707 9	0.823 3
11	0.476 2	0.552 9	0.633 9	0.683 5	0.801 0
12	0.457 5	0.532 4	0.612 0	0.661 4	0.780 0
13	0.440 9	0.513 9	0.592 3	0.641 1	0.760 3
14	0.425 9	0.497 3	0.574 2	0.622 6	0.742 0
15	0.412 4	0.482 1	0.557 7	0.605 5	0.724 6
16	0.400 0	0.468 3	0.542 5	0.589 7	0.708 4
17	0.388 7	0.455 5	0.528 5	0.575 1	0.693 2
18	0.378 3	0.443 8	0.515 5	0.561 4	0.678 7
19	0.368 7	0.432 9	0.503 4	0.548 7	0.665 2
20	0.359 8	0.422 7	0.492 1	0.536 8	0.652 4
25	0.323 3	0.380 9	0.445 1	0.486 9	0.597 4
30	0.296 0	0.349 4	0.409 3	0.448 7	0.554 1
35	0.274 6	0.324 6	0.381 0	0.418 2	0.518 9
40	0.257 3	0.304 4	0.357 8	0.393 2	0.489 6
45	0.242 8	0.287 5	0.338 4	0.372 1	0.464 8
50	0.230 6	0.273 2	0.321 8	0.354 1	0.443 3
60	0.210 8	0.250 0	0.294 8	0.324 8	0.407 8
70	0.195 4	0.231 9	0.273 7	0.301 7	0.379 9
80	0.182 9	0.217 2	0.256 5	0.283 0	0.356 8
90	0.172 6	0.205 0	0.242 2	0.267 3	0.337 5
100	0.163 8	0.194 6	0.230 1	0.254 0	0.321 1

附录 练习题答案

请扫码获取 👉

教师服务

感谢您选用清华大学出版社的教材！为了更好地服务教学，我们为授课教师提供本书的教学辅助资源，以及本学科重点教材信息。请您扫码获取。

≫ 教辅获取

本书教辅资源，授课教师扫码获取

≫ 样书赠送

统计学类重点教材，教师扫码获取样书

 清华大学出版社

E-mail: tupfuwu@163.com
电话：010-83470332 / 83470142
地址：北京市海淀区双清路学研大厦 B 座 509

网址：http://www.tup.com.cn/
传真：8610-83470107
邮编：100084